De gauche à droite :
Lola, Rodolphe, Virginie, Léo et Loup…

Après des années de route pour le boulot, avec la naissance de notre premier enfant et l'affirmation d'une conscience écologique, nous avons quitté la ville en septembre 2002 pour mettre un terme à nos migrations pendulaires chronophages et énergétivores... et nous installer près de notre lieu de travail.

C'était pour nous un nouveau projet de vie. Nous avions très vite décidé que nous :

- habiterions à moins de 5 km du lycée (pour y aller en vélo)
- construirions une maison en bois, bioclimatique et à production d'eau chaude et de chauffage solaire
- aurions un grand jardin avec un petit potager pour faire des légumes...

À cette époque, je voulais de la place pour planter des arbres qui nous assureraient le chauffage et j'envisageais des moutons pour tondre la pâture.

Le jardin, qui au début n'était qu'un plus, « politiquement correct », est devenu rapidement aussi important que notre projet d'habitat. Maintenant les deux sont intimement liés.

Nous étions à la recherche de l'autonomie, et pas de l'autarcie, là où nous pouvions l'assumer, pour notre bien-être et celui de nos enfants. Découvrir, re-découvrir, discuter, apprendre avec les autres... et quand cela était possible, faire « soi-même ». Le jardin s'inscrit dans cette démarche.

Nous ne regrettons pas ce choix de vivre à la campagne car, en ayant gagné 10 h par semaine (essentiellement sur le temps de transport), nous avons largement le temps de faire le jardin, d'avoir des loisirs et de nous occuper de nos enfants.

Notre qualité de vie vaut tous les pouvoirs d'achat et comme nous ne voulons pas acheter plus que ce dont nous avons besoin... c'est très bien ainsi.

C'est démuni de toute culture potagère, mais riche du livre *L'art du jardin en carrés*, que mûrissait l'idée du potager. Tout s'accéléra avec la construction de la maison. Nous voulions protéger la pâture des débordements des ouvriers du chantier et nous avons trouvé intéressant de créer une barrière autour de la maison en faisant des carrés... allongés... bref des « planches » de culture.

Le mois suivant, mon épouse Virginie m'a offert *Le beau jardin du paresseux* : nouvelle révolution ! C'est exactement ce qu'il me fallait avec cette approche naturaliste et écologique à laquelle je ne suis pas insensible. Même si j'ai

fait des choix qui ne sont pas ceux d'un paresseux pour des raisons essentiellement esthétiques, je me replonge régulièrement dans la lecture de cet ouvrage qui continue à influencer mes pratiques.
C'est donc la main droite armée d'une scie et d'un marteau, la gauche d'une bêche et d'un râteau, et la tête pleine de nouvelles connaissances que je ne maîtrisais pas vraiment (en jardinage comme en bricolage) que je suis rentré dans la « ruralité ». Pouvoir passer quelques minutes dehors était vraiment salvateur car il y avait alors une certaine urgence à rendre la maison habitable, d'autant plus qu'un second enfant était arrivé pendant la mise en place du projet… et qu'un troisième n'allait pas tarder à naître. Le jardin et le potager se sont vite imposés comme des lieux où je pouvais retrouver un équilibre, une énergie… mis à mal par les travaux.
Des débuts du jardin, je n'ai pourtant que peu de souvenirs, hormis mon grand-père qui nous regarde tracer sur sol le dessin des planches et bêcher d'une manière peu orthodoxe et qui me dit « Ce n'est pas comme ça qu'il faut faire. Qu'est-ce que tu vas t'embêter avec un jardin » ; « si c'était moi, je labourerais tout et je planterais des patates ».
Il y a dû y avoir des déconvenues (que j'ai oubliées), car vite se sont imposées les idées qu'il fallait maîtriser la production, la conservation et la consommation (nous n'étions pas habitués à nous nourrir de légumes). J'ai lu et surtout, j'ai beaucoup jardiné.
Comme je ne savais pas ce que me coûtait le jardin, j'ai commencé à en faire les comptes. De fil en aiguille, j'ai commencé à noter le temps que j'y passais, ce que je récoltais… Je suis allé vérifier ce que m'auraient coûté mes légumes si j'avais dû les acheter : je suis tombé des nues ! Alors que j'étais un grand débutant en matière de jardinage, mon potager engendrait des non-dépenses non négligeables, que l'on aurait pu comparer à un revenu annexe.
Pendant des décennies, le potager a été relégué au profit des pelouses et des jardins « d'agrément ». À une époque où l'on se soucie de la qualité des aliments que l'on consomme comme de l'impact de ses pratiques sur l'environnement, faire son potager me semble une « alternative qui vaut le coût » aux difficultés économiques. Cultiver son potager est sûrement le meilleur des remèdes « anti-crises » qui soit à notre portée. Il suffit de s'y mettre…

Un pota pour

ger
quoi faire ?

Alors qu'il est si facile d'acheter ses légumes

Pour **nourrir sa famille** avec des produits sains

La première motivation qui conduit à cultiver un jardin potager est celle de nourrir sa famille.

Je ne cultive pas mes légumes et mes arbres fruitiers parce qu'ils sont beaux, mais parce qu'ils sont bons. En même temps, l'expérience montre qu'un jardin nourricier peut aussi être joli. Mon œil passe souvent au-dessus des clôtures… et je vois beaucoup de potagers vraiment charmants.

Un jardin potager est beau, ne serait-ce que par les promesses de récoltes qu'il offre.

S'il est cultivé dans un but strictement nourricier, il remplira uniquement cette fonction, alors que s'il est arrangé aussi pour être beau, il satisfera la totalité des sens du jardinier et des membres de sa famille. Il les rendra heureux.

J'aime beaucoup l'idée qu'un potager est fait de promesses. Le plus souvent, il nous projette dans le futur. Lorsque la promesse se réalise, on est dans le présent, dans la récolte… Les fruits sont mûrs, les légumes sont beaux… On les observe, on attend encore un peu, mais dès que la récolte s'annonce, on envisage déjà les semis, la récolte prochaine, etc.

En les cueillant eux-mêmes, les enfants apprennent plus facilement à apprécier les légumes.

DES LÉGUMES QUI ONT DU GOÛT

Faire son potager, c'est assurer une qualité gustative que l'on ne peut rencontrer avec les légumes du commerce. Avant de jardiner, ce n'était pas une évidence pour moi.

Quand on commence à cultiver son potager, il y a toujours des premières fois. Fièrement, le jardinier fait sa première récolte. La famille se réunit autour de la table. Le légume est prêt et on découvre sa saveur. Chaque année, chaque saison apporte son lot de nouvelles surprises, de découvertes et d'autres « premières fois ». Cette année, c'étaient les pois chiches.

La saveur, la texture, la consistance de la peau… la quantité d'eau, celle

Cueillir juste avant de manger : il n'y a pas mieux pour garder un maximum de saveurs et de vitamines.

Virginie récolte… nous allons bientôt passer à table !

de sucre que contient le légume ne sont pas toujours les mêmes. Les conséquences de ces différences sont simples : en toute objectivité, le légume du jardin est toujours meilleur. Les légumes du commerce sont conçus pour résister aux transports, pour être présentables le plus longtemps possible sur les étalages… leur goût ou leur saveur, c'est un autre problème.
Lorsqu'on a goûté une tomate juste cueillie, une pomme de terre nouvelle, une salade… du jardin, il devient difficile de se nourrir de légumes insipides. L'alimentation se met en phase avec les saisons. Lorsqu'en automne la dernière tomate est servie, c'est avec joie que nous la dégustons, sachant qu'il n'y en aura pas sur la table avant la saison prochaine, parce que chez nous les tomates ne poussent que durant 3 à 4 mois de l'année.

SITÔT CUEILLIS, SITÔT SUR LA TABLE

Les légumes du jardin sont beaucoup plus riches en vitamines et autres petites choses dont notre corps à besoin… Ceux du commerce n'en sont heureusement pas totalement démunis, mais ils en perdent une grande partie durant les transports, ou la conservation (4 mois après la récolte, les pommes de terre ont perdu la moitié de leur teneur en vitamine C !). D'ailleurs, les légumes congelés par l'industrie agroalimentaire se révèlent souvent plus riches en vitamines que certains légumes dits « frais ».

Cela signifie qu'il faut s'organiser pour consommer la plus grande partie de nos récoltes « fraîches » le plus rapidement possible et ne pas récolter les légumes la veille de les manger.

MANGER DES PRODUITS CHIMIQUES ? NON MERCI !

Par contre, les légumes du commerce (pas tous, mais une grande majorité) sont le plus souvent riches... de résidus de pesticides et de nitrites [1] (excepté les légumes « bio » !). Pour les nitrites (il y a mieux pour la santé), le problème est malheureusement simple. Les sols sont engraissés à l'azote (certains jardiniers ont encore ce genre de pratique pour obtenir d'énooormes légumes au détriment de leur santé). Les légumes se chargent en nitrates qui, après leur ramassage, se transforment en nitrites. Les concentrations en sont très élevées dans les légumes qui ont été « poussés » aux engrais.

Les études montrent que c'est dans la peau des légumes que se concentre la plus grande partie des substances qui assurent une protection contre les grands maux médicaux de notre société (cancer, hypertension, maladie cardiovasculaire...). Pour bien faire, il faut donc juste laver les fruits et légumes, mais ne pas les éplucher [2]. Pour la pomme, ces substances concentrées dans la peau s'appellent des flavonoïdes. Les pommes de la grande distribution sont tellement traitées que pour éliminer les résidus de pesticides... il faudrait les peler sur 5 millimètres d'épaisseur. Non contents de perdre du temps, on doit jeter la partie de la pomme qui normalement est la meilleure pour la santé.

Il est malheureux de constater que proportionnellement à l'agriculture, c'est dans les jardins traditionnels que l'on utilise les plus grandes quantités de pesticides et d'herbicides... Bien sûr cela coûte très cher, à la fois financièrement, mais aussi pour notre santé et notre environnement.

Pour être en bonne santé, il faut, nous dit-on, « manger au moins 5 fruits ou légumes par jour ». C'est bien de le dire. Offrir à l'ensemble de la population l'accès à des légumes sains semble être une autre « paire de manches ».

En attendant, cultivons nos potagers. Nous saurons ainsi quelle est la réelle qualité des légumes que nous donnons à manger à nos enfants. Ne déléguons pas (si nous avons un petit peu de terre pour le faire) cette immense responsabilité.

[1] *Voir les résultats des travaux du MDGRF (Mouvement pour les Droits et le Respect des Générations futures). Voir la bibliographie.*

[2] *Nous utilisons une brosse spéciale que l'on trouve dans les magasins bio pour laver nos légumes et ainsi éviter de les éplucher.*

Le jardin est un lieu de connivence.
Il rend responsable à tout âge.

Pour viser l'autonomie

Choisir de nourrir sa famille et de produire ses propres graines est un choix éminemment important. Il n'est pas anodin dans une société qui nous impose un modèle basé sur la consommation et qui nous laisse peu d'autonomie.

Nous avons choisi de tirer le plus grand parti de notre terrain. Il devient peu à peu une île[3], sur laquelle nous trouvons de quoi être heureux. Cet espace peut très bien devenir un refuge, une réserve végétale dans laquelle nous pourrions assurer notre bonheur et notre bonne santé en toute quiétude dans un monde tourmenté. Ce n'est pas comme cela que nous voyons les choses.

AUTONOMIE ET AUTARCIE

Autonomie et autarcie sont des notions auxquelles il est légitime de réfléchir dans cette période où l'on cherche à produire son énergie, sa nourriture et à gérer ses propres déchets. Nous avons choisi de limiter nos consommations d'énergie, d'avoir une maison bioclimatique et solaire, nous visons une certaine auto-subsistance alimentaire (fruits, légumes, poulets, œufs) et nous faisons attention à réutiliser, dans la mesure du possible, nos déchets (*via* le chauffage et le compost). La tentation est grande de se replier sur soi, d'agir pour soi et advienne ce qu'il pourra aux autres...

Les familles qui cherchent à produire la totalité de leurs légumes sont souvent qualifiées d'« autarciques ». Ce n'est pas quelque chose qui me tente. L'autarcie est un système économique exclusif. Il n'y a pas de demi-mesure : soit on est autarcique, soit on ne l'est pas. J'ai du mal à comprendre comment on peut être autarcique au sein d'une cellule familiale vivant au XXIe siècle. L'autarcie ne se limitant pas à la production de fruits et de légumes, comment fait-on pour les céréales (qui sont une base importante de l'alimentation) ? Je ne dois pas être assez utopiste. L'être « autarcique » entraîne la fin des échanges. D'un point de vue environnemental, construire un mode de vie qui se passe des transports n'est pas un mal (tout au moins qui les limite à l'essentiel... mais l'essentiel est variable suivant les individus), sauf que les échanges ne se limitent pas aux transports.

L'abondance et la variété des récoltes permet à la famille de devenir plus autonome. Ici, courge spaghetti, potimaron 'Red Kuri', potiron 'Galeux d'Eysine', potiron 'Bleu de Hongrie' et courge muscade...

[3] *Pour venir chez nous, il y a une petite côte à gravir... ça donne l'impression de venir accoster quand on rentre à la maison.*

À l'autarcie, nous préférons l'autonomie. C'est un mot que nous utilisons souvent et que les enfants connaissent depuis longtemps. Savoir, savoir faire soi-même, c'est une démarche individuelle et collective, car elle se pratique au sein de la famille, mais aussi avec les amis qui aspirent aux mêmes projets de vie. Nous faisons des choix qui nous permettent de limiter nos transports, nos consommations d'eau et d'énergie et de produire une grande partie de notre alimentation. Il y a un effet « boule de neige ». Nous avons commencé petitement et plus nous avançons, plus nous allons vers une manière d'appréhender les choses raisonnable et respectueuse. Nous ne nous coupons pas du monde qui nous entoure. Comme c'est une posture très souple, nous revendiquons même le droit de ne pas faire certaines choses nous-mêmes par manque de connaissances, de temps ou de courage... si l'envie nous en prend. Le « faire soi-même » [4] est une tendance à la mode qui est extrêmement valorisante. On peut le faire. On sait le faire et on le fait. Il n'y a rien de mieux pour l'estime de soi.

Nous venons de commencer une basse-cour pour avoir de beaux œufs.

UNE DÉMARCHE QUI VA DE PAIR AVEC LE RESPECT DE L'ENVIRONNEMENT

Être autonome avec et dans le jardin, c'est une spirale positive. Un élément, anodin à priori, entraîne un mouvement dans lequel tout va de mieux en mieux. Par exemple, c'est pouvoir se passer de l'obligation d'aller faire des courses. Ce n'est pas rien de limiter les allers-retours. En déambulant dans les rayons, nous sommes sollicités de toutes parts. En allant peu souvent faire les courses, il s'en suit une succession de faits que nous jugeons positifs : peu de sollicitation, pas d'achat superficiel, peu de déchet d'emballage.

Faire son jardin, c'est aussi acquérir des connaissances qui font que l'on devient autonome pour produire ses graines, gérer ses déchets verts et connaître tout ce qui peut apporter une meilleure santé au potager.

Les jardins produisent une grande quantité de déchets verts. Je peux estimer qu'au total, c'est 10 à 15 m³ de déchet non tassé que j'ai à gérer. La communauté de communes dont je dépends n'a rien fait pour promouvoir le compostage individuel. Pour éliminer tout ça, je devrais faire une petite trentaine d'allers-retours jusqu'à une plate-forme intermédiaire de traitement. Ça prend du temps, ça a un coût (pour moi comme pour la société, puisqu'il faut ensuite traiter ces déchets) et mes déplacements polluent. Une autonomie importante est celle de composter ses déchets. Ainsi, on évite de nombreux déplacements et l'acquisition d'engrais, d'amendement…

Avec les Trente Glorieuses et la fin du xxe siècle, le jardin vivrier était « ringardisé ». Une génération au moins n'a pas acquis les savoirs propres au jardin potager. Elle sait plein d'autres choses, mais elle ne sait pas faire son jardin. Ce n'est en rien méprisant de ma part. Je faisais partie de cette multitude. Il y a fort à parier qu'avec les difficultés économiques, qui risquent peut-être de s'amplifier et surtout avec le souci de manger correctement, des générations de jeunes et de moins jeunes adultes vont gagner en autonomie avec la transformation de leur pelouse en jardin potager.

[4] *C'est le* Do it yourself, *d'abord dans le domaine des arts, du bricolage… qui s'étend à l'ensemble des champs de la vie domestique.*

Dans quel magasin aurai-je pu trouver une telle variété de tomates ? Et à quel prix ?

Pour éduquer ses enfants

Nos enfants prendront conscience plus tard du merveilleux espace de jeux que nous leur offrons. Pour le moment ils y construisent leur monde, y sont tranquilles, loin de notre regard et de notre surveillance. Ils explorent, découvrent l'infini dans un espace qui, pour un adulte, n'est pas si grand que ça.

Avec les moutons d'Ouessant, ils ont eu leurs premières leçons de choses. Avec la mare et l'arrivée des abeilles, leur conscience écologique s'est affinée. Avec le potager, ils participent à la production et à la transformation de l'alimentation de la famille. Faire le compost, favoriser l'arrivée de petites bêtes, gérer les cuves d'eau leur semble tout à fait normal et ils sont surpris qu'il n'en soit pas de même chez les autres.

Rien ne vaut l'apprentissage sur le tas…

LE PARADOXE : LE POTAGER N'EST PAS UN ENDROIT FAIT POUR LES ENFANTS

Les jardins potagers ne sont pas faits pour les enfants (le plus souvent ils sont exclusivement l'espace du jardinier…). Les enfants y sont « tolérés » lorsqu'on veut les éduquer et pour cela :

- soit on leur laisse une petite place dont ils sont responsables
- soit on les emmène à l'occasion pour leur apprendre le jardinage.

Lorsque Léo a grandi, il s'est posé la question du jardin des enfants. Assez vite, nous avons décidé qu'il n'y aurait pas « un potager des enfants » et « un potager des adultes », mais que tout le monde devait trouver sa place dans le jardin en fonction de ses envies.

La particularité du potager est que le plus souvent c'est un sous-ensemble du jardin, limité par une clôture réelle ou virtuelle difficile à franchir. On va, on rentre dans le potager parce qu'on a quelque chose à y faire. Ce n'est pas un espace ludique. C'est un espace de production, lieu sacré sur lequel règne le jardinier…

Comment faire pour qu'il devienne un espace pour toute la famille (y compris pour les membres qui ne jardinent pas) ?

Première récolte de pommes ('Reinette des Flandres') pour Loup. Il apprend le quart de tour du poignet qui permet de savoir si la pomme est bonne à être récoltée.

Lola et loup préparent des haricots à faire sécher : c'est tellement drôle !

POTAGER, ESPACE-PLURIEL

Nous n'avons pas fait notre potager en pensant aux enfants. Nos choix étaient vivriers et esthétiques. Il se trouve que les enfants y ont leur place. Ils y jouent à trappe trappe, y font du vélo... (J'ai mis le holà pour les jeux de balles, il y a de la place ailleurs dans le jardin), parfois même ils y jardinent.

Pourquoi cela fonctionne-t-il ?

C'est un espace dans lequel on peut courir. Le potager n'est pas relégué au fond du jardin : c'est une zone de passage obligé. Sa partie principale est disposée juste devant les baies vitrées. Le reste est saupoudré sur l'ensemble du terrain. Il y a de nombreuses allées dans tous les sens (plus de 600 m linéaires — j'en suis le premier étonné), qui passent entre les planches de culture.

- C'est un espace dans lequel on peut s'isoler.
- C'est un espace qui a pris du relief. Nous avons mélangé potager, jardin et verger. Les espaces cultivés prennent des volumes. Les haricots à rames, les arbustes à fruits rouges... sont autant d'abris, de cachettes pour passer un moment tranquille...
- C'est un espace qui stimule la curiosité.
- On ne va pas dans le potager par obligation. Il offre à la curiosité une multitude de légumes, de fleurs, une mare, une ruche, des poules... Les enfants sont sensibles aux touches de poésie, de fantaisie que nous y développons (labyrinthe...). Ils observent la vie qui s'y développe (libellules, hérissons, chauves-souris...), et participent à l'amélioration du système (pose de nichoirs, installation de la mare...).

Un lieu d'apprentissage

Bref, il y a un amalgame entre « jardin » et « potager ». Le potager devient un espace de vie, un espace vécu. Les enfants le font « leur », ils « le » connaissent, « y » portent de l'intérêt. L'apprentissage se fait à l'occasion, de manière empirique et sur le registre de la connivence. Le jardin est prétexte à des discussions, à des réflexions sur l'environnement.

Ils peuvent tout aussi bien y observer la chenille du machaon sur les fanes de carottes, les coccinelles faisant de l'élevage de pucerons… que les étoiles ou les satellites qui passent au-dessus de nos têtes par les belles nuits d'été. Ils peuvent se poursuivre en vélo ou monter une tente à côté des haricots. À l'occasion, ils s'arrêtent pour me filer un coup de main. Je n'ai pas besoin de donner beaucoup de conseils : ils en savent déjà beaucoup, ils ont observé… Ils connaissent les légumes bien mieux que moi lorsque j'avais déjà trois fois leur âge… Cette année, ils ont souhaité avoir chacun leur partie de potager. Nous avons trouvé trois emplacements qu'ils ont ensemencés de carottes, radis, haricots… Ils les ont arrosés, surveillés et quand ils furent prêts… cueillis.

LA CUISINE DES PETITS

Tout le monde met la main à la pâte pour les taches ménagères. Il y a un tableau qui dit qui doit s'occuper de quoi… Même le plus jeune doit participer.

Je ne suis pas sûr qu'ils aiment mettre et débarrasser la table… mais aider Virginie à la cuisine, c'est autrement plus attrayant (ce n'est pas une répartition des taches bassement sexiste, il se trouve que Virginie aime cuisiner et que j'aime jardiner). Le plus souvent, ça se termine en œuvre collective où tout est fait pour que ce soit aussi beau que bon. Cuisiner les légumes du jardin est l'occasion de mettre en pratique au quotidien ce qu'ils apprennent à l'école sur la nutrition. On nous dit souvent que nous avons de la chance que nos enfants aiment les légumes. Ce n'est pas de la chance, c'est de l'éducation.

Ce potager a commencé par un parti pris : nous n'avions pas une maison ordinaire… nous ne voulions pas d'un potager traditionnel. Après quelques années de recul, nous constatons que ce potager participe à l'éducation de nos enfants en développant leur curiosité, leur autonomie, leur responsabilité et enfin en créant un rapport étroit et respectueux entre eux et leur environnement.

Les enfants donnent volontiers un coup de main entre deux jeux.

Pour préserver l'environnement et la biodiversité domestique

LES PETITS RUISSEAUX FONT LES GRANDES RIVIÈRES

Je n'ose imaginer ce qu'ont pu entendre il y a 20 ou 30 ans les pionniers du jardinage « bio » et de la préservation des anciennes variétés… Il semble heureusement désormais acquis que faire son potager n'est pas un retour à la bougie, une vue de l'esprit, mais au contraire une attitude progressiste, résolument responsable et soucieuse de l'environnement.

Quand j'ai commencé à jardiner (en 2002 — ce n'est pas si loin que ça), je suis passé, d'une manière générale, pour un rétrograde, nostalgique (d'un monde que je n'ai pas connu du reste…), idéaliste… alors que la seule idée qui m'animait était « vivre simplement, simplement pour que les autres vivent » [5]. J'ai toujours eu le sentiment d'être un terrien, un habitant de la Terre avant autre chose. Mes consommations, les pollutions qu'engendre mon activité ont des conséquences sur l'ensemble du monde et des hommes (aussi minuscules, aussi noyées dans la masse soient-elles).

En faisant mon jardin, je deviens responsable d'un petit bout de terre et je participe à l'amélioration et à la préservation de notre environnement. « Penser global, agir local », disent-ils. La Terre est le jardin commun et ce que j'y fais a des conséquences que je n'imagine pas. En produisant des légumes dans mon jardin, je n'ai pas à acheter ceux qui viennent du bout du monde et dont on prive des populations démunies. **Faire son jardin, c'est cesser d'être spectateur et devenir acteur.**

La campagne alentours est un vrai désert…

DES ÉCONOMIES POUR L'ENVIRONNEMENT DE TOUS

Les économies de transport

Les économies de transport directement ressenties ont déjà été prises en compte… Il ne faut pas oublier que de nombreux fruits et légumes viennent du bout du monde. Si cela ne concernait que les productions

[5] Gandhi.

Fleurs et légumes se côtoient pour le bien de tous, y compris (et surtout) le nôtre !

que l'on ne peut pas faire sous nos latitudes… passe encore, mais pour la première fois, je viens de voir des mûres [6] en grande surface. Il est étonnant, ce monde, où les mûres viennent du Mexique, alors que les haies qui nous entourent en sont encore couvertes. Il est affolant de regarder la provenance de ce qui se trouve sur les étalages. Une tomate du jardin nécessite en moyenne 100 fois moins de pétrole qu'une tomate qui vient d'Espagne…
Je suis curieux de connaître le bilan carbone de ces barquettes de fruits et légumes.

Les économies d'emballage

Tout déchet non produit est un déchet qui n'est pas à recycler. Les fruits et légumes sont tous conditionnés pour le transport (avec des cagettes en cartons, bois ou plastique) et la vente (barquette, filet et sachet plastique). En produisant ses légumes, on s'affranchit aussi de ce problème.

L'arrosage dans les pots enterrés permet d'apporter l'eau directement aux racines sans abreuver les « mauvaises herbes ».

Les économies d'eau

Si les légumes du jardin ont tant de goût, c'est (entre autres), parce qu'ils contiennent moins d'eau que ceux du commerce. L'agriculture française utilise en été 800 millions de mètres cubes d'eau. L'eau étant en quantité finie, cela se fait au détriment de l'environnement dans sa globalité. Seuls 3 % de l'eau terrestre est potable. L'usage de l'eau dans les pays qui produisent nos légumes se fait là aussi le plus souvent au détriment des populations locales.
Je consomme très peu d'eau pour produire mes légumes (moins de 500 litres/an). On me dira que j'ai la chance de faire mon jardin dans une région où l'on peut se passer de cette corvée. Je ne crois pas que ce soit exact. Il y a des jardiniers autour de moi qui arrosent tous les soirs (avec l'eau du robinet). On choisit des techniques qui sont économes ou qui ne le sont pas. Le modèle de l'arrosage à tout va est dépassé (même lorsqu'on prend soin de récupérer l'eau de pluie).

NOS JARDINS SONT DES OASIS AU MILIEU DU DÉSERT AGRICOLE

Dans ma région, l'espace « naturel » est occupé par l'agriculture. Cela pourrait être sympa si elle était pratiquée pour nourrir les hommes d'ici et si elle était respectueuse des sols, de l'eau, de l'air… mais il n'en est rien. Les haies de bocage ont été arrachées et les énormes engins agricoles mettent à nu d'immenses champs pour y pratiquer des monocultures. Il ne fait pas bon s'y promener les

En prenant de la hauteur, le jardin devient une oasis.

jours de traitement chimique. La faune et la flore n'ont pas leur place dans ce nouvel environnement (personne ne s'en satisfait). Dire que ma campagne est un désert est désobligeant pour les déserts. Les déserts sont beaux dans leur globalité (paysages) et dans leurs particularismes (ils servent la plupart du temps de lieux de refuge pour des espèces spécifiques), alors que les immenses champs et tout ce qu'ils représentent inspirent la colère.

Non contents d'être misérables [7], ces espaces sont le plus souvent mortifères car les produits utilisés (même s'ils sont mieux dosés qu'il y a 20 ans), et le travail du support de culture (on ne peut plus raisonnablement parler de « sol ») les rendent stériles.

On ne peut pas se féliciter de cet état, mais dans de telles conditions, il n'est pas étonnant que le moindre espace de jardin géré en bio devienne très rapidement un refuge pour la faune locale.

Nos petits jardins (au regard de la taille) sont des géants de la diversité domestique. Ils sont des oasis où la vie est intense, où les variétés de plantes sont beaucoup plus concentrées que dans la nature. Il y a tout ce que nous semons et tout ce qui vient spontanément. Sur les quelques mètres carrés de mon jardin potager, les variétés de légumes, de fruits, de fleurs, etc., se comptent par plusieurs centaines. Cela est perceptible par nos sens. Notre vue, notre odorat et notre ouïe sont aux aguets. Ça foisonne de partout et dans tous les sens.

Mon seul souci est notre fragilité due à notre petitesse et à notre isolement.

[6] octobre 2009.

[7] *Au sens littéral, de grande pauvreté.*

Pour s'exprimer

Montre-moi ton jardin, je te dirai ce que tu as dans la tête...

Nos potagers nous ressemblent. Comme l'ensemble des jardins, ils en disent souvent long sur ce que nous sommes et comment nous nous projetons. Ils montrent nos choix alimentaires, notre niveau de conscience écologique, nos soucis esthétiques...

Mon potager est le reflet de ce que je suis, de mes aspirations, de mes projets. Il n'est pas seulement un espace de production. C'est aussi un espace de vie. Il est intéressant de constater que mes amis jardiniers adeptes du jardin naturel me considèrent comme un grand maniaque alors que les adeptes des jardins ouvriers pensent que mon potager reflète un grand désordre.

« Laisser faire », c'est aussi une forme d'expression (soucis et bourraches spontanés).

Parmi les potagers que je fréquente, on trouve deux extrêmes qui reflètent les choix du jardinier :

- Ceux où les jardiniers ont toujours utilisé les vertus de la chimie et qui n'imaginent pas pouvoir faire autrement. Les cultures y sont le plus souvent... très alignées et aucune mauvaise herbe ne traîne... Le jardinage est souvent considéré comme un travail (voire un joug). L'un de ces jardiniers m'a dit un jour qu'il lui restait deux ans à travailler à l'usine et que lorsque la retraite viendrait, il arrêterait aussi le potager.
- Ceux où le jardinier a la capacité de penser son jardin en fonction de préoccupations écologiques. Ici, le jardinage est le plus souvent un loisir. C'est un atout supplémentaire pour une bonne qualité de vie. Pouvoir cultiver son jardin est considéré comme une chance.

Je fais partie de la seconde catégorie. Mon potager est le reflet de mes lectures. La vision systémique [8] du jardin me vient des années de fac et de géographie physique. Mon jardin est un tout dans lequel tout est lié.

Souvent les potagers comme le mien sont qualifiés de BBB : Beaux, Bons et Bios.

[8] *Voir page 54.*

Comme pour les Cent mille milliards de poèmes *de Raymond Queneau, le jardin offre des centaines de combinaisons de cheminements possibles.*

Bio, ça va de soi, et ils le portent sur eux. Bon, c'est moins visible avec l'œil, mais les études montrent que les légumes bio sont meilleurs pour la bouche comme pour le corps... Beau, c'est autrement plus subjectif. Pourtant, comme nous avons décidé d'intégrer le potager à notre cadre de vie, il valait mieux qu'il soit au moins agréable à regarder... L'idée d'avoir un « beau » jardin est un souci que j'ai depuis le début. Nous le souhaitions agréable pour tous les sens. Contrairement aux croyances, il n'y a pas d'incompatibilité entre la production des légumes et le souci de rendre l'espace cultivé esthétique ou d'y créer des ambiances poétiques ; les deux préoccupations cohabitent très bien sur le même terrain. Cela engendre parfois un peu de travail supplémentaire, mais le résultat obtenu est tellement plus appréciable ! Pas besoin de gros moyens pour mettre un peu de poésie. Pas besoin non plus d'y réfléchir, de la programmer. Ça se fait comme ça, dans l'instant. C'est un petit chemin que l'on taille dans les herbes, une perspective que l'on offre au regard au détour d'une allée...

J'ai la chance d'avoir un terrain qui n'est pas rectangulaire et cela me facilite la tâche. Mon potager m'offre un espace, de la matière, que je façonne en fonction de mes envies, de ma curiosité, tranquillement, loin du regard des autres.

Cultiver son potager change la vie

Venir vivre à la campagne a pas mal changé notre vie. Cultiver le potager n'a fait qu'accentuer cette transformation… mais c'est ce que nous recherchions.

CHOISIR DE PRENDRE LE TEMPS

Comme nous avons tous des journées de 24 heures, quand on entreprend une nouvelle activité, il faut trouver le temps disponible. Bien sûr nous avions gagné chacun 10 heures par semaine sur les temps de transports (allers-retours « boulot-dodo »), mais avec la construction de la maison et l'arrivée des enfants, elles ont été vite occupées.

Depuis que je tiens les comptes du jardin, j'ai une vision plus claire du temps que je passe à jardiner. Je comptabilise moins de 30 minutes par jour pour le potager (auquel il faut ajouter une autre petite demi-heure pour le reste du jardin). Ce n'est pas énorme quand on sait qu'en moyenne, les Français passent plus de 3 heures par jour devant la télévision. Mais n'ayant pas beaucoup de temps disponible, il a fallu que je fasse des choix. Il m'était impossible de rogner sur le créneau « télévision » qui, chez nous, n'existe pratiquement pas. Il se trouve que mes choix de lectures se sont portés sur les livres de jardinage au détriment de la littérature. Je n'ai plus besoin de ces lectures depuis que je jardine et ça me laisse beaucoup de temps libre (même s'il y a parfois un roman dans lequel j'ai bien envie de me replonger… Rien n'est définitif !).

J'ai la chance d'avoir une profession pour laquelle une bonne partie du travail peut être effectuée quand bon me semble… de préférence le soir tard ou tout simplement quand il pleut… C'est une sacrée chance pour le jardinier que je suis.

POUVOIR VIVRE AU RYTHME DES SAISONS

« Faire » notre jardin a été pour nous un changement d'allure, de perspectives. Finie la vie à toute vitesse. Nous profitons des jours les plus longs comme des plus courts. Nous observons l'arrivée du printemps. Nous profitons de l'instant présent comme des promesses futures de récoltes. Chaque saison en apporte son lot. Nous nous régalons en été de la profusion de fruits et de légumes et nous nous replions dans la chaleureuse ambiance de la maison en hiver (j'aime beaucoup l'hiver pour ça !). Au soleil derrière les baies vitrées, j'observe le jardin. Je me rends compte que j'y remarque toujours quelque chose de nouveau.

Je construis mentalement le jardin futur en m'occupant de mes tomates lorsqu'elles poussent encore dans la salle à manger. La maison étant ouverte sur le potager, nous y sommes à tout moment, en cuisinant, en mangeant, en bouquinant, en discutant avec des copains... Le jardin potager fait vraiment partie de notre univers quotidien.

SE FAIRE PLAISIR

« Faut pas se forcer », entend-on souvent. Je n'ai pas besoin de me faire violence, j'aime ça !

Et puis au jardin comme dans la vie, le plaisir ne se limite pas à l'agréable. Quand, à la fin de l'automne, j'ai retourné les planches de culture et répandu des mètres cubes de compost, je suis fourbu, couvert de terre et de brindilles... mais heureux du travail accompli et de tout ce que cela implique pour la qualité de mon sol.

Le prunier 'Stanburry' (vieille variété) produit ses premiers fruits. Retrouvailles avec des saveurs d'un autre temps.

Le plaisir que procure le jardin se mesure dans différents registres :

- **Ma santé physique.** Jardiner sollicite l'activité de mon cœur, celle de mes muscles. Je suis rarement dans l'effort pur, mais il m'arrive de rester une journée complète dans un régime d'endurance. Je parcours un nombre impressionnant de kilomètres dans cet espace qui ne mesure même pas 100 m de côté.
- **Ma santé mentale.** Jardiner est l'occasion pour moi de faire le vide, ou encore de régler des problèmes en me concentrant sur eux pendant une tâche physique. Je suis très redevable à mon jardin de m'offrir le cadre à une introspection régulière et salvatrice. Mon épouse sait bien que j'ai parfois besoin d'être seul, tranquille, dans mon jardin.
- **Ma satisfaction « esthétique » :** car mon « beau » potager sous les yeux toute l'année est un spectacle permanent qui change d'heure en heure.
- **Ma satisfaction « gustative »**, car rien ne vaut la joie de pouvoir consommer ses légumes que l'on sait meilleurs que n'importe quels autres...

Les conséquences de la pratique du jardinage sont difficilement quantifiables. Il y a fort à parier que les jardiniers ne sont pas de grands consommateurs de médecine. Leurs corps sont aguerris au froid, au vent, à la pluie... et ils sont maintenus en forme par une activité physique régulière. Leurs têtes n'ont pas besoin des produits dont raffolent nos compatriotes pour gérer leur stress et leur anxiété...

Un bien
qui ne risque pas de se déprécier !

Pour toutes les raisons qui viennent d'être évoquées, avoir un petit bout de terre est une richesse immense. Si cette terre n'est pas polluée et qu'elle est facilement transformable en jardin potager, cette richesse devient inestimable. Elle nous apporte santé, vitalité et de nombreux petits bonheurs quotidiens. Cultiver un jardin potager ne prend pas beaucoup plus de temps qu'entretenir une pelouse. En tout cas, ça coûte beaucoup moins cher et ça permet de faire de sacrées économies !

Le prix de la terre sur laquelle nous nous sommes installés n'était pas élevé, si je le compare à ce qui se pratique au bord des villes où dans d'autres régions. La multiplication de son prix par trois en 8 ans ne me rend pas plus riche puisque je n'ai pas l'intention de m'en séparer. Par contre, il est stupéfiant de constater que mes productions de fruits et légumes ont déjà totalement amorti cette acquisition en peu de temps.

La vraie richesse de ce terrain, c'est qu'il va nourrir notre famille pendant tout le temps qu'on lui demandera de le faire. Pour le moment, il y a plein de cultures que je n'ose entreprendre, je n'ai pas encore de serre pour mieux produire en hiver et je ne fais que commencer un petit élevage de volailles pour nos faibles besoins en viande... Mais au fil des années, mon sol va devenir de plus en plus productif, ma charge de travail sera de plus en plus réduite et le potager nous comblera de plus en plus.

Ces atouts « non sonnants » sont à nos yeux les plus grandes richesses qui soient.

Quel autre investissement est plus rentable qu'un jardin ? Il produit de plus en plus en demandant de moins en moins !

LES LÉGUMES COMBIEN ÇA COÛTE ?

Il y a quelques années, pour savoir si un individu était encore en phase avec la réalité économique et sociale, on lui demandait s'il connaissait le coût d'une baguette de pain ou d'un ticket de métro. De ce fait, tous ceux qui ne souhaitaient pas passer pour des imbéciles lors des soirées en société les apprenaient par cœur… Cet exercice s'avère un peu plus difficile avec les fruits et légumes, leur prix varie chaque jour en fonction du temps, de la région, du lieu (ville ou campagne) et de la nature du commerce. Le tableau suivant donne les prix pour la fin du mois d'octobre 2009 au plus proche de chez moi. Au début de l'été (ou même une semaine plus tôt), ils auraient été différents. Ces prix sont des indicateurs, ils ne sont en rien des généralités. Ils peuvent par contre être comparés à ceux que vous pourrez relever autour de chez vous.

QUELQUES CONSTATATIONS S'IMPOSENT :

- Financièrement, il y a une grande différence entre manger 1 fruit et 1 légume de temps en temps et en consommer de manière quotidienne et variée. Manger des fruits et des légumes n'est pas donné à tout le monde. Manger coûte cher, et manger des légumes, encore plus.
- Si je ne m'en tiens qu'à ce je produis en une année[9] (et que j'ai quantifié à peu près, car il y a eu des oublis…), et que je regarde ce que cela nous aurait coûté si nous les avions achetés, j'obtiens des sommes impressionnantes.
- Cela correspond à 2,8 SMIG net mensuel dans le premier cas (légumes non-bios), et à presque 3,5 dans le second (légumes bio).
- Bien sûr, si je n'étais pas devenu jardinier, nous ne mangerions pas autant de légumes… nous n'en aurions tout simplement pas les moyens !
- L'écart de prix entre le « bio » et le « non bio » est important, principalement pour les légumes de consommation courante : carottes, poireaux, pommes de terre, salade… Pour les légumes plus rares ou d'une production plus délicates, l'écart entre les prix s'amenuise rapidement.
- Une bonne partie des légumes de mon jardin est introuvable (ou très rarement en vente) dans le commerce. Ils ne peuvent donc être quantifiés qu'en termes de quantité et pas de non-dépense.

	PRIX NON BIO EN GRANDE SURFACE	PRIX BIO EN MAGASIN BIO
AIL	10,10 €/ kilo	9,60 €/ kilo
ÉCHALOTE	4,99 €/ kilo	5,80 €/ kilo
CHOU POMMÉ	0,99 €/ kilo	2,50 €/ kilo
NAVET	2,65 €/ kilo	2,75 €/ kilo
BETTERAVE	1,75 €/ kilo	2,20 €/ kilo
CAROTTE AVEC FANE	1,79 €/ kilo	2,80 €/ kilo
POMME DE TERRE	1,10 €/ kilo [10]	2,55 €/ kilo
RADIS	1,25 €/ botte	1,65 €/ kilo
POIREAU	1,89 €/ kilo	3,15 €/ kilo
PETIT POIS	*absent des étals*	
HARICOT	2,55 €/ kilo	7,35 €/ kilo
TOMATE [11]	5,99 €/ kilo [12] (0,99 à 3,50 € *en général*)	4,95 €/ kilo
AUBERGINE	1,99 €/ kilo	*absent des étals*
LAITUE	1,19 €/ kilo	1,70 €/ kilo
ENDIVE	2,30 €/ kilo	4,20 €/ kilo
POTIRON	2,15 €/ kilo	3,35 €/ kilo
PERSIL	1 €/ kilo	1,30 €/ kilo
POMME	2,09 €/ kilo	3 €/ kilo
FRAMBOISE	19,92 €/ kilo	*absent des étals*

	FRUITS ET LÉGUMES (NON BIO) DE GRANDES SURFACES	FRUITS ET LÉGUMES BIO DU MAGASIN BIO
NON-DÉPENSES DE FRUITS ET LÉGUMES POUR NOTRE FAMILLE	Environ 2 950 €	Environ 3 650 €

[9] *Il s'agit de la consommation du 1er septembre 2008 au 31 août 2009.*
[10] *2,95 € pour les rattes.*
[11] *Pour les plus chères.*
[12] *Pour de la 'Cœur de Bœuf'.*

LE PRIX POUR LE JARDINIER : UN INDICATEUR DE LA VALEUR DE SA PRODUCTION

Comme j'ai choisi de produire des légumes exempts de traitement, que nous les consommons dans l'heure qui suit leur cueillette... je ne vois pas pourquoi je les estimerai comme faisant partie de ceux qui contiennent des nitrates, des résidus de pesticides... (Je n'aborde ici même pas le problème de la fraîcheur, ni des qualités nutritives ou encore gustatives !).

Si nous n'avions pas de jardin, nous serions certainement membres d'une AMAP [13]. Un panier de fruits et de légumes satisfaisant nos besoins y coûterait 20 € par semaine. Au total pour une année, cela nous reviendrait à 1 060 € pour avoir des fruits et des légumes biologiques.

En fin de compte, au lieu de nous coûter une fortune, nos choix alimentaires ne grèvent notre budget que de 200 €.

C'est la somme que je dépense en moyenne chaque année en graines, plants et arbres fruitiers. Je ne peux pas me passer d'un petit budget « semences », mais je sais que les dépenses vont se réduire progressivement à mesure que j'aurai fini d'implanter des fruitiers et que je serai autonome pour la production de la plus grande partie de mes graines.

Mais ces calculs ne prennent bien sûr pas en compte mon temps de travail ni celui des transports, et encore moins ce qui m'est sans doute le plus précieux : la satisfaction, l'estime de soi...

Dans l'estimation du coût de mes légumes, les plus pointilleux voudront sûrement comptabiliser mon matériel, mon temps de travail... On peut s'amuser à cela, mais il faudra alors prendre en compte le bilan carbone de mes non-déplacements, le bilan environnemental de mes pratiques potagères, l'effet du jardinage sur ma santé physique et mentale... ça risque de devenir très compliqué !

La somme des fruits et légumes produits depuis 8 ans que je fais mon potager équivaut au prix d'acquisition de nos 3200 m² de terrain (à l'époque, pas si lointaine que ça, le mètre carré était trois fois moins cher qu'aujourd'hui...).

Nous sommes riches de notre terrain et de la source d'aliments en lequel nous l'avons transformé. Cultiver son jardin pour nourrir sa famille passe pour un luxe suprême... Il n'en est rien. C'est juste pour nous la seconde des priorités... Juste après « donner à ses enfants un cadre dans lequel ils peuvent s'épanouir » et « les éduquer ». Un peu comme les oiseaux font leur nid pour avoir des petits, nourrissent les oisillons, puis leur apprennent à voler de leurs propres ailes.

CONSOMMATION DE LÉGUMES D'UNE FAMILLE DE 5 PERSONNES
basée sur la consommation de la famille GROSLEZIAT

	COÛT D'UNE ANNÉE DE FRUITS ET LÉGUMES	TEMPS/ SEMAINE	QUALITÉ DES LÉGUMES	VARIÉTÉS DES LÉGUMES	CONVIVIALITÉ	ESTIME DE SOI
MAGASIN BIO	3 650 €	1 h 00 de transport (52 h par an = coût non négligeable sur l'année)	Bonne. Les légumes ne sont pas traités et ils viennent le plus souvent de productions locales		+	+
GRANDE SURFACE	2 950 €	0 h 15 de transport	Médiocre. Les légumes sont standardisés et ont fait des milliers de kilomètres pour venir jusqu'ici	Légumes ordinaires	-	-
AMAP	1 060 €	1 h 00 de transport (coût non négligeable sur l'année)	Bonne. Souvent ramassés le jour-même, les légumes n'ont aucun traitement	Légumes de saison + légumes « anciens »	++	++
JARDIN	200 €	3 h 30 de travail en plein air	Très bonne. Les légumes bio sont cueillis juste avant d'être cuisinés	Nombreux légumes disponibles dans de nombreuses variétés	Exercice le plus souvent solitaire	+++++

[13] *Association pour le Maintien d'une Agriculture Paysanne. Les membres de l'association s'engagent à verser un salaire à l'agriculteur qui va leur fournir des fruits et des légumes. Des liens étroits s'établissent transformant les consommateurs en consom-acteurs.*

Devenir jardi

nier

On n'est pas jardinier…
On le devient

Acquérir des connaissances

Cultiver son potager semble à première vue fort simple. On prépare le sol, on sème, on récolte.

À la fin du premier été, on se pose des questions, car c'est pas terrible... On cherche à se documenter pour améliorer ses techniques et on découvre un monde assez complexe, fait d'écoles, de courants...

Après quelques années de pratiques, j'ai tendance à considérer que la meilleure technique est celle qui est adaptée au jardinier et au jardin... et c'est la combinaison de différents savoir-faire.

Il y a un grand paradoxe dans le jardinage : plus on en sait, plus c'est simple. C'est un paradoxe qui pousse à l'humilité, car un bon jardinier sait qu'il ignore la plus grande partie de ce qui peut se faire dans son jardin... Pour faire ses choix, il faut donc avoir des connaissances.

Le premier choix à faire étant de savoir quel temps on peut consacrer au jardin.

COMBIEN DE TEMPS PASSER DANS SON JARDIN POTAGER ?

On me demande souvent comment je fais pour avoir le temps de cultiver le jardin, exercer mon métier, m'occuper de ma famille, faire du kayak...

C'est très simple : j'ai fait des choix.

Personne n'a jamais été surpris que je passe 10 heures par semaine dans une voiture pour aller au boulot. Maintenant, que je vis à 5 minutes de mon lieu de travail, on me demande comment je fais pour avoir le temps de passer une heure par jour dans le jardin... Étonnant, non ? **En choisissant de vivre à la campagne et de cultiver mon jardin, j'ai gagné 3 heures de liberté par semaine.**

(Pour mémoire, en moyenne, les Français regardent la télévision 3 h 30 par jour). Nous avons tous des journées de 24 heures. La véritable question est : quelles sont nos priorités ? Et en fonction de ces priorités : quels sont nos choix ?

Quand Virginie m'a offert le livre *Le beau jardin du paresseux*[14], j'ai cru que moi aussi je pouvais gérer mes 3 200 m² en 15 jours de travail. Visiblement, je n'étais pas prêt et je ne le suis toujours pas à l'heure actuelle. C'est possible, mais je ne suis pas dans les dispositions qui le permettent.

On peut passer tout son temps dans le jardin et toujours y trouver quelque chose à faire. Avant de faire les comptes du jardin, je croyais passer peu de temps dans le potager. On a beau vouloir être des gens rationnels... La passion nous fait perdre toute objectivité !

[14] Le beau Jardin du Paresseux, *Patricia Beucher, Éditions Ulmer.*

Au fil des ans, les espaces bêchés se réduisent à mesure de l'évolution de mes pratiques.

L'un de mes objectifs est de passer le moins de temps dans le jardin... Il y a tellement d'autres choses intéressantes à faire ! **Le potager a doublé sa surface en quelques années, mais ma charge de travail n'a pas augmenté.** Je pense même que plus le jardin est grand, moins le travail est important. Depuis deux ans, le nombre d'heures passées dans le jardin diminue fortement, sans que cela n'ait de conséquence sur son esthétique ni sur ses productions.

J'améliore mes techniques. Je perds de moins en moins de temps dans des trucs qui ne valent pas la peine (comme s'acharner à avoir des planches de culture toujours « propres »).

Après cinq ans de culture, je m'aperçois que la culture d'un potager n'est pas si chronophage qu'on veut bien nous le faire croire. J'y passe moins de temps qu'à tailler les haies, tondre les allées, nettoyer les massifs. En moyenne, sur l'année, **j'ai besoin de moins d'une demi-heure de travail par jour pour produire les fruits et légumes.** Même si j'essaie de préparer au maximum mon travail à l'automne et en hiver... J'ai, au printemps et en été, des journées bien remplies.

ALLER À LA RENCONTRE DES JARDINIERS LOCAUX

C'est le moyen le plus simple. Le plus souvent, les jardiniers sont très heureux de montrer leurs jardins et de discuter avec des jeunes. Lorsqu'ils se rendent compte que vous n'y connaissez vraiment rien, ils se font une joie de vous donner leurs petites astuces. J'ai beaucoup appris en visitant les jardins du coin. On se rend vite compte qu'il y a autant de jardins qu'il y a de jardiniers (*Montre moi ton jardin, je te dirai ce que tu as dans la tête* est un adage que j'aime beaucoup...). Ils vous parleront du sol et de la meilleure manière de le travailler (de leur point de vue) et du climat qu'ils connaissent très bien. Le point faible est que, souvent, les pratiques sont de l'ordre de la tradition : c'est comme ça qu'on jardine. Point de salut en dehors du traitement chimique ! Il n'y a pas de place pour l'expérimentation, l'aventure... Par exemple, on ne sème pas les betteraves avant et après telle date, alors que l'expérimentation montre qu'ici c'est possible et on reste dans des cultures très conventionnelles (carottes, pommes de terre, haricots, laitues... les plus audacieux font des tomates).

Il ne faut pas chercher à les convaincre qu'un autre jardin est possible... Avec le temps, ils s'intéressent à ce qu'on fait dans les nôtres et certains prennent des idées (ce qui est très gratifiant).

J'ai la chance de faire partie d'une association, « les Vers de Terre », au sein de laquelle de nombreux jardiniers cherchent, trouvent, partagent les connaissances potagères qu'ils se forgent. C'est aussi un lieu d'échange de plantes et de graines (voir page 97, les bienfaits d'un groupement de jardiniers).

LIRE

Je suis dans les livres depuis toujours. Forcément, je suis passé par eux pour apprendre à jardiner. Après les traités de géomorphologie, des années d'univers gionesque, puis des années de découverte du monde Gnu-Linux [15]... Les livres et les revues de jardin s'accumulent sur le bureau, autour du lit et dans d'autres lieux.

S'il n'y avait qu'un ou deux livres par an, ce serait raisonnable... mais ce n'est pas le cas et il ne faut pas oublier les abonnements aux revues. Au total, cela fait une dépense d'environ 150 € par an (voire plus). On peut aussi passer par Internet (ce que je fais aussi). Il y a d'excellents sites et forums de jardinage, mais ce n'est pas pareil... Avec le livre, on peut rallumer la lumière à 3 heures du matin pour vérifier un détail sur la culture du melon... dès fois que ça marcherait cette année. Mon jardin est la synthèse de mes lectures.

Quand on commence à jardiner, on veut tout apprendre et tout faire correctement. Ce n'est pas une bonne idée. Il faut juste commencer par « faire ». Le niveau des livres spécialisés (sur le compost, les associations végétales...) est au-delà de ce que l'on peut appréhender et il vaut mieux se contenter d'ouvrages généraux. Une fois qu'on les a bien digérés, qu'on a acquis un peu de pratique et qu'on se pose des questions, on peut commencer à chercher des réponses à ses problèmes.

DÉCOUVRIR D'AUTRES TECHNIQUES DE JARDINAGE

La plupart des jardiniers qualifient leur jardin ou leur façon de jardiner : « classique », « naturel », « en BRF », en « biodynamie », en « permaculture ». Chaque expérience est intéressante.

Je considère qu'il y a du bon à prendre dans chacune de ces techniques, mais qu'il ne faut surtout pas en faire des panacées. Elles ont été développées par des jardiniers pour répondre à leurs ressources, leurs besoins, leur climat, leur sol, leur état d'esprit... Elles ne peuvent pas de fait être transposées d'un lieu à un autre, d'un jardinier à un autre. Par contre, il faut les exploiter lorsqu'elles permettent de résoudre un problème ou lorsqu'elles facilitent la vie...

Quand j'ai lu les premiers articles sur le BRF, je n'avais pas encore compris qu'il n'y a pas de solution miracle... et j'ai décidé de le mettre en œuvre sur le potager. Il n'a pas fallu longtemps pour que je me rende compte que j'avais créé des pouponnières à mulots et à limaces... Ce n'est pas une bonne idée dans un jardin potager. J'utilise le BRF, mais avec parcimonie, sur des planches où il n'y a pas de risque avec les grignoteurs et les baveuses (sous les arbustes à fruits rouges par exemple). De toute façon, les ressources en rameaux de mon jardin et le coût exorbitant d'un vrai broyeur ne permettent pas d'envisager une généralisation du principe (et je me vois mal faire venir en camion des mètres cubes de BRF dans mon jardin écologique...).

De la même manière, le jardin est très structuré, organisé. C'est une apparence car c'est en fait une conjugaison de ce qui est programmé et d'événements imprévus. Comme je fais mes graines, souvent elles se ressèment et je trouve au printemps des semis spontanés un peu partout. Cette année, je n'avais pas prévu d'avoir autant de bourrache sur les premières planches. C'est pareil pour les betteraves au milieu des cacahuètes ou les bettes à cardes rouges et le pourpier sous les tomates. Je n'ai pas envie que mon jardin devienne une jungle... mais je me rends compte que les semis spontanés sont vigoureux, alors je les garde.

Il est important de trouver des techniques adaptées au temps que l'on peut consacrer au jardin et à ses propres capacités physiques. Je prends le jardinage pour une activité physique. Je sais que j'ai bien œuvré lorsque je rentre lessivé... Je suis parfaitement conscient que s'il m'arrive le moindre pépin, la nature reprendra vite ses droits. Dans le même registre, j'expose mon corps à des souffrances ponctuelles ou chroniques. Je jardine avec un bracelet anti-tendinite. Je commence à appliquer les incontournables du sport au jardinage... échauffement, étirement...

Avec le temps, il est possible que je passe à un jardinage qui demande un moindre engagement physique.

....

[15] Gnu-Linux est un système d'exploitation pour ordinateur dont le développement est assuré par une communauté de bénévoles. Il me semble cohérent d'avoir une maison solaire, d'utiliser Linux et de produire mes graines.

Loup s'amuse dans le labyrinthe marqué par des crocus et des jonquilles à partir de février, puis par l'herbe jusqu'en automne. Ça ne coûte rien et tout le monde y va de son petit commentaire…

Dessiner le potager

De l'avis de tous, notre potager n'est pas ordinaire. Nous n'en avons pas conscience. Il est ouvert aux copains, aux jardiniers à qui je demande avis et conseils. Il est toujours intéressant de connaître le regard des autres.
La grande qualité de ce jardin potager est d'avoir été conçu par de très grands débutants (nous en l'occurrence), qui n'avaient aucune connaissance des tendances actuelles des jardins ni, à vrai dire, du jardin tout court. Du coup, il correspond à notre terrain, à notre maison, à nos envies et aux circonstances… C'est *notre* potager.

Faire son potager était pour nous une idée, un dogme. Nous allions vivre à la campagne. Nous construisions une maison solaire. Il était évident que nous ne pouvions que faire un potager nourricier. Si je n'avais pas aimé travailler la terre, je ne suis pas sûr que nous aurions notre jardin actuel. Je pense que nous aurions eu la démarche d'adhérer à une AMAP [16].
Il se trouve que j'ai adoré faire mon premier potager. Au début, il paraissait aberrant de « perdre du temps » à cela alors qu'il y avait une urgence certaine à ce que la maison soit habitable. Nous avions deux mois pour faire notre nid, et mon épouse Virginie devait préserver son énergie pour que notre troisième enfant pousse normalement. Bref, un être raisonnable aurait dû mettre la construction de la maison comme priorité absolue. Heureusement pour moi (et pour le reste de la famille), je n'ai pas été raisonnable. Très vite, les moments passés dans le jardin m'ont permis de ne pas « péter un câble ». Tous les soirs, je faisais une mise au point, je me ressourçais, en tête à tête avec les légumes que je faisais pousser. J'imaginais ce que serait ce jardin plus tard.
Virginie m'aide de temps en temps. Pourtant, se pencher sur la terre est pour elle un effort insurmontable. J'ai longtemps cru que son dos avait souffert des trois grossesses… Depuis que je vois ce dont elle est capable sur une pirogue… j'ai compris. Elle fait partie de ces gens qui n'aiment pas faire du jardin. C'est comme ça ! C'est donc plutôt mon jardin, mais le reste de la famille à son mot à dire et participe ponctuellement.

UN PROJET INITIAL PARTICULIÈREMENT SOMMAIRE

Mon grand-père avait un jardin rectangulaire. En théorie, nous aurions

[16] *Association pour le Maintien d'une Agriculture Paysanne.*

La maison est visible du jardin, comme le jardin est visible de la maison.

Projet de potager en carrés au fond du jardin. Heureusement, ce n'est resté qu'un projet…

dû faire un jardin de cette forme. Avec l'infinie « méconnaissance potagère » qui nous caractérisait, nous avions pensé l'implanter sous les tilleuls. Comme tout le monde, nous voulions un potager au fond du jardin… avec une jolie pelouse pour les enfants entre lui et la maison (nous sommes en fin de compte d'une très grande banalité !).

Notre seul bouquin de jardin étant à l'époque *L'art du jardin en carré*, nous avions pensé à une série de carrés de 1,2 mètre de côté comme il est préconisé dans ce livre. J'ai presque honte ! Je me dis avec le recul que les nécessités écologiques m'auraient contraint à changer rapidement…

L'avantage d'un projet aussi peu imaginatif, c'est qu'on ne peut que l'améliorer. Trois causes majeures l'ont jeté aux oubliettes :

- l'agrandissement du terrain
- les travaux de fondation de la maison
- l'affirmation de mon goût pour le jardin et pour l'autonomie.

LA CULTURE EN CARRÉS

C'est une méthode de jardinage américaine qui date du début des années 80. Elle a été popularisée en France avec la sortie du livre de J.-P. Collaert, *L'Art du jardin en carré*. Cette méthode consiste à optimiser les petites surfaces en rationalisant les semis. Les cultures verticales sont privilégiées.

Chaque carré fait 1,2 m de côté et est divisé en 9 « sous-carrés » de 30 x 30 cm. Le roulement des cultures dans ces structures permet de subvenir au besoin (en frais) d'une famille.

LES LIMITES DU JARDIN

Depuis que je vais dans les jardins des autres… je vois des jolies choses. Mais souvent il y a un petit truc qui ne va pas et contre lequel on ne peut rien car ça a une cause externe : le voisinage. Chez l'un, c'est le terrain d'à côté qui sert de poubelle à une carcasse de voiture. Chez un autre, la tranquillité bucolique du jardin est gâchée par un environnement dissonant…

Chez nous au départ, il y a une grande pâture bordée de grands arbres au nord et à l'ouest (5 tilleuls et 7 frênes).

Lorsque nous avons acheté notre terrain, nous étions seuls. Ça n'a pas duré longtemps, dommage. Nous avons eu nos voisins. Alors qu'ils avaient toute la largeur de la pâture pour s'installer, ils ont choisi de se coller à nous… C'est ce qu'on doit appeler l'instinct grégaire. Ils ont par contre l'excellente idée de n'utiliser que la moitié de la longueur du terrain et nous rachetons tout de suite l'espace restant. Les maisons neuves sont souvent installées sur des terrains carrés ou rectangulaires. La nôtre l'est maintenant sur un terrain à six bornes. Ça coûte un peu plus cher, mais ça lui confère un cadre qui sort du lot avec une partie qui reste invisible depuis l'entrée. Nous avons maintenant 3 200 m^2. Nous sommes obligés de réfléchir à la manière la plus cohérente de gérer un terrain de cette taille. Avoir un terrain en L va s'avérer une grande chance.

... et il a finalement pris la forme de planches de culture qui tournent autour de la maison.

LA MISE EN PLACE DES PLANCHES

Les travaux de fondation de la maison nous ont conduits à changer totalement notre projet de jardin. Je ne remercierai jamais assez les ouvriers qui construisaient la dalle de nous avoir contraint à ce changement.

Nous voulions que les travaux n'occasionnent qu'un minimum d'impact sur le terrain et sur l'environnement... Quelle ne fut pas notre surprise de constater un soir que les ouvriers faisaient une immense boucle sur le terrain pour acheminer les matériaux de l'aire de travail jusqu'à la maison. C'était certainement drôle, mais ça laisse de grosses ornières, des tas de graviers et du béton un peu partout... Il fallait faire quelque chose ! Quelques heures ont suffi pour changer de stratégie.

Nous avons d'abord convenu qu'il fallait faire une limite franche restreignant les déplacements. Puis nous nous sommes dit que cette limite pouvait être les carrés de culture initialement prévus au fond du jardin. Sur le papier, ça faisait bizarre. L'idée s'est peu à peu imposée que nous pouvions reprendre la forme de la maison et l'emplacement des baies vitrées pour structurer cet alignement. Au cours de la soirée, nous avons dessiné ce qui sera notre premier potager. Nous avons réuni les carrés dans un souci d'efficacité, mais c'est beaucoup plus tard que nous avons appris que cela s'appelait des « planches ». Le lendemain, nous avons acheté des pelotes de ficelle. Nous avons mesuré, tendu des fils dans tous les sens... Le jardin était matérialisé ; il ne restait plus qu'à le faire.

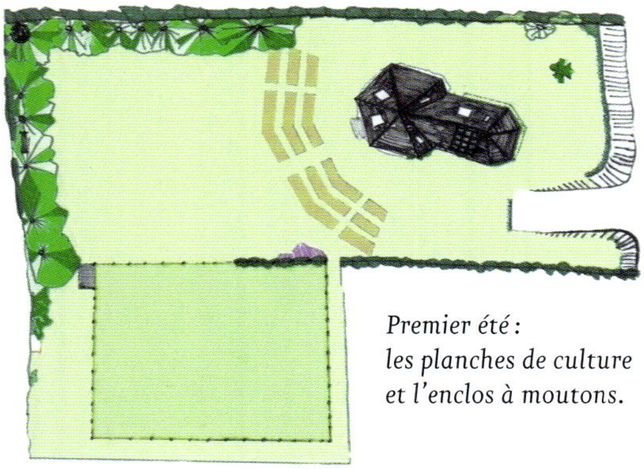

Premier été :
les planches de culture
et l'enclos à moutons.

Nous avons choisi de garder l'idée générale de la culture en carré : les planches font 1,2 mètre de largeur. Cela permet de ne jamais marcher sur les zones cultivées. Les allées font 1 mètre de large (elles seront ensuite rationalisées en fonction de la largeur de coupe de la tondeuse). Souvent dans la littérature potagère, les carrés sont rehaussés. Nous n'avons pas le bois pour le faire. Je m'aperçois en feuilletant l'album photo que je connais la technique du paillage et que je m'en sers pour étouffer l'herbe et ainsi faciliter le premier bêchage. Virginie vient de m'offrir *Le beau jardin du paresseux*... Les idées doivent commencer à mûrir...

Si nous avons bien fait nos mesures, trois grandes allées doivent offrir des perspectives visibles depuis la maison. Nous achetons des moutons et leur laissons un enclos dans la nouvelle partie du jardin. Je sème quelques graines. J'achète des plants de concombres, de tomates... et de piments. Je me souviens surtout de mes premiers piments et de la tête que nous avons faite lorsque nous les avons goûtés : il nous semblait impossible que des piments puissent piquer sous le soleil du Vimeu...

Les planches au nord sont les plus dures à mettre en place. Je n'ai pas pensé aux racines des frênes qui sont tout près. La première est faite à la hache. Pour les suivantes, je décide de faire des buttes pour ne pas avoir à creuser.

La pâture nous montre ses premières qualités potagères : la terre est riche et facile à travailler. Avec un bon apport de compost, je dois pouvoir

ANTICIPER LA CRÉATION DE SON POTAGER POUR MOINS SE FATIGUER

Nous avons fait la première planche en attaquant directement la pâture. C'est très fastidieux, le tapis d'herbe et de racines est très difficile à trancher. L'idéal est de couvrir le sol pendant quelques mois avec un paillage végétal, du carton ou des tapis. L'herbe meurt. L'activité des vers de terre est très grande. Le sol change de structure et devient facile à travailler.
Il faut toujours garder la première couche... c'est la plus riche.

LA CULTURE SUR BUTTE

Les deux dernières planches ont été cultivées sur butte pendant les premières années. Ne pouvant creuser à cause des racines, j'ai fait un mille-feuilles avec des branches mortes, du compost et de la terre de surface. La couche d'herbe grasse a participé à l'enrichissement de la butte. Cela m'a permis de rehausser mes planches de 30 cm et de faire mes cultures sans problème. Leur hauteur a été assurée par un complément annuel de compost. Un travail de sape sur les bords de ces planches et l'abattage des frênes tend à régler le problème. La culture sur butte est une manière de faire que je peux réutiliser dans les années à venir de manière plus systématique.

en faire quelque chose de très bien.
Léo et Virginie font la première planche en avril 2002.
Mon grand-père nous regarde faire, goguenard. Notre potager le fait rire. Sa forme et notre manière peu orthodoxe de bêcher la terre le consterne. Il passe de longs moments à nous observer. Je n'y connais rien en jardinage, mais je lui explique pourquoi nous faisons comme ça. Il me donne des pieds de rhubarbe, de framboisiers et de pêchers de son jardin. Nous les replantons ensemble. Il sait jardiner. Il pratique l'art de la greffe avec dextérité. Il me transmettra son savoir l'an prochain...
Je n'ai pas encore conscience qu'un jardin est habité par le souvenir de tous ceux qui y ont participé.
Notre jardin à la fin de la première saison comprend 12 planches réparties au sud-ouest de la maison. Les moutons grignotent la pâture dans l'enclos fixe. Je les promène sur le terrain avec des filets électriques.

LA ROTATION DES CULTURES

C'est un problème que je n'avais pas pris en compte au début pour la simple raison que je ne savais pas qu'il fallait éviter qu'une famille de légumes soit toujours cultivée au même endroit.
Les trois premières années, je faisais des mélanges de plantes en essayant de mettre ensemble des plantes compagnes sur une même planche.
Et puis j'ai appris que les grandes familles de légumes ne devaient pas revenir au même endroit avant plusieurs années (souvent 4 ans) pour éviter l'appauvrissement du sol et le développement de maladies. C'est la « rotation des cultures ». Ca me semble maintenant un principe de base. Mis à part quelques plantes comme les mâches, les roquettes, les radis que je mets là où il reste de la place... toutes ont une parcelle qui change année après année.
Dans les bouquins, c'est simple : les lignes de cultures associées sont décalées tous les ans. Sur une parcelle rectangulaire, ça fonctionne très bien, mais avec ma configuration, je ne m'y retrouvais pas.
J'ai donc abandonné le principe de la culture associée (même si je fais encore attention à ne pas mettre trop près l'un de l'autre des légumes qui ne s'entendent pas) pour pratiquer

LES PLANTES COMPAGNES
L'idée est d'associer les légumes en fonction de leur influence positive réciproque et d'éloigner ceux qui peuvent se nuire.
Il y a quelques associations plus connues que d'autres, comme le poireau et les fraises, le chou et les carottes...
Au contraire, on ne mélange pas les choux entre eux, la betterave avec les épinards, le poireau avec les pois...

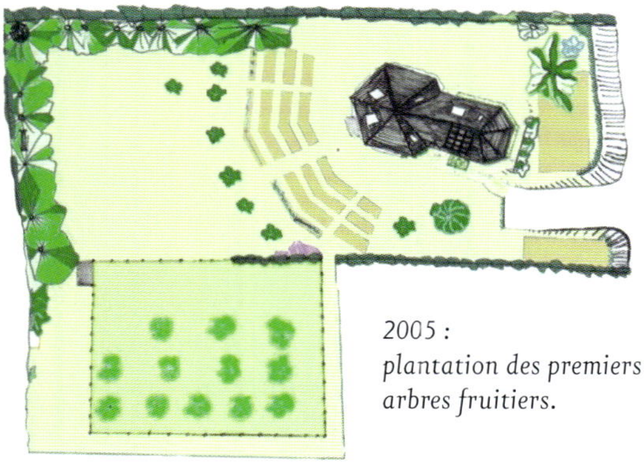

2005 :
plantation des premiers arbres fruitiers.

la culture d'une seule famille sur une planche.

Pour m'y retrouver, le potager est sectorisé en 4 colonnes (de A à D) et 6 lignes (de 1 à 6). Cette année, j'avais mes tomates en B3, C3 et D3. L'an prochain elles seront en B2, C2 et D2. Il y a bien sûr quelques exceptions. On n'est pas obligé de suivre scrupuleusement les modèles donnés. **L'important, c'est que « ça bouge » régulièrement !**

Ce système de notation me permet de garder une trace de l'emplacement de mes cultures que je peux consulter les années suivantes.

Verger et potager sont imbriqués l'un dans l'autre.

JE ME DÉCOUVRE UNE PASSION

La pâture est ensuite devenue un grand palimpseste marqué par les différentes avancées du potager sur l'herbe...

La deuxième année, j'ai commencé à planter des fruitiers et à marquer la limite extrême du potager par une ligne de pommiers en cordon. J'étends la surface potagère en créant le jardin-rue et le jardin-go. Virginie veut que nous gardions le reste en herbe pour que les enfants aient de la place pour jouer. Je commence à diversifier mes récoltes et à développer une véritable passion pour le jardin. Je grignote dès que je le peux quelques mètres carrés...

Je me rends compte que je peux nourrir ma famille et que je peux sortir des cultures traditionnelles (radis, salades, carottes, pommes de terre, haricots). Je commence à pointer les domaines dans lesquels nous pouvons facilement devenir autonomes.

Je passe de plus en plus de temps dans le jardin. J'œuvre sans compter, comme un coureur qui s'entraîne pour une course d'ultra. J'aime être au contact avec les éléments et rentrer le soir fourbu, transi, trempé. Je passe des mois à égaliser la pâture, à éliminer trois énormes souches qui trônent au milieu du jardin... J'arrache les ronces en me blessant les mains.

Tout ce temps m'a permis de prendre physiquement possession du terrain. Maintenant, je le connais. Je connais ses variations. Je sais où il fait bon, et où on a froid. Je sais où il y a du soleil le soir en hiver et où il y en a en été. Pendant ces premières années, je me

Le jardin en 2008-2009.

suis approprié l'espace, j'en ai pris la mesure.

Les premiers temps, j'allais de tergiversation en tergiversation. Il me fallait des jours pour trouver un emplacement pour un arbre (que souvent je re-déplaçais l'année suivante !). Idem pour les légumes. Maintenant tout trouve sa place naturellement.

VERS UN JARDIN EN ÉQUILIBRE

2007 est une année cruciale. Je fais couper tous les frênes (au nord) pour que le potager soit plus ensoleillé en fin d'après-midi et je me sépare des moutons (qui sont devenus une contrainte). Je prépare des extensions. Je garde l'idée des allées qui offrent des perspectives visuelles, mais je ne peux pas poursuivre le système des planches car je dois « casser » la structure du jardin qui associe un grand carré à un rectangle. Je cherche à faire du jardin une structure homogène.

C'est par empirisme, en ajustant au fil des saisons, que le jardin prend son aspect actuel. La pelouse a cédé la place à des prairies sauvages. Les derniers espaces de potager sont en train d'être conquis au sud. Il me semble qu'il est devenu cohérent.

De simple potager, notre jardin est devenu potager-verger-jardin d'agrément. Cela lui donne une richesse qui est accentuée par la volonté d'en faire un jardin écologique.

Intégrer le verger

J'ai commencé de manière concomitante mon potager et mon verger. Au départ, ça devait être deux espaces séparés et, avec le temps et l'extension du premier, les deux « entités » se sont superposées.

Cela a son importance dans la conduite du potager, puisque je ne peux pas travailler le sol en profondeur autour des fruitiers. La répartition des cultures se fait en fonction de cette donnée. Il n'y a, par exemple, pas de légume racine au pied des pommiers.

Au départ, j'ai cherché à faire un verger de pommiers pour assurer la production de cidre : le pressoir de mon grand-père ne pouvait pas finir sa vie à pourrir sous la pluie. Ensuite, j'ai planté des pommiers « à couteau ». Ils m'ont coûté moins de 20 € chacun, et avec le pépiniériste, nous avons trouvé un arrangement. Mon jardin devenant trop petit pour les moutons et le sien trop grand pour être entretenu par un homme seul, nous avons échangé des moutons contre des pommiers. Nous avons trouvé ça tout à fait normal. J'avais estimé qu'il me fallait planter des arbres pour avoir au moins 600 kg de pommes à cidre et au moins une tonne de pommes à couteau. Quatre ans après les premières plantations, j'ai récolté 300 kg de pommes à cidre et 150 kg de pommes à couteau.

Quand on commence son verger et qu'on plante de nombreux arbres en une seule fois, le budget jardin grimpe vite et on peut être tenté de planter un ou quelques arbres de moins. Ce n'est pas une bonne idée… Les arbres nous rendent nos investissements au centuple.

Première récolte de pêches d'un arbre obtenu par semis de noyau.

LES FRUITIERS PRENNENT DE LA PLACE

Les fruitiers que l'on plante dans nos jardins ne sont jamais très imposants lorsque nous les mettons en place. Il faut faire un sacré effort pour imaginer l'emprise qu'ils auront au sol, le volume qu'ils occuperont, l'ombre qu'ils porteront quelques années plus tard.

Pommes à cidre, bonnes à récolter pour porter au pressoir…

Plantation d'un scion pour fair un cordon : le point de greffe est bien au-dessus du sol pour éviter que l'arbre ne s'affranchisse.

Un arrosage important suit la plantation. Ce sera le seul.

Belles promesses de récoltes.

On peut planter des fruitiers dans les grands comme dans les petits jardins. Il suffit juste de les choisir judicieusement en fonction de leur taille et de respecter les espacements préconisés. Du pommier palissé à l'immense noyer, nous avons de la marge. Vu la surface du jardin, au début, je ne me posais pas de question sur la taille des arbres. J'ai commencé par planter des pommiers à cidre « haute-tige ». On peut en planter tous les 8 à 10 m. Et puis très vite j'ai eu le choix entre mettre des grands arbres en petit nombre ou des petits arbres en grand nombre… J'ai finalement opté pour la seconde solution, qui me permet surtout d'avoir

Les pommiers en cordon offrent un excellent rendement, compte tenu de leur très faible emprise au sol.

un plus grand nombre de variétés de fruits.

Maintenant, par manque de place, je me concentre sur les arbustes à fruits que je peux mettre dans les haies et sur les arbres à palisser. Bref, tout ce qui a peu d'emprise au sol et qui se taille en cordon, en palmette... Ce sont principalement les pommiers, mais aussi les pêchers, les poiriers.

LA PLANTATION

Sur les conseils de Vincent, le pépiniériste, j'ai depuis le début une méthode de plantation qui est gourmande en temps et en compost. Planter tous les pommiers à cidre a été laborieux, mais j'ai eu raison de l'écouter, car quelques années après, les arbres sont très vigoureux et m'offrent de belles récoltes.

Au début de l'automne, je creuse de grands trous (Vincent me disait 70 cm en tous sens, je suis parfois allé jusqu'à 1 m). Les couches de terre enlevées forment de gros tas à côté de chaque trou (le jardin était encore ouvert pour la vue et cela ressemblait à des taupinières géantes... le cauchemar). Les couches du fond, très argileuses, ont servi pour boucher des dépressions dans l'herbe). J'ai mis dans chaque trou deux brouettes de compost que j'ai recouvertes d'un

LES VARIÉTÉS DE POMMIERS DU JARDIN SONT :
'Bénédictin', 'Calville rouge d'hiver', 'Belle et bonne', 'Reinette des Flandres', 'Rambour rouge', 'Cramoisi de Gascogne', 'Vert anglais', 'Gros Pigeonnet', 'Reinette Descartres', 'Sans pareil de Peasgood', 'Beauvais quatre côtes', 'Reinette étoilée', 'Pépin d'orange', 'Boskoop', 'Elstar', 'Reine des reinettes', 'Reinette d'Orléans', 'Reinette Abry', 'Jules Labitte', 'Châtaignier', 'Pigeon d'automne', 'Reinette dorée de Versailles', 'Reinette des capucins', 'Écarlate', 'Colapuis'

peu de terre et je les ai laissés ainsi pendant un mois ou deux. Chaque arbre a ensuite été installé en l'orientant par rapport aux vents dominants et les trous ont été bouchés avec les restes de terre. La dernière couche, celle qui était constituée d'herbe, a été replacée à l'envers à la surface. Je faisais cela pour replacer aux endroits d'origine les différents niveaux de terre et pour marquer l'emplacement de l'arbre. Après un bon arrosage, le gros du travail est fait. Pendant plusieurs années, je les ai détourés et nettoyés consciencieusement pour éviter la concurrence des « mauvaises herbes ».

LES VARIÉTÉS CULTIVÉES

D'une manière générale, j'ai privilégié les variétés du Nord de la France et celles un peu anciennes ou rares. Après la phase pommiers, j'ai mis dans le jardin des noisetiers, noyer, poiriers, mirabellier, cognassiers, pêchers, abricotier, kaki, cerisiers, pruniers, figuier… J'ai mis aussi de la vigne et des kiwis. Au total, ce sont maintenant près de 90 arbres fruitiers qui ont été plantés et je compte bien continuer.

Avec les pommiers, j'ai essayé de faire des choix rationnels. Pour les pommiers à cidre, j'ai choisi des arbres qui me donnent un mélange équilibré de pommes douces, douces amères, amères et acidulées, ce qui est utile pour obtenir du bon cidre. Pour les pommiers à couteau, j'ai privilégié l'étalement et la durée de la conservation. Je peux manger des pommes de septembre à avril ou mai.

Mon « verger » est en devenir… Il est encore jeune, mais déjà sa vue est un délice. Se promener entre les arbres, rapporter des cagettes de fruits dans la maison, est un vrai bonheur.

Choisir des outils adaptés

J'aime, dans les jardineries, passer dans le rayon des outils (les rares fois où je m'y rends). Il y en a d'extraordinaires (généralement, les prix le sont aussi !). J'ai choisi d'en posséder le moins possible.
Bêche, fourche, fourche-bêche, râteau, sarcloir, croc, houe, louchet, binette, aérobêche, scarificateur, motoculteur, tondeuse, serfouette…
A-t-on besoin de tant d'outils ? Je n'ai pas la place pour les ranger, et me connaissant, je serai toujours en train de les chercher. Les rendre multitâches me semble judicieux. Occasionnellement, j'en récupère (nos contemporains ont une capacité à jeter les vieilles choses…), et je leur donne une seconde vie.

MES OUTILS

- **Une bêche** qui sert à travailler le sol, retourner le compost, faire les bordures des planches, enlever des herbes qui ne sont pas à la bonne place, hacher l'engrais vert, nettoyer le caniveau, lutter contre les limaces et les taupes, creuser une mare, planter des arbres, contrôler l'extension des framboisiers et des bambous… La bêche est mon outil principal.
- **Un croc** et **une fourche-bêche** de mon grand-père pour aérer le sol et retourner le compost.

→ **Un râteau** dont la fonction première est peu exploitée... Il me sert surtout à tasser ou au contraire à aérer en surface la terre des planches, à marquer les rangs avec son manche, à scarifier la pelouse et à rassembler les feuilles mortes à l'automne sur le potager.

→ **Une truelle** qui me sert de transplantoir, de serfouette ou de gouge pour les mauvaises herbes... C'est un outil très costaud qui ne risque pas de plier, fait pour que les maçons puissent travailler toute une journée sans se faire trop mal. C'est très utile dans le jardin.

→ **Une houe** et **une binette,** tous deux offerts, mais dont je ne me sers jamais.

→ **Un sécateur, un sécateur de force** (à long manche) et **des cisailles à haie manuelles** pour nettoyer, tailler et élaguer.

POUR OU CONTRE LA « GRELINETTE » ?

Il y a actuellement chez les jardiniers de grandes discussions au sujet de la grelinette [17]. Je n'en ai pas. Si j'en avais achetée une la première année, je serais certainement en train de vanter cet outil et je travaillerais ma terre autrement... Mais je n'en veux pas... pour le moment du moins... Je trouve que mon croc et ma bêche qui coûtent beaucoup moins cher me permettent de travailler correctement mon sol. S'il avait été lourd, chargé en cailloux, je ne tiendrais sûrement pas ce discours. Et puis j'aurais été bien embêté avec une grelinette pour creuser la mare...

[17] *Outil mis au point par M. Grélin, constitué de 2 manches et de 3 à 5 pics, il permet d'aérer le sol sans le retourner.*

- **Une brouette.** Elle fait des allers-retours entre le jardin et les tas de compost. Dans un sens, elle y achemine les déchets verts et dans l'autre elle apporte la matière précieuse sur les planches du potager.
- **Un outil venant de mon grand-père,** qui sert à planter les pommes de terre. À ma connaissance, il en existe deux faits sur mesure. Je ne connais pas le nom de cet outil.

Finalement, pour faire son jardin, on n'a pas besoin de beaucoup d'outils. C'est tant mieux car l'investissement est conséquent (et je n'ai pas pris en compte la tondeuse et l'abri de jardin pour la ranger avec les autres outils...).

Il faut faire très attention à l'achat d'outils neufs, car beaucoup sont de mauvaise qualité et ne tiennent pas dans le temps. Il est souvent plus économique et plus sage de récupérer ceux qui ne sont plus utilisés dans la famille et ceux qui sont jetés aux « encombrants ».

Beaucoup d'autres objets peuvent être récupérés pour servir dans le jardin : des fenêtres pour faire des châssis et des serres, des manches pour tuteurer les tomates, des hublots de sèche-linge ou de machine à laver pour faire des cloches de forçage, des pots pour les plantations, etc.

1. *Une brouette à tout faire.*
2. *Le fameau plantoir à pommes de terre de grand-père.*
3. *Des hublots de lave-linge en guise de cloche à semis.*
4. *Des fenêtres de récupération pour faire des châssis.*

OUTILS	PRIX MOYEN
Bêche	35 €
Fourche-bêche	35 €
Croc	20 €
Sécateur	30 €
Taille-haie	35 €
Sécateur de force (= « bec de perroquet », « élagueur »	60 €
Râteau	15 €
Brouette	50 €
Truelle	5 €
TOTAL	**285 €**

UN BON ENTRETIEN

J'ai mis 3 ans à comprendre qu'il fallait prendre soin de ses outils… Cela évite pas mal de déconvenues. Les manches se passent à l'huile de lin. Les lames sont affûtées. Normalement, cet entretien se fait en hiver, mais je n'hésite plus à le faire plusieurs fois par an. D'abord parce que c'est plus agréable et plus facile pour travailler, ensuite car ça évite les accidents.
Après chaque usage, je les nettoie soit avec une touffe d'herbe, soit en les frottant vigoureusement dans un tas de sable que je garde à cet effet (les grains de sable ont un effet abrasif très efficace sur les lames). La lame d'une bêche qui s'oxyde colle. On ne peut pas travailler correctement. Dans ce cas-là, j'utilise une brosse en acier montée sur une perceuse pour la remettre à neuf. Enfin, il vaut mieux les ranger dehors à l'abri de la pluie que dans un bâtiment trop sec (les manches se dessèchent et il y a du jeu avec la partie métallique).

Récupérer l'eau de pluie

Denrée précieuse, l'eau potable n'est pas nécessaire pour arroser des légumes…

Certains jardiniers consomment 150 litres d'eau les jours d'arrosage. D'autres n'arrosent jamais, ou si peu… Suivant nos climats, nos sols et surtout nos pratiques, nous avons plus ou moins besoin d'assurer un apport en eau pour que nos légumes poussent.

QUELLE QUANTITÉ D'EAU PEUT-ON RÉCUPÉRER ?

J'ai la « chance » (ou parfois la « malchance…) de vivre sous un climat océanique frais. Ça veut dire que je ne dois pas connaître de problème d'eau. Cela ne doit pas m'empêcher de l'utiliser avec parcimonie. D'après les relevés météorologiques, les précipitations moyennes de la région sont de l'ordre de 700 mm par an, soit un petit peu moins qu'à Montpellier. Le problème, ou l'avantage selon le point de vue, c'est qu'ici il pleut souvent.

Depuis l'installation du pluviomètre en 2006, nous sommes dans des années excédentaires (années « pourries » dans la langue potagère) : 885 mm en 2006-2007 et 795 mm en 2007-2008 (pour le moment la saison 2008-2009 est déficitaire).

La toiture de la maison représente une surface de 140 m². Chaque millimètre de pluie par mètre carré permet de récupérer 1 litre. En tenant compte de l'évaporation, à chaque fois qu'il tombe 7 mm d'eau, je remplis une cuve d'1 m³. Dans une année normale, nous pouvons récupérer plus de 80 m³ d'eau (à 4,08 € du m³, ça fait plus de 300 € par an !). Ce sont les deux tiers de notre consommation annuelle (nous avons des efforts à fournir). Malheureusement, notre budget était si serré lors de la construction de la maison que nous n'avons pas pu installer de cuve…

Arrosage généreux, uniquement lors des semis et des plantations.

UTILISER LES EAUX GRISES

Aux débuts du jardin, ma terre se croûtait vite et je ne la travaillais pas bien (je binais peu et pensais que tout résidait dans l'arrosage). Les enfants étaient petits et ne faisaient que des toilettes « de chat » (les temps changent : maintenant ils utilisent beaucoup de savon et beaucoup d'eau…), je pouvais donc récupérer les « eaux grises » qui ont sauvé la peau de mes légumes plusieurs fois. Je siphonnais ou vidais le bain avec des seaux et stockais l'eau dans de grandes poubelles pour la laisser refroidir et l'utiliser le lendemain. Il ne faut pas la mélanger avec l'eau de pluie car tout devient alors très vite très gris et très odorant. Les tomates ont particulièrement apprécié ce traitement. L'eau savonneuse est aussi un remède très efficace contre les pucerons.

Système D pour récupérer l'eau de pluie et la renvoyer vers la cuve enterrée ou vers la mare.

MON SYSTÈME DE RÉCUPÉRATION D'EAU DE PLUIE

J'ai installé deux cuves de 1 000 litres chacune. L'une est enterrée (pour garder l'eau à l'abri des chaleurs et des frimas), l'autre est en hauteur (pour assurer une pression qui permet de l'emmener à 40 m dans un tuyau). Une petite pompe électrique me permet de faire passer l'eau de l'une à l'autre (jusqu'à l'an passé, j'avais une pompe à main, mais il c'était plutôt pénible de transvaser ainsi 1 m^3 de l'une à l'autre). Si l'on en croit la littérature, il faut que la masse d'eau soit à 2 m de hauteur pour assurer une pression convenable… Ma cuve haute est à 50 cm et c'est très bien ainsi… Pour faire tampon entre les gouttières et la cuve basse, j'utilise des poubelles de 90 litres. Ça me permet aussi d'avoir des points d'eau ponctuels dans lesquels je peux plonger un arrosoir.

Attirer et protéger les auxiliaires

Pour avoir de beaux légumes, il faut un bon sol et éviter que les « agresseurs » ne puissent pas se développer. Ceux-ci prolifèrent quand il y a un « déséquilibre ».

Près de chez moi, il y a un jardinier qui a un très beau jardin. Du moins il le pense, car il n'a pas de taupe, pas de puceron, pas de mauvaise herbe, pas de maladie… et de beaux légumes (jusqu'à ce qu'on compare nos rendements par pied de pommes de terre…). Pour arriver à un tel résultat, il dépense plus de 250€ en produits chimiques (produits phytosanitaires, tue-limaces, désherbant, insecticides, pesticides…).

Il utilise même des produits qui tuent les vers de terre pour que les taupes ne viennent pas sur son terrain. Bref, il a créé un jardin dans lequel seule la chimie coûteuse (d'un point de vue économique, écologique et sanitaire) peut lui permettre d'obtenir des légumes. Il est pris au piège. Il faut quelques années pour qu'un tel jardin puisse s'en sortir.

En 2009, je ne voulais aucun usage de produit dans le jardin. Il a fallu faire une concession pour la bouillie bordelaise sur les tomates car le mildiou commençait à faire des dégâts au mois de juillet. Cette entorse exceptée (alors que je juge que le produit n'est pas anodin), je préfère favoriser l'installation et la pérennisation d'auxiliaires potagers pour que le jardin reste en bonne santé et pour que les agresseurs soient naturellement combattus.

Souvent le jardinier n'aime pas qu'il y ait trop d'oiseaux qui rodent autour de ses semis, trop d'insectes sur ses légumes… Au contraire, plus j'en vois, plus je suis content ! Je fais même tout pour les attirer. Pour cela, je multiplie les conditions qui font de mon jardin un lieu d'accueil offrant à manger, à boire et une certaine sécurité…

LA « BOUILLIE BORDELAISE »

Cette préparation à base de cuivre passe pour un « gentil » produit. Il est autorisé dans le jardinage biologique. Cependant, on peut se demander si c'est vraiment raisonnable d'en utiliser. Que peut-on lire sur la notice de la bouillie bordelaise ?

Le produit est « nocif par inhalation », il y a des « risques de lésions oculaires graves », il est « très toxique pour les organismes aquatiques » et les effets sur ce milieu sont « néfastes à long terme ». Il s'ensuit une série de recommandations d'usage, qui laissent entendre qu'on ne manipule pas de la « crème

Grâce aux plantes vivaces, une profusion de fleurs presque sans travail (juste un nettoyage de printemps), qui attire une multitudes d'insectes auxilliaires.

Favoriser les auxiliaires c'est permettre le développement de la « biodiversité domestique ». C'est compter sur les grosses bêtes (les chouettes), comme sur les petites (les araignées, les coccinelles, les carabes...), et les toutes petites (les bactéries) pour avoir un jardin en bonne santé.

LES FLEURS

Les premières années, mon potager n'était pas fleuri. Ma méconnaissance totale du jardinage me laissait penser que seul ce qui se mangeait y avait sa place. Grave erreur ! Non seulement un potager sans fleurs n'est pas très joli, mais en plus il ne peut pas être très productif car les insectes pollinisateurs manquent.

Je ne sais plus si ce sont les lectures ou le constat que mes pieds de tomates pleins de fleurs ne fructifiaient pas qui m'ont fait changer d'avis... Toujours est-il que maintenant, le jardin est plein de fleurs. Capucines, roses trémières, soucis, bourrache... sont maintenant autonomes. Ça pose parfois des problèmes car j'ai des difficultés à les enlever, elles recouvrent facilement les cultures et les empêchent de s'épanouir. Parfois les planches à betterave semblent envahies de bourrache...

Avec les insectes pollinisateurs, viennent les papillons qui repeuplent le jardin. Seuls quelques-uns sont dangereux pour les légumes. On apprend vite à reconnaître celui de la piéride (blanc) lorsqu'il va pondre sur les choux. Au début, j'envoyais les enfants armés de ciseaux régler le problème en découpant les chenilles, maintenant leur respect du vivant est bien plus élevé que le mien... Alors, j'élimine les œufs en les écrasant avec les doigts... (seul !).

Ici, on ne coupe pas les fleurs pour faire des bouquets. Elles sont tellement plus belles et plus utiles dans le jardin. On récupère les graines que l'on jette sur le sol en automne pour en avoir encore plus l'année suivante.

Vivaces et annuelles autonomes conquièrent chaque espace libre.

LES HAIES

Le remembrement à fait des ravages considérables dans nos campagnes. Par souci de rationalisation des espaces agricoles, nos décideurs ont éliminé les zones refuges pour toute la petite faune. En plus, toutes ces haies permettaient de contenir l'érosion des sols et le ruissellement des eaux pluviales. Faire des haies à la limite du terrain s'impose donc pour créer des refuges, mais aussi pour nous mettre à l'abri des regards… et du vent. Derrière la haie de houx (du fond), les jours de vent, la température ressentie est supérieure de plusieurs degrés à celle des champs situés de l'autre côté.

Pour réaliser les haies, j'utilise le bouturage, les pieds spontanés… Je mélange les espèces (bambous, saules, fruitiers, cornouillers, houx, caseilles, bouleaux, noisetiers, aubépines, sureaux…). Je le fais à l'envi. Là où je dois me protéger du vent, je privilégie les feuillages persistants. Là où je veux que le regard puisse porter loin en hiver, j'installe plutôt des arbustes à feuillage caduc.

C'est le lieu où j'enfonce des noyaux de pêche, d'abricot… Les plus anciennes tentatives ont donné de beaux pêchers qui produisent des fruits depuis deux ans.

Pour la taille, je ne m'embête pas : je passe souvent avec un sécateur. Je découpe en petits tronçons les rameaux qui dépassent et je les laisse sur place. C'est rapide, pratique et pas fatigant. Ils se décomposent et redonnent de l'humus au sol.

En y installant des fruitiers (petits fruits rouges, pommiers sauvages, pommiers greffés, aubépines…), j'assure pour les oiseaux « le manger » loin du potager. Je ne les ennuie pas. Ils ne m'ennuient pas. Je passe de temps en temps pour faire quelques récoltes, et je leur laisse le reste. Tout le monde est content.

L'entourage d'arbustes et d'arbres protège des vents et abrite les auxilliaires nécessaires à l'équilibre du jardin.

Pour protéger le potager du vent, j'ai fait une haie de troène. J'ai choisi cet arbuste car je peux le tailler très serré. Je vais la faire monter jusqu'à 1,30 mètre de hauteur pour qu'elle assure une bonne protection jusqu'à la haie de fruits rouges (qui prend le relais sur le reste du potager). Cette haie joue un triple rôle : elle abrite le potager, le structure et apporte un complément alimentaire aux abeilles. J'ai réalisé cet hiver une « future » haie de pommiers en palmettes le long de la clôture de mon voisin. Je n'ai pas besoin à cet endroit de me protéger du vent. Les fruitiers sont prévus pour atteindre 2 m de haut et bloquer la vue à la belle saison. Dans deux ans, elle produira de beaux fruits. Les haies peuvent en effet produire des fruits ou des légumes. Les topinambours, les petits pois et les haricots à rames, les framboisiers... font de très bons brise-vent, ainsi que d'excellents cache-misère, et ils sont très intéressants sur le plan esthétique (pour créer des volumes) et nourricier.

LES ABRIS

Faire des abris pour nos auxiliaires est une opération dont les bénéfices sont inestimables. Il faut juste faire attention à ne pas faire n'importe quoi... Par exemple, favoriser leur implantation à portée des prédateurs (comme installer des nichoirs dans des lieux accessibles par les chats... sauf si on veut que les chats soient bien nourris... mais je préfère que ces derniers s'occupent des taupes...).

Souvent, on aime que les abris soient fabriqués avec des belles planches de sapin, mais à priori les animaux se fichent pas mal du côté esthétique de leurs refuges. Il doit y avoir de l'anthropocentrisme là-dessous. Comme on vit (le plus souvent) dans des habitats cubiques, on voudrait qu'il en soit de même pour les piafs, les hérissons, les insectes... Il est étonnant de constater que même pour les insectes, on fabrique des abris qui ont l'aspect de maisons d'homme... Dans la nature, on ne trouve pas de cube..., si ? L'important est d'avoir des abris dont la morphologie est adaptée à la bestiole que l'on cherche à héberger. Cela implique de connaître les orientations, les volumes et la taille de l'entrée des abris à réaliser. Rien n'est pourtant certain qu'il fonctionne. Il faut encore que la bestiole trouve tranquillité et nourriture à son goût... J'ai mis du temps (trop, bien sûr) pour comprendre qu'il fallait que je cesse d'installer des nichoirs dans les tilleuls... à proximité des jeux d'enfant. L'oiseau n'apprécie guère d'entendre les enfants hurler sous son « F1 ».

Si un abri n'est pas occupé, ce n'est pas grave. Il le sera un jour.

Les abris à insectes

Ce sont les plus simples à réaliser.

Il suffit de cesser de tondre les pelouses en laissant des zones sauvages avec les tiges sèches durant tout l'hiver. Je fais aussi des tas de branches creuses (roses trémières, bambous, sureaux...). J'ai tenté un petit abri de tiges de bambou, beau comme tout (un truc que j'aurai pu acheter dans un magasin...), rien... Il y a plus de vie dans mes tas sauvages. En plus c'est très rapide à faire... il suffit juste d'y penser.

Je fais le grand nettoyage du jardin au printemps. L'hiver, toutes les plantes sèches restent en place pour faire des abris à insectes naturels.

Dans les pommiers, j'installe des pots de terre remplis d'herbe sèche pour attirer les perce-oreilles, grands mangeurs de pucerons.

Les buches creuses font d'excellents abris pour les chouettes.

Les abris à oiseaux

Chaque année, de nouvelles variétés d'oiseaux fréquentent le jardin. Le milieu est de plus en plus accueillant pour eux. Je leur offre le gîte et le couvert, et en échange ils me débarrassent des pucerons, des moustiques…

J'installe tous les automnes de nouveaux nichoirs de toutes tailles, de toutes formes pour accueillir le plus grand nombre d'oiseaux différents. J'en ai fait pour les chouettes (inoccupés depuis le début ; il faut croire qu'il n'y a pas de crise du logement), pour les mésanges… J'aime bien les solutions simples : un pot de fleur monté sur une planche ou une bûche creuse. Pour les toits, j'utilise des tuiles ou des ardoises : elles se découpent très bien à la scie (même à la scie sauteuse…).

En hiver, je leur donne à manger : surtout des têtes de tournesol séchées dont ils raffolent…

Les abris à hérisson

Dès que des branches mortes tombent des tilleuls, je les casse en sections de 50 cm et je les entasse sous les haies de houx (si elles sont vraiment grosses, je les garde pour la cheminée). Il y avait déjà des hérissons dans le jardin avant que je ne fasse ça, mais je ne savais jamais où ils hibernaient et je pouvais malencontreusement en déranger un au cours de l'hiver (il y a des choses plus terribles dans la vie, mais réveiller un hérisson en janvier rend très malheureux, car c'est plutôt de mauvais augure pour sa survie). **À chaque fois qu'un hérisson disparaît, c'est potentiellement des milliers de limaces qui s'acharnent**

sur nos légumes. Ma réserve d'eau de pluie (cuve haute) est surélevée par deux rangs de parpaings. J'en ai profité pour installer quatre refuges indépendants au-dessous.

Les abris à grenouilles, à crapauds…

Les amphibiens sont des animaux terrestres qui ont besoin d'abris pour se dissimuler. Selon le même principe, je construis des refuges avec ce que je trouve (qui, dans les jardins aseptisés, leur font cruellement défaut). Normalement, il suffit de faire des petits tas de pierres et de branchages morts. Ici, il n'y a pas de pierres, alors j'utilise de vieilles briques, des galets, des planchettes… Je les cache dans les lieux tranquilles… et on verra bien ce qui arrive. Régulièrement, je vois des crapauds dans le jardin et comme cette année je n'ai pas de limaces, je me dis qu'ils sont à la hauteur de leur réputation.

Les abris à chauves-souris

Depuis le début du jardin, les chauves-souris viennent chez nous et nous offrent leur ballet nocturne. Grâce à elles, nous n'avons aucun moustique, il faut bien que certains s'en fichent plein la panse. Elles nous frôlent. On entend le battement de leurs ailes. Génial. Les enfants sont enchantés, moi aussi. Pour l'instant, elles se contentent du couvert (ce sont des gourmandes) et se moquent de mon gîte ! Mes nichoirs restent vides. Comme il paraît qu'elles fonctionnent aux phéromones, je cherche de la crotte pour les leurrer et inciter leur installation chez nous.

LA MARE

Si cela est possible, tout jardin écologique se doit d'avoir une mare pour améliorer la diversité et fournir un refuge aux animaux, en particulier aux auxiliaires du potager. Actuellement, 20 % des espèces de reptiles et d'amphibiens sont directement menacés (en France) par la disparition des milieux humides. Il ne fait pas bon être un triton ou une salamandre dans nos campagnes… Au début, notre terrain, une « belle » prairie, était un véritable désert, mais le simple fait de laisser pousser l'herbe, de faire un potager, de cesser de traiter à permis à une multitude de bestioles de reprendre possession des lieux.

Creuser une mare ne peut qu'accentuer cette réapparition de la vie.

J'ai attendu longtemps avant de la creuser. Les enfants étaient petits. C'est dangereux. Ça attire les moustiques… (que n'ai-je entendu), et puis je ne savais pas bien où l'installer. J'ai aussi lu qu'il fallait absolument une pompe pour avoir de l'eau claire… Ce n'est pas mon style.

L'an passé, les oiseaux se sont régalés d'une grande partie de mes groseilles et caseilles. Pour sauver les fraises, les cassis, les groseilles à maquereau, il a fallu que j'installe des filets (c'est affreusement cher, c'est pénible à installer et à ranger, ça se prend dans la végétation qui pousse… Un ami m'a décidé avec deux arguments de poids : si les oiseaux mangent les fruits rouges, c'est qu'ils ont soif et avec les crapauds, plus de problème de limaces… Donc une mare serait doublement utile ! C'était trop tentant de vérifier.

Un bon travail pour l'hiver : creuser une mare. Premier «étage».

Il y en aura trois, de plus en plus petits mais profonds. La bâche épouse les contours lors du remplissage progressif (avec l'eau de pluie).

J'ai longtemps pensé que la meilleure place pour une mare serait au fond du jardin sous les pommiers, mais finalement, je me suis décidé à la creuser devant la fenêtre de la cuisine, surtout pour des raisons de sécurité. Je veux avoir un œil sur les minots. Après quelques mois, nous nous sommes aperçus que c'était un bon choix, mais pas pour cette raison.

Notre mare a une surface de 30 m². La profondeur maximale est de 1,10 m, le tout, creusé à la bêche (cela m'a pris 13 h sur 2 mois). Le plus gros problème est celui des déblais : un beau volume de terre à étaler dans une partie du jardin. Pour la sécurité des enfants, tous les accès à la mare débouchent sur des zones larges très peu profondes. On ne sait jamais.

Pour l'étanchéité, j'utilise une bâche de 45 m² (221 €). La sous-couche est faite de moquette de récupération.

METTRE OU NE PAS METTRE DES POISSONS DANS UNE MARE ?

Mon ami Vincent a mis des bouvières dans une de ses mares. Les têtards disparaissent. J'ai mis des tanches, et je n'ai pas de batraciens non plus.

Donc, si on veut une mare écologique avec des crapauds pour manger les limaces, il ne faut pas y mettre de poissons. Je vais peut-être en creuser une seconde pour pouvoir conjuguer les deux. Un bassin à poisson, c'est quand même sympa.

LA LÉGISLATION SUR LES BATRACIENS

Dans nos mares, nous pouvons trouver des tritons, des salamandres, des grenouilles et des crapauds. Ce sont tous des amphibiens, mais les deux premiers ont une queue et sont des urodèles alors que le crapaud et la grenouille n'ont pas de queue et sont des anoures. Tous ces animaux ont besoin de l'eau pour se reproduire.
Pour précipiter un peu l'occupation de la mare, j'ai prélevé quelques têtards dans la mare d'un ami. Grave erreur ! Un : c'est illégal. Deux : ça n'a servi à rien !
Tous les batraciens sont protégés. On n'a pas le droit de les détruire, de les capturer ni de les déplacer. Par ignorance, je l'ai fait. C'était d'autant plus stupide que les têtards se sont faits dévorer par les tanches…
Là ou ça devient ridicule, c'est qu'avec le temps (3 mois), je me rends compte que ces animaux viennent tous seuls. La grenouille verte (*Rana*), le crapaud commun (*Buffo buffo*), ont commencé à explorer la mare. Je ne désespère pas d'y découvrir un jour la salamandre tachetée (*Salamandra salamandra*) ou le triton crêté (*Triturus Cristatus*). Donc il ne sert à rien de prélever quelques têtards en se disant que « ce n'est pas cet accroc à la loi qui va mettre en péril tel amphibien ; bien au contraire, puisque notre bonne conscience nous laisse entendre qu'on fait acte de sauvegarde en créant des zones refuges ».
Laissons faire la nature… Créons des mares, les bestioles viendront d'elles-mêmes s'y implanter si elles les jugent acceptables.

Il y a plusieurs paliers qui se rejoignent par des pentes douces et j'ai privilégié les espaces avec très peu de profondeur. Le volume total est compris entre 12 et 15 m³, ce qui devrait être suffisamment important pour que l'eau ne chauffe pas trop en été et que la couche de glace ne soit pas trop épaisse en hiver.
Comme il me semble aberrant de remplir la mare avec de l'eau potable et qu'après 2 mois pour la creuser… je ne suis pas pressé pour la remplir… la mare s'est remplie d'eau de pluie. Je vide d'abord les 2 000 litres d'eau de mes cuves de réserve (elle est toute verte, ça promet !), puis je raccorde sur la mare toutes les descentes de gouttières. Un mois plus tard, avec 50 mm de pluie, elle est pleine à ras bord.
Pour la végétaliser, je fais appel aux copains. Chacun y va de son petit don. Je me retrouve avec des iris de toutes sortes, de la lysimaque nummulaire, du jonc fleuri, du jonc des tonneliers, du plantain d'eau, du potamot nageant, de l'acore à feuille de graminée panaché… J'achète un nénuphar.
Sur les berges, je plante des graminées, une gunnera, de la benoîte, du saxifrage, des hostas… La mise à niveau, le profilage et l'ajustement des berges m'occupent encore pendant 9 h 30.
Un ami m'a donné un seau d'eau de sa mare pour « ensemencer » la mienne. On en profite pour mettre quatre larves de libellule. Un mois plus tard, l'eau s'est éclaircie. La mare grouille de vie : des gerris, des dytiques bordés. Et plein d'autres bestioles que je ne connais pas.
C'est le début des délices. Nous observons en famille tout ce petit monde qui se développe sous nos yeux. Le fait d'installer la mare devant la cuisine était un très bon choix. Nous observons la ronde des libellules (et leur accouplement), la bergeronnette qui vient tous les soirs vers 19 h, les oiseaux qui viennent se baigner, les hirondelles qui viennent chercher de

Trois mois plus tard, je suis déjà satisfait de l'intégration de la mare dans son environnement.

la boue pour faire leurs nids ; auparavant, je ne voyais jamais la plupart de ces oiseaux... Les abeilles viennent aussi pour s'abreuver sur les berges. L'eau est devenue naturellement translucide en un mois (sans l'aide de pompe ni de filtres...).

Les effets de la mare sur les fruits rouges sont difficiles à apprécier, mais je constate que je n'ai plus eu besoin de protéger les fraises. Bien sûr, il y a quelques dégâts, mais ce n'est rien par rapport aux années précédentes.

RÉCAPITULATIF
Investissement : 221 € pour la bâche, 18 € pour le nénuphar.
Bénéfice : inestimable.
Temps de travail : 23 h 30 sur 3 mois.

LA RUCHE

On prête à Albert Einstein les paroles suivantes : « Si les abeilles venaient à disparaître, l'humanité n'aurait plus que quatre années devant elle ». Les jardiniers que nous sommes constatons que leur présence dans nos potagers se fait de plus en plus rare depuis quelque temps.

Comme pour toutes les décisions qui mûrissent longtemps... L'idée que je devais installer une ruche dans le jardin s'est imposée. J'ai trouvé rapidement un spécialiste qui m'enseigne l'apiculture 3 heures par semaine. La législation me permet de le faire à la maison.

Ce n'est pas rien de ramener et de lâcher 35 000 butineuses dans son jardin et je dois avouer que je n'étais pas fier. Mais tout s'est bien passé. Il faut dire que j'ai choisi des travailleuses, douces et résistantes (des buckfast[18]), et que nous avons attendu une bonne heure avant de les lâcher. De belles athlètes. Très vite, elles se sont mises au travail.

Les enfants sont curieux. Les jours de temps calme, on se pose à un mètre de la ruche et on regarde les butineuses rentrer au bercail chargées de pollen. Eux pensent au miel que nous allons peut-être récolter, alors que moi je me dis simplement que je vais avoir une bonne fructification pour les tomates, les courgettes et les potirons.

Se mettre à l'apiculture change radicalement le regard que l'on porte sur son jardin et sur son environnement. Qu'ont-elles à manger ? En passant dans la campagne, on peut se le demander. Qu'y a-t-il pour les abeilles dans ce désert ? Dans un rayon de 3 kilomètres, il n'y a que les jardins pour les nourrir. Le développement actuel de l'apiculture dans les villes est à ce propos symptomatique : les abeilles y sont moins malades et ont plus à manger. Pour les nourrir, j'ai plusieurs grandes vagues de fleurs : les pissenlits, les pommiers, les tilleuls et les bourraches. Il me faut trouver un moyen pour avoir maintenant des fleurs en nombre toute l'année.

Favoriser la présence d'auxiliaires au jardin est très simple. La mare et la ruche demandent un investissement non négligeable et un terrain qui permet leur implantation. On peut les installer même sur des petits jardins. Une petite mare apporte beaucoup à la biodiversité domestique et les ruches peuvent s'installer sur les toits, les balcons et dans les cours. Pour le reste, ce ne sont que tas de bois, de pierre, d'herbe. C'est de la récupération et du bon sens. Ça ne coûte que le temps qu'on veut bien y passer et les bénéfices ne sont pas quantifiables.

LA RUCHE ET LA LOI

La déclaration d'un rucher est obligatoire auprès des services vétérinaires. Cela permet d'obtenir un numéro d'identification qui doit être apposé sur une des ruches. Dans mon département, une ruche doit être installée à une distance minimale de 20 m de la route et à plus de 100 m des écoles et des hôpitaux. Elle peut être située à 2 m du voisinage si une barrière physique ou végétale de 2 m de hauteur marque la limite de propriété. Ce barrage doit se développer de 2 m sur la droite et la gauche.

[18] *Souche d'abeille créée à Buckfastleigh au début du XXe siècle pour répondre aux problèmes de mite trachéale.*

Un grand moment : l'introduction des abeilles...

... qui se mettent immédiatement au travail.

LES TYPES DE RUCHES

Il y a plusieurs types de ruches. La mienne est une « Dadant ». Elle a été conçue au moment où il n'y avait pas de problème pour les abeilles. La production de miel était importante. Les ruches que je vais construire cet hiver sont de type « Warré ». Elles sont moins productives, mais plus respectueuses de la vie de l'essaim et de la santé des abeilles.

L'INVESTISSEMENT

Installer une ruche chez soi est un investissement conséquent. On peut trouver du matériel d'occasion pas cher, mais j'ai choisi d'opter pour du matériel neuf (pour éviter d'importer des maladies sur mon essaim) et de bonne facture pour qu'il dure dans le temps. Maintenant, il ne me reste plus qu'à multiplier mes ruches et mes essaims. Celles que je vais construire coûteront moins de 15 € pièce.

Ruche	110 €
Essaim	120 €
Vareuse	35 €
Petit matériel	100 €
Extracteur-maturateur	220 €
TOTAL	**585 €**

Et la pelouse ?

J'aime bien l'aspect propre et net de l'herbe rase… mais dans un jardin comme le nôtre, la pelouse est un problème :

- c'est un désert écologique
- la tonte prend beaucoup de temps
- l'achat et l'entretien d'une tondeuse coûtent cher.

Je parle de pelouse, mais ici il s'agit plutôt d'une pâture (seuls quelques mètres autour de la maison ont été engazonnés). Je la nivelle depuis le début en bouchant les trous durant l'hiver. Je la tonds ras pour que les mulots et les taupes n'aient pas d'échappatoire face aux chouettes. Il n'y a jamais d'arrosage, même s'il fait très sec et qu'elle jaunit, je sais qu'elle ne mettra pas beaucoup de temps à reverdir.

Lorsque nous nous sommes installés ici, j'avais imaginé que je pouvais gérer les 3200 m² avec des moutons et une faux. J'en ai trouvé une avec une belle lame de styrie, martelée à la main et je suis devenu éleveur de moutons d'Ouessant. C'est le plus petits des moutons. Il est d'une rusticité extraordinaire et il faisait une très bonne tondeuse écologique. C'était génial : en été, ils étaient dans le verger, en hiver je les baladais sur le potager… et régulièrement, il y avait les leçons de choses…

Et puis j'ai commencé à planter des pommiers dans l'enclos… des petits sont nés… Ce fut le début des ennuis. Nous n'avions pas assez d'espace pour concilier jardin et moutons. Il a fallu faire des choix. Les moutons sont partis chez un ami. Je voulais des pommiers et il avait besoin de moutons pour faire le nettoyage dans son grand verger. L'échange s'est fait naturellement.

Il a donc fallu acheter une tondeuse (650 € !), et la faire réparer car il restait bien sûr des bouts de pieux en fer dans cette pâture. On oublie souvent cet aspect : une tondeuse (surtout si elle sert beaucoup) a besoin d'un entretien annuel (changement du filtre à air, vidange, affûtage ou changement de la lame…), dont le coût dépasse la centaine d'euros. Quand j'ai commencé à tondre, j'en avais pour plus de 7 heures par semaine. C'est à cette occasion que je me suis aperçu que c'était vraiment un exercice débile : on doit supporter le bruit du moteur et on ne peut rien faire d'autre. Le seul avantage est que ça fait un exercice physique régulier. Au « cardio », j'ai mesuré qu'à cette époque, je consommais 6000 kcal pour une tonte… Ce n'est pas rien (il faut dire que je faisais ça au « pas de charge »).

Je trouve qu'il n'y a pas d'activité plus ingrate au jardin. Mais c'est très physique et bon pour le cœur !

HONDA

Seules les marges de l'ancienne pelouse sont tondues, laissant place à des prairies sauvages.

Des chemins sinueux et éphémères permettent leur traversée.

Tondre a vite été assimilé à une grosse galère : écologiquement ce n'est pas terrible, économiquement c'est douteux et physiquement, c'est épuisant !

Donc, j'ai cherché à rationaliser mes parcours et à limiter les espaces tondus. Comme les comptes du jardin me montraient que je ne passais pas plus de temps à faire mon potager qu'à tondre, j'ai étendu les surfaces de culture (en même temps je créais de nouvelles allées !). Chaque année, je grignotais quelques mètres carrés par ci, par là. Depuis l'an passé, je ne tonds plus que les allées et les abords de la maison.

Mon système de jardin « en planches » génère plus de 600 m d'allée à gérer. J'en ai rationalisé la largeur pour les tondre en deux ou trois passages suivant les cas (nécessité de revenir au point d'origine ou poursuite du cheminement). La fréquence de tonte est hebdomadaire. Je ne laisse jamais l'herbe des allées monter car je sais qu'ensuite j'y laisse plus d'énergie. J'ai fait des tas de compost dans tous les coins du jardin pour pouvoir vider régulièrement mon panier d'herbe. Autour de la maison, je retire le plantain au couteau quand il y en a trop. Depuis que nous avons des poules, les pissenlits leur servent de verdure, mais j'en garde pour faire du vin au printemps (avec les fleurs), et pour que les abeilles aient à butiner à la sortie de l'hiver.

Les parties en prairie sont fauchées à la fin de l'été et fournissent un très bon paillis pour les haies… et pour

Les zones « sauvages » sont fauchées une fois par an, en octobre.

protéger les artichauts, les cardons… J'ai mis des années pour passer d'une esthétique de la pelouse à une esthétique de l'allée et de la prairie sauvage. Je ne vois désormais que des avantages à ce changement de pratique. D'un point de vue esthétique, c'est mieux qu'avant. Il y a des volumes qui se forment, des perspectives qui se créent, des effets d'ombre qui naissent au coucher du soleil. D'un point de vue écologique, il y a une multitude d'insectes qui trouve refuge dans ce nouveau biotope. D'un point de vue économique, j'ai réduit de plus de 50 % le temps de tonte (et l'utilisation d'essence). La tondeuse ne va désormais qu'un an sur deux en révision. Quel plaisir au printemps de créer les chemins de l'année ! Enfin, même les enfants sont heureux. Toutes ces allées, tous ces coins à herbes hautes sont des cachettes sympathiques. Lorsque Loup se muche[19] dans les graminées, personne ne le trouve…

Je pense que je peux encore améliorer ma gestion de la tonte : n'avoir plus que des allées et des petits chemins, une surface pour dresser un banquet et une autre pour un terrain de badminton…

BILAN ÉCONOMIQUE ANNUEL DE CE CHANGEMENT DE PRATIQUE

Économie de 110 € (essence : 50 €, entretien de la machine : 60 €)

Temps de tonte réduit de 50 % (50 heures annuelles gagnées en 3 ans).

[19] *Se cacher, en picard.*

Fonctionner en vase clos

Sans notre intervention, la nature recherche toujours l'équilibre, de la même manière qu'elle ne supporte pas les trous et n'a de cesse de les boucher… Notre empreinte sur nos jardins est énorme si nous les comparons à ce que ces lopins de terre devraient être sans notre intervention.

Quand j'ai pris possession du terrain, c'était un système équilibré. La pâture était mangée par les vaches. Les haies envahies de ronces faisaient un bon obstacle au vent et les tilleuls offraient un espace ombragé non négligeable en été. C'était un milieu plutôt pauvre (en petites fleurs et en petites bêtes), mais il y avait un équilibre. En enlevant les vaches et en transformant la vocation de la pâture, j'ai rompu cet équilibre.

Partant du principe qu'un système équilibré ne voit pas se développer de maladies ni de ravageurs, toute ma tâche consiste à rechercher un nouvel état d'équilibre. Pour cela, je crée les conditions pour que les auxiliaires de cultures s'épanouissent, mais j'utilise aussi les ressources propres du jardin, afin de faire mes propres amendements et mes propres traitements sanitaires. Avec cela, le jardin devient un système clos. Concrètement, l'objectif théorique de cette démarche vise à ne faire entrer ni engrais ni traitements dans le jardin, et de n'en « sortir » aucun déchet vert.

Le projet n'est pas aussi ambitieux qu'il n'y paraît, puisque j'ai mis de mon côté toutes les conditions pour avoir à intervenir le moins possible.

J'utilise le compost « maison » par brouettes entières.

Tout se recycle: les tiges sèches des fleurs vivaces récoltées lors du nettoyage des massifs servent à protéger les poireaux pour permettre les récoltes, même s'il gèle.

Les branches broyées fournissent un bon mulch pour les petits fruits.

Les cendres de bois apportent beaucoup de phosphore et sont un excellent anti-limaces.

LES DÉCHETS VERTS

Comme il a été vu, les déchets verts ne sortent pas du jardin. Pas d'allers-retours chronophages et coûteux à la déchetterie. Pour la plus grande partie, ils sont transformés en compost, qui retournera à la terre au bout d'une année. Pour la taille des haies, je n'aime pas m'abaisser pour ramasser les branches, aussi je les coupe en petits morceaux, qui sont abandonnés à même le sol, jusqu'à obtenir le bon niveau de coupe. Leur petitesse les rend invisibles et ils sont très vite « digérés » par les micro-organismes du sol et autres vers qui s'en régalent. Je n'ai jamais importé dans le jardin ni fumier ni autres cornes broyées. Si j'en crois la littérature consacrée qui me conseille de procéder à des amendements de lithothamme, de sang desséché, d'oligo-éléments, de dolomie, de farine de plumes… mon potager ne va pas être en grande forme.

Si je simule une petite cure de santé [20] pour les 500 m² de mon potager, il lui faut :

	QUANTITÉ NÉCESSAIRE	COÛT *
Corne en paillette	40 kg	50 €
Lithothamme	40 kg	45 €
Farine de plume	50 kg	100 €

* *Par sac de 25 kg, sans les frais de port.*

À la vue de ces chiffres, et étant très satisfait de l'effet produit par mon compost sur mes légumes, je vais continuer à utiliser mes déchets verts dans le jardin. En même temps, je conçois qu'un tel investissement puisse être nécessaire pour commencer un jardin sur un sol ingrat.

LES PURINS ET AUTRES DÉCOCTIONS

Idéalement, j'aimerais ne pas en avoir l'usage. J'aime l'idée qu'un potager bien fait (comme un enfant bien nourri) est en bonne santé, n'a pas besoin de compléments alimentaires et finalement, pousse tout seul. Loin de moi l'idée qu'ils soient inefficaces… bien au contraire.

Malgré mon idéal, je fais mes préparations tous les ans. C'est très facile, très rapide et peu coûteux à préparer. Les orties poussent au fond du jardin avec la consoude (*Symphitum* sp.) et me servent à faire des purins que j'utilise pour fortifier mes plants. Lorsque je fais une récolte de rhubarbe, j'en garde les feuilles pour faire une infusion qui m'aide à lutter contre les pucerons. J'ai cherché à implanter de la prêle dans le jardin pour la pulvériser sur mes pieds de tomates, mais elle n'a jamais voulu se pérenniser. Avec tous ces soins, j'ai de beaux légumes.

Je devrais plutôt employer le passé car durant l'année qui vient de s'écouler (2009), je n'en ai fait aucun usage. Je n'ai même pas cherché à lutter contre les quelques pucerons qui traînaient dans le jardin. Aussi, j'ai épandu mes préparations, après les avoir fortement diluées, sur le sol ou sur le compost.

Je voulais savoir si ça pouvait marcher et j'ai eu peur tout l'été en me disant que j'allais perdre mes tomates… C'est ce qui a failli se passer, mais à partir de mi-juillet, le

[20] *Je viens de recevoir les recommandations que l'on me fait à la suite d'une analyse de sol.*

LES PURINS ET LA LOI

Les principes actifs de ces préparations sont indéniables (il faut que je me documente sur leurs usages avec les huiles essentielles, il y a des avancées importantes dans ce domaine pour combattre le mildiou…). Quand je commencerai à faire mes préparations au début de l'année 2010, les députés seront en train de statuer sur ce qu'ils appellent les PNPP*. Rendez-vous compte, nos purins les inquiètent au point de leur donner le même statut qu'aux produits qui ont tué mes abeilles ! Depuis 2006, quiconque vend ou diffuse la recette de ces préparations est passible d'une peine de 2 mois de prison et de 75 000 € d'amende. Devant le tollé médiatique que cela a engendré, un amendement a été voté (amendement du purin d'ortie), mais il a été sans effet, puisqu'aucune préparation n'a accédé à l'homologation levant les interdictions. Cette « guerre de l'ortie » (comme on l'appelle) doit être étonnante pour celui qui la regarde de loin. Presque risible. Pourtant le problème me semble assez grave et profond. Ce « conflit » oppose deux rapports à l'environnement, au jardin, à la vie, qui se révèlent diamétralement opposés.

* *Préparations Naturelles Peu Préoccupantes.*

temps est devenu tellement sec que le mildiou s'est éteint de lui-même. À l'automne 2009, quand j'écris ces lignes, j'ai encore de beaux légumes. Je les trouve même encore plus beaux que par le passé, mais je manque sûrement d'objectivité.

Je ne veux pas me laisser illusionner par une année exceptionnelle qui pourrait me laisser croire que mon jardin n'a pas besoin de médicaments[21]. Je ne suis pas sûr de retenter le diable de cette manière… En tout cas, pas tout de suite. L'an prochain, je referai des préparations. En faisant ainsi, nous fonctionnons en vase clos. Nos jardins produisent leurs propres remèdes aux maux qui les affectent. Nous utilisons des produits sans danger pour la biodiversité et en même temps, nous nous affranchissons de l'obligation d'achat à un tiers.

Qui cela peut-il gêner ? Ah oui, en y réfléchissant… ça peut ne pas plaire à tout le monde !

[21] *Pour prévenir plutôt que pour guérir.*

Maintenant j'ai le droit de faire ma « soupe de sorcière » !
1. *cueillette*
2. *récolte*
3. *un peu d'eau*
4. *et on laisse macérer quelques jours.*

FAIRE LA DIFFÉRENCE ENTRE PURINS, DÉCOCTIONS ET INFUSIONS

Suivant la plante utilisée et la concentration finale du produit, la fonction sera différente. Il pourra accélérer ou retarder la croissance d'une plante, renforcer sa vitalité, désherber, servir de répulsif, d'insecticide, de fongicide…

Pour les faire, j'utilise de l'eau de pluie et un récipient en plastique (pas de seau en fer à cause des oxydations) et un morceau de bois pour mélanger. Il y a un rapport à respecter entre la quantité de matière végétale et celle d'eau à utiliser… mais comme il varie d'un auteur à l'autre, je le fais au jugé. Il faudra filtrer avant utilisation. Il est souvent conseillé d'utiliser un filtre à café. J'ai essayé une demi-minute : c'est une catastrophe ! Je préfère maintenant faire un premier filtrage avec un tamis, puis laisser reposer quelques heures pour récupérer la solution en abandonnant le fond qui a sédimenté. C'est la méthode la plus rapide.

Trois types de préparations :

- **La macération** (c'est ce qui communément est appelé « purin » au regard des doux effluves qu'il dégage lorsqu'on le touille… pouvant être redoutables). C'est celle que j'utilise le plus. Les feuilles déchiquetées (le plus souvent d'ortie) sont mises à macérer dans de l'eau de pluie. Dès que la fermentation cesse, il faut filtrer. Suivant la température ambiante et la concentration en plante, ça prend plus ou moins de temps.
- **La décoction**. Les plantes sont mises dans l'eau une nuit, puis portées à ébullition pendant 20 minutes. La décoction est utilisée après refroidissement.
- **L'infusion**. Les plantes sont jetées dans la marmite et laissée 1 minute à bouillir. Le tout est ensuite mis à refroidir et à infuser pendant au moins une journée avant d'être filtré.

L'usage se fait pur ou dilué, à l'arrosoir ou au pulvérisateur.

1

2

3

4

Lutter contre les ravageurs

S'il y a bien une chose difficilement acceptable, c'est que les cultures soient mises à mal, ravagées, par des bestioles qui ont certainement leur place sur Terre, mais pas dans mon jardin ! Un jardin sans ravageur semble un rêve impossible.

Dans le monde des jardins écologiques, il y a plusieurs sensibilités. J'accepte l'idée qu'on utilise des pièges non vulnérants et qu'on libère les ravageurs loin de son potager… Ce n'est pas très sympa pour les autres. Je suis moi-même un tissu de contradictions, qui peut tuer une taupe à la bêche, mais aussi aller relâcher en pleine campagne un rat capturé à la cage dans le compost… Allez savoir pourquoi ? Je n'utilise que des pièges mécaniques et suis à l'écoute des astuces qui permettent l'éloignement, le confinement des grignoteurs, picoreurs, baveuses (limaces) et autres empêcheurs de dormir tranquillement…

QUI SONT LES RAVAGEURS ?

Le ravageur est multiple : minuscule/imposant, visible/invisible, terrestre/aérien. Sa présence est chronique ou accidentelle. Il empêche les légumes et les fruits de pousser, les rend malades.

J'utilise la lutte physique (pièges mécaniques, bêche, filets, présence du jardinier…), et je mise sur la diversité de mon jardin (haies, prairies sauvages, mare, variétés multiples de plante…) pour favoriser les auxiliaires naturels. Je considère que, de la même manière qu'un homme dans un bon cadre de vie avec une bonne alimentation n'a pas besoin de vitamines ou de médicaments pour être en bonne santé, avec un bon sol et un bon environnement, une plante peut se passer de purin et autre décoctions.

Il y a malheureusement quelques ravageurs notables dans le potager.

LES TAUPES ET LES MULOTS

Je les regroupe volontairement car, je constate que, contrairement aux idées reçues, ce petit monde cohabite et associe ses capacités de nuisance dans la plus grande des synergies de la manière suivante : dans un premier temps, la taupe passe en retournant les lignes de semis fraîchement réalisées. Le jardinier répare les dégâts et se félicite de la reprise des légumes mais c'est sans compter sur l'existence du mulot, qui emprunte la même galerie et grignote les unes après les autres la totalité des racines…

Face à ses deux complices, une lutte de tous les jours s'impose.

Les mulots

Jusqu'à l'an passé, je laissais les légumes racines (betteraves, panais, céleris, carottes…) en terre durant l'hiver. J'allais me servir en fonction de mes besoins. Comme le climat est doux en hiver, les légumes se conservaient bien ainsi, avec juste un petit paillis de feuilles mortes pour les protéger des grands frimas. Mais depuis deux ans, c'est la catastrophe : les mulots trouvent la « cantine » excellente et ils ont dû inviter des copains... Je ne cultive pas mon potager pour régaler les mulots !

Je les chasse constamment au piège « topcat » et je ne fais que commencer à observer les prémices d'un début de baisse de leur population. J'ai choisi de ne plus rien laisser en terre en hiver alors que le climat me le permet. Les différents chats du voisinage se révèlent d'une inefficacité magistrale. Un jour, j'ai attrapé un mulot avec un piège non vulnérant et je l'ai lâché devant le chat. Que croyez-vous qu'il advint ? La bestiole est passée entre les pattes du minet et s'est réfugiée dans un trou. C'est à désespérer définitivement des félidés d'aujourd'hui !

Un rescapé.

Les taupes

J'en ai attrapé plus de 80 en une année... uniquement dans la partie potagère du jardin. Dans nos régions, cette pullulation est le reflet d'un déséquilibre. La taupe n'a plus de prédateur. Ne pouvant passer mon temps à la pourchasser, j'ai développé une stratégie qui fonctionne plutôt bien.

Si, comme la plupart des êtres vivants, la taupe est plutôt paresseuse... on peut espérer qu'elle n'a pas besoin de trouver de nouveaux territoires si elle dispose d'un sol facile à creuser et abritant de nombreux vers de terre pour subvenir à son alimentation. Comme les taupes

Une victime.

Tentative (finalement vaine !) de lutte contre le lièvre.

viennent des champs extérieurs et sont attirées par la richesse de mes parcelles, j'ai pensé qu'il fallait créer des « barrières écologiques » à la limite de mon terrain. J'ameublis donc le sol des haies périphériques sur deux hauteurs de lame de bêche et j'y incorpore du compost... et ça fonctionne. Les taupes venant de l'extérieur circulent ensuite dans la travée. Si par malheur l'une d'elles vient à creuser le sol dur de mon terrain, je la chasse implacablement (au « topcat » ou à la bêche) et cherche l'origine de la galerie pour la boucher. Cette technique m'a permis de limiter les intrusions à un seuil tolérable.

LES LIÈVRES ET LAPINS

Depuis 3 ans, un lièvre me nargue (je suppose qu'ils sont plusieurs, mais je n'en vois qu'un à la fois). L'an passé, il a grignoté mes choux, mes salades, mes haricots... Un carnage ! Cette année apparemment, il ne fait que passer. Mais je préfère qu'il passe ailleurs, je reste vigilant.

J'ai déposé mes cheveux à la limite de la pâture, il paraît que l'odeur humaine les repousse. J'ai installé un grillage de 60 cm de hauteur en pensant que cela allait faire barrage et que la bestiole allait longer la clôture pour filer ailleurs. Quel naïf je suis ! En désespoir de cause, j'ai testé la pulvérisation de lait (1 l de lait pour 2 l d'eau) sur 4 m de large sur les bords du terrain. Je ne vois plus de grandes oreilles dépasser des légumes. Il semble que ça fonctionne. À surveiller.

LES OISEAUX

J'ai vu récemment un potager recouvert intégralement d'un filet. Il faut être excédé pour en arriver là. Mais les filets, c'est moche et ça coûte cher ! En plus ici, ça n'est pas possible.

Les ravages des grives, des merles, des pigeons... se font sentir sur les jeunes pousses (de laitues, de pois...) et sur les fruits. On peut installer des arcs sonores, des fils de Nylon, des épouvantails pour leur faire peur. Le problème c'est qu'ils s'adaptent très vite et il y a peu de chose plus énervante en rentrant du boulot que de trouver les parcs à fraises, les groseilliers et les caseilles complètement pillés.

Pour protéger mes récoltes, j'ai opté pour deux stratégies : créer une mare pour les oiseaux qui ont soif (les points d'eau sont de plus en plus rares) et mettre des fruits rouges au plus loin du potager pour qu'ils aient à manger facilement. Tous les ans, je bouture de nouveaux pieds que j'installe dans les haies. Ça ne me demande pas beaucoup d'énergie et ça évite beaucoup de déboires.

Les résultats sont appréciables. Cette année, j'ai une très bonne récolte de fraises et de fruits rouges. Je protège quand même les groseilles rouges (trop tentantes pour les grives) et mon cerisier est au bout du jardin... Nous mangeons donc peu, très peu de cerises.

Les filets restent nécessaires sur les petits fruits, malgré la présence de la mare.

LES LIMACES

Je ne devrais pas me plaindre car je n'ai pas d'escargots. Traditionnellement, je me transforme en grand guerrier et, armé d'un sécateur et de la bêche, je leur livre une lutte sans merci. Je préfère la bêche... on a moins mal au dos. Il paraît que c'est barbare et qu'il vaut mieux les noyer dans la bière. Je ne vois pas de différence dans l'issue de la lutte, et je préfère boire la bière.

L'année dernière, c'était terrible. Chaque sortie nocturne se soldait par une grande boucherie. Ce qu'il y a de sympa avec les limaces, c'est qu'elles ne laissent pas de trace : les survivantes font le nettoyage en mangeant les autres. J'avais beau les occire quotidiennement, rien ne semblait faire baisser le nombre des goulues. J'ai utilisé du « ferramol » jusqu'à résolution du problème. J'ai dû rompre un cycle de reproduction, car cette année je n'en vois que très peu. Elles vont revenir, mais je suis prêt. Désormais, les crapauds de la mare et les poules s'en occuperont aussi.

Réflé
avant d'agir

chir

Obtenir ses premières graines, ses premiers plants et arbres

Premières graines premiers plants

J'ai commencé seul mon premier jardin sous l'œil amusé de la famille… Il y avait de quoi ! Je ne savais même pas différencier la graine d'un radis de celle d'une salade. J'ai semé trop serré. J'ai arrosé quand il n'y en avait pas besoin et laissé sec quand il fallait arroser. Je ne regrette rien. J'ai beaucoup appris…

J'ai acheté des plants de tomates, de melons, de piments… Il y a eu le mildiou…

J'ai rapporté du jardin de mon grand-père des pieds de framboisiers, de la rhubarbe et quelques conseils. Il est très fier que je m'essaye au jardin.

C'est le moment où, entre deux achats de matériaux pour la maison, je commence à filer dans les jardineries pour acheter des graines. Je commence à me rendre compte qu'en matière de légumes, il n'y a pas que les carottes, les radis ou les patates…

Carottes ? Radis ? Poireau ? Lavatère ?
Le novice que j'étais ne connaissait pas la réponse.

LES PREMIERS ACHATS DE GRAINES, DE PLANTS ET D'ARBRES

On fait confiance dans l'achat : j'ai des graines et des plants donc je vais avoir des légumes… C'est logique, on n'achète pas quelque chose qui ne fonctionne pas, sinon c'est une arnaque.

Ce n'est pas aussi simple que ça. Faire son potager, c'est s'exposer à une somme de déboires. Au début, on ne voit pas, on ne sent pas les choses… au pire, on arrache les jeunes semis, on plante les oignons à l'envers…

Dans nos jardins où se cultive la diversité, où l'on redécouvre les légumes oubliés… l'achat de graines et de plants est vite très onéreux.

Dire qu'un paquet de graines vaut « tant » ne signifie rien : les portions diffèrent, certaines graines sont plus difficiles à obtenir que d'autres… Mettons que le prix d'un paquet soit en moyenne de 2,50 €, si vous ne cultivez que quelques légumes cela reste correct. Mais si, comme moi, vous avez plus de 250 variétés de légumes (auxquelles il faut rajouter celles de fleurs), cela commence à faire un joli budget annuel.

Février : le jardin commence dans la maison.

Semis maison : abondance de plants pour pas cher.

Achat de plants : une solution de rattrapage.

Les plants prêts à être replantés sont pratiques pour le débutant ou pour celui qui loupe ses semis (j'y ai recours tous les ans, en particulier pour les céleris...), mais ils coûtent très chers par rapport à la graine. Par exemple, pour le coût d'un plant de tomates, on peut faire une trentaine de pieds en utilisant la graine. Les plants sont rarement « bio », en tout cas près de chez moi c'est très dur d'en trouver. Ils viennent de grandes centrales de productions, ont fait des centaines de kilomètres pour arriver dans nos jardins (bonjour l'empreinte écologique), dans lesquels, la plupart du temps, ils ont beaucoup de mal à retrouver le milieu surprotégé et richement engraissé qui leur a permis de se développer.

Un autre problème apparaît : le sachet de graine n'est pas adapté à mes besoins. Si je veux des carottes, je ne vais pas acheter un paquet... je vais en choisir de cinq ou six variétés différentes, pour jongler avec le côté tardif ou précoce du légume, son goût, sa forme, sa couleur... Pour les tomates, j'ai plus de 50 variétés, mais mes besoins sont de deux graines par an et par variété.

À ce petit jeu, on se retrouve vite avec des quantités importantes de sachets entamés dont la date de péremption sera vite atteinte.

Pour les arbres, il vaut mieux aller chez un pépiniériste du coin. S'il est sérieux, il vous vendra des arbres adaptés à votre jardin. Ses arbres seront à racines nues et non dans des pots trop petits... Tout le monde n'a pas la chance d'avoir un Vincent comme ami...
Heureusement, il y a les copains... sans eux, rien n'est possible.

L'ÉCHANGE, LE PARTAGE... LA GÉNÉROSITÉ SPONTANÉE

Dès qu'on commence à faire un jardin, il y a autour de nous des gens qui se font une joie de nous donner des graines, des plants, des arbres... Pour toute la partie ornementale, je n'ai pour ainsi dire rien acheté. Au début, on est un peu gêné car on n'a rien à rendre en échange, et puis on comprend un jour que c'est normal et qu'on peut enfin rendre la pareille. Maintenant, c'est à mon tour de pouvoir donner et je ne m'offusque pas s'il n'y a apparemment rien en échange : c'est un prêt à l'indienne... Lorsque le jardinier en aura la possibilité, il aidera à son tour un jeune jardinier qui a besoin de graines, de plantes... C'est tellement agréable de pouvoir donner une cagette pleine d'éclats de rhubarbe, de jeunes pieds de caseilles, de cassis... de plants de tomates, d'aubergines, de poivrons et de graines que j'ai en trop.

Il y a quelques années, un gaillard s'est pointé chez moi. Il avait repéré la maison (à l'époque on la voyait encore un peu de la route et il est venu pour se présenter, voir qui j'étais et surtout discuter maison, jardin... Son constat était simple : nous sommes pleins à vouloir d'autres maisons, d'autres jardins, mais nous sommes seuls dans notre coin. D'où l'idée toute simple de créer une association locale pour se retrouver, échanger, dans une spirale ascendante qui fait qu'on ose franchir des caps... Quelle excellente idée tu avais là, Stéphane ! Très vite, nous nous sommes retrouvés à plusieurs dizaines ayant parmi nos intérêts communs celui du jardin... Nous avons échangé nos savoirs... et nous avons choisi de collaborer pour faire nos potagers.

Au début, cela s'est traduit par des échanges de boutures de fruits rouges, de figuiers... puis de graines et de plants. Enfin, depuis deux ans,

LE CATALOGUE OFFICIEL

Toutes les graines n'ont pas le droit d'être vendues. Pour cela, il faut qu'elles soient inscrites au catalogue officiel. Ce sont les producteurs de graines qui en font la démarche. Comme une inscription coûte cher, seules les graines rentables sont inscrites. L'association Kokopelli, qui diffuse le plus grand nombre de.graines de légumes inconnus, rares ou oubliés sans passer par le catalogue officiel (elle n'a pas les moyens de payer les inscriptions sur le registre) a été récemment lourdement condamnée. Il lui est reproché de vendre illégalement des graines faites par des amateurs. C'est pas faux, mais il y a des devoirs de résistance louables, et comme il m'est arrivé d'avoir des paquets de graines de grands semenciers dont les graines ne lèvent pas (des carottes par exemple) ou sont envahies par la bruche (des petits-pois), je me dis que certains ne manquent vraiment pas de culot (d'autant plus que ce sont les semences qui ne peuvent être vendues... pas les légumes que l'on retrouve sur les étalages).

nous faisons des commandes groupées de graines.
Pour les plants, il se trouve que je réussis bien les semis de tomates, aubergines, poivrons… Que j'en fasse 100 ou 500, cela demande à peu de chose près le même travail. C'est juste un problème de place dans la maison. Je prépare donc les plants pour les copains. Cette année, j'en ai donné plus de 350 (je n'assure pas le suivi « après-don »). Stéphane et Patricia réussissent bien les salades, les choux… et ils m'en apportent à repiquer régulièrement. Nous ne comptons pas… Dès fois, c'est aussi Noël pour moi : cette année, un ami d'ami m'a donné 20 pieds de tomates que je ne connaissais pas. Merci !

Nous en sommes arrivés aux commandes groupées. C'est l'occasion de se retrouver au milieu de l'hiver autour des catalogues de graines, d'un morceau de pâté et d'un verre de vin… Il y a des moments plus difficiles… (surtout qu'on remet ça quand la commande arrive et qu'il faut la redistribuer).
C'est une bonne occasion pour voir ce que font les autres jardiniers (on reconnaît tout de suite le grand débutant de celui qui sait ce qu'il veut ou de l'aventurier). Certains font le choix de se regrouper sur des grosses portions pour en baisser le coût. D'autres, comme moi, préfèrent multiplier les variétés en divisant les sachets. Aux Vers de Terre[22], nous avons ainsi de nombreuses variétés de tomates, de haricots, de carottes, de laitues… Cela ne baisse pas le coût de la commande, ça la rationalise, et ça permet d'avoir dans son jardin des légumes que l'on n'aurait pas voulu ou pas osé tenter.
Avec ce système, j'ai pu multiplier pour un coût raisonnable ma réserve de graines… Je deviens collectionneur :

- 12 variétés de haricots nains
- 6 variétés de haricots à rames
- 6 variétés de petits-pois
- 4 variétés de fèves
- 20 variétés de courges et autres potirons
- 56 variétés de tomates
- 5 variétés d'aubergines
- 17 variétés de radis, etc.

J'aime beaucoup la fin de l'été, car c'est le moment où, lors des promenades, on peut aller discuter avec les jardiniers qui ne sont jamais avares de conseils… et de graines… surtout si ce sont celles qui viennent du père. On n'en connaît pas le nom, mais ce haricot est bien adapté au terroir. Je suis devenu comme ces vieux jardiniers : moi aussi maintenant, je peux dire… « Tiens, prends en donc une poignée ! Si tu l'aimes, tu pourras faire ta graine ».

[22] *C'est le nom de notre association.*

Un ou deux jours de séchage et les graines récoltées au jardin pourront être conservées en sachets de papier.

Les bulbes les plus petits se conservent facilement pour refaire du plant pour l'année suivante.

LA DATE DE PÉREMPTION DES GRAINES
Les graines ont, comme tous les êtres vivants, une durée de vie limitée. Les graines potagères ont une viabilité comprise entre 1 an (panais) et 10 ans (melon).
- 1 à 2 ans : panais, pissenlit
- 2 à 3 ans : fenouil, haricot, pois, oignon, poireau, salsifis, scorsonère, persil
- 4 à 5 ans : tomate, betterave, poirée, choux, courge, potiron, concombre, maïs, radis, laitue, mâche, navet, carotte
- 5 à 10 ans : épinard, melon, aubergine, courgette, chicorée, céleri.

La date de péremption donnée sur le paquet est une date à laquelle le semencier va tester la germination des graines et décider s'il les laisse ou les retire du marché. Souvent, on lit que, passée, cette date, il faut jeter les graines. N'en faites rien, ou alors dans votre jardin. J'utilise des graines qui sont « périmées » depuis 4 ans et qui ont encore levé correctement cette année. Il est plus important de connaître la date de récolte de la graine et de prendre en compte le fait que les premières années la germination est très bonne et qu'ensuite elle se dégrade rapidement.
Pourtant, les vendeurs de graines n'aiment pas se retrouver avec de tels stocks de sachets et ils les présentent sur le devant des étals pour qu'ils partent vite (même si la date est dépassée).

Opter pour la diversité

CULTIVER PLUSIEURS VARIÉTÉS D'UN MÊME LÉGUME

À quoi cela rime-t-il d'avoir plusieurs variétés d'un même légume dans son jardin ? Est-ce une dérive ? Une manière de dire « regardez-moi ! » ? Un snobisme ?

Il me semble que j'ai commencé à cultiver plusieurs variétés d'un même légume le jour où j'ai compris que le jardinage n'était pas un long fleuve tranquille et que, ne pouvant espérer tout maîtriser, il valait mieux multiplier les chances de réussite.

Je constate que cette démarche :

- augmente mes productions en limitant l'extension d'un problème
- permet d'étendre la période de récolte d'un type de légume
- apporte une richesse au jardin
- crée un panel de goûts et de couleurs dans la cuisine.

UNE ASSURANCE CONTRE LES ALÉAS

Les légumes n'ont pas la même résistance face aux difficultés qu'ils peuvent rencontrer. Les difficultés proviennent toujours d'un « trop de » : trop d'eau, trop de soleil, trop de pucerons, trop de champignons... Si on ne cultive qu'une seule variété de salade, celle qui malheureusement monte à graine dès qu'il fait trop chaud... et bien on attend l'automne pour manger de la mâche ! Si on ne plante qu'une seule variété de tomate qui s'avère être sensible au mildiou, on mangera de la betterave en entrée...

Semer, planter... des petites quantités de variétés différentes d'un même légume est une vraie assurance sur les promesses de récoltes. C'est aussi l'occasion de faire des choix en connaissance de cause.

Il n'est pas raisonnable de s'acharner à cultiver une variété de légume qui visiblement n'est pas à sa place dans notre jardin. C'est au bout du troisième échec que j'élimine de mes boîtes à graines celles qui ne sont pas adaptées (c'est une mesure contre l'échec accidentel, mais c'est très prétentieux car le jardinier peut être en cause). Heureusement pour moi, j'ai eu de très beaux melons la première année de jardin (la chance du novice), et depuis j'échoue lamentablement puisque je n'arrive même pas à faire germer les graines... Aussi tous les ans je tente à nouveau...

ÉTENDRE LA PÉRIODE DE CULTURE

Suivant la variété, les légumes vont mettre des temps différents avant d'arriver à maturité et surtout, ils peuvent être semés et récoltés à des périodes différentes de l'année. C'est vrai pour les choux, les salades, les épinards...

Les périodes de récolte pour la mâche, selon ses variétés

	Variétés de mâches				
	'Ronde maraîchère'	'Palmarès'	'Verte de Cambrai'	'Coquille de Louviers'	d'Italie
janv.	X		X	X	X
fév.	X		X	X	X
mars	X		X	X	X
avril			X	X	X
mai		X			
juin		X			
juil.		X			
août		X			
sept.	X	X			
oct.	X		X	X	X
nov.	X		X	X	X
déc.	X		X	X	X

Un jardin riche de ses légumes

Je ne me vois pas faire un jardin avec moins de dix variétés de légumes. Je n'ose pas dire « productifs », car ils ne le sont pas plus que nos jardins… Ils produisent à un moment donné, alors que les jardins comme le mien produisent tout le temps « d'un peu » à « beaucoup ». Cultiver plusieurs variétés d'un même légume, cela veut dire aussi produire la graine de tous ces légumes. Comme ils ont des cycles de végétation différents, ils sont en fleurs à des moments différents… Ainsi, le sol reste occupé sur de plus longues périodes (il y a donc moins de mauvaises herbes), et les abeilles trouvent à butiner durant toute leur période d'activité.

Des légumes pour la cuisine

J'ai beaucoup de plaisir à regarder mes légumes pousser… mais je les cultive pour les manger, et c'est dans l'assiette qu'ils sont les plus beaux. Depuis que j'ai étendu la gamme des légumes cultivés, nos repas ravissent autant les yeux que le palais. Il faut dire que Virginie adore nous faire des plats extraordinaires et qu'elle est en train de transmettre ce goût pour la cuisine aux enfants. Dans ces cas-là, ce sont les assiettes préparées qui arrivent sur la table. Ce n'est pas mon éducation, mais j'avoue que ce n'est pas désagréable.

Quand il y a plein de légumes, il est facile de composer des jolis plats en associant les formes, les couleurs et les saveurs, mais pour moi, les plus intéressants associent les différentes variétés d'un même légume. Un plat de tomates du jardin, c'est déjà

Je les veux toutes !

délicieux ; mais comment qualifie-t-on un mélange de 'Noire de Crimée', de 'Citron Russe', de 'Rose de Berne', de 'Green Zebra', de 'Merveille des Marchés' ? L'image du beau plat est tellement forte que les tomates n'en sont que meilleures !

C'est la même chose pour les salades. Nous faisons rarement une laitue ou une scarole, nous préférons picorer dans le jardin quelques feuilles de roquette, de betterave, de cerfeuil, de cresson, de persil, de mâche... avec un peu de sauge, de serpolet... On dit que trop c'est trop. C'est faux, on passe de saveur en saveur avec ravissement.

On peut multiplier les exemples pour les betteraves (avec les rouges, les jaunes...), les haricots (fins, mange-tout, verts, jaunes, violets, en grain), les fèves, etc.

CULTIVER LES LÉGUMES OUBLIÉS ?

Les légumes oubliés sont souvent des variétés très anciennes, rustiques, qui appartiennent au patrimoine de l'humanité. De « gentils » jardiniers les ont améliorés pour le bien de tous. Chacun pouvait les multiplier à sa guise. Loin de moi l'idée de rejeter la nouveauté et le progrès... mais s'il est partageable et partagé par tous.

Certains obtenteurs de nouvelles variétés ou d'améliorations sont toujours dans cette optique. Par exemple, Tom Wagner est un « free breeder »[23] américain qui travaille depuis un demi-siècle sur les tomates, les pommes de terre, etc. La tomate 'Green Zebra' (une petite merveille dont on commence à entendre parler) est l'une de ses obtentions.

[23] *Sélectionneur libre. Ces créations sont libres de droits. Tout le monde peut les reproduire, personne ne peut en devenir le propriétaire. D'un point de vue légal, il en est l'« inventeur ».*

Mais revenons à nos légumes. Quelles sont les causes de leur oubli ?

- production moins importante du légume
- culture difficile dans le cadre d'une mécanisation
- réputation négative entretenue par des gens qui n'en ont jamais consommés...
- passage d'une alimentation basée sur la culture vivrière à une alimentation basée sur la consommation de produits venant de l'agro-industrie

Ils sont dans une phase de désuétude...

Quelles sont les raisons de leur redécouverte ?

- le renouveau du jardin potager
- l'inquiétude envers la qualité des productions de l'agro-industrie
- le phénomène de mode
- les études menées sur la qualité nutritionnelle de ces légumes anciens
- une rusticité qui les rend faciles à cultiver.

Un légume qui n'est plus cultivé est un légume dont la semence finira par se perdre... à tout jamais ! (Le chou de Saint Saens a ainsi failli disparaître[24]). C'est la même chose pour les fruitiers uniquement reproductibles par greffe. Si une variété n'est plus suivie, avec l'extinction du dernier arbre, la lignée meurt. Il faudrait une chance extraordinaire pour qu'un semis spontané la reproduise de manière identique...

Pour conserver les graines, on peut construire des frigidaires géants. On peut aussi choisir de cultiver le maximum de variétés de légumes, en se disant que cela ne peut qu'apporter une richesse supplémentaire, à notre organisme comme à notre environnement. Cultiver des légumes anciens ne signifie pourtant pas transformer son jardin en conservatoire. Ils y ont la même place que les obtentions nouvelles. Ce n'est pas une collection d'objets rares. Nos légumes sont « légumes » avant d'être « anciens ». Dans l'optique où faire son jardin potager n'est pas synonyme de produire de la quantité à tout prix, mais plutôt d'être respectueux de l'environnement (comme du corps qui se nourrit des légumes produits), c'est plutôt produire de la diversité, de la qualité (donc de la vraie richesse).

TENTER LES CULTURES EXOTIQUES

L'exotisme est un caractère qui est diversement apprécié dans les potagers. D'une manière générale, est exotique ce qui vient d'ailleurs et fait rêver. Le plus souvent, c'est ce qui vient du Sud et qui connote le soleil. Les plantes que l'on peut mettre dans nos potagers et qui viennent de contrées septentrionales ont rarement le statut « d'exotique ». Étonnant non !

De la même manière, ce qui vient de loin, mais qui est là depuis longtemps perd son aspect exotique. La pomme de terre était exotique... elle ne l'est plus depuis longtemps !

Il y a souvent confusion entre « exotique » et « oublié ». Ce n'est pas pareil. Avoir dans son jardin des fruits et des légumes qui n'y ont pas forcément leur place est très tentant. Certains ne peuvent supporter le climat, mais pour le savoir il faut expérimenter...

Donc plantons, semons… et voyons ce qui se passe.

Depuis quelques années je plante… pour le moment, rien n'est mort. J'ai récolté des figues, du raisin, des pêches, à priori très exotiques au nord de Paris. J'attends que le kaki, les kiwis et les myrtilliers d'Amérique du Nord produisent. Je ne suis pas pressé.

Il n'est pas très judicieux de rapporter des plantes venant du Sud. Elles ne sont pas forcément adaptées à notre climat. Par exemple, la plupart des figuiers du Sud sont pollinisés par une petite abeille que l'on ne trouve pas ici. Il vaut mieux trouver une variété septentrionale qui n'a pas besoin de cet insecte et en faire une bouture[25]. Pour les pêchers et les abricotiers, je fais plein de semis de noyau à partir de fruits qui me plaisent, et lorsque les jeunes pieds donnent leurs premiers fruits, je garde et j'installe dans les haies ceux qui me conviennent.

Comme j'ai une haie à faire cet hiver, je vais chercher à installer des arbustes « exotiques » pour faire d'une pierre deux coups… des feuillages intéressants et des baies comestibles.

Il y a aussi ce que l'on peut faire pousser à partir de graines ou de tubercule : cacahuète, patate douce, fruits de la passion…

Cela aiguise ma curiosité et celle des enfants. Est-ce que ça peut marcher ? Qu'est-ce que je vais obtenir ? Il suffit d'acheter des fruits et des légumes pour obtenir la semence ou le plant. Ensuite, sur Internet, il y a toujours quelqu'un qui a expérimenté avant nous et qui partage son savoir. Les semis se font le plus souvent au début de l'année, au chaud, à l'intérieur… avec les enfants. C'est une bonne école pour développer la curiosité.

Ma grande tentative de cette année, c'est la cacahuète. C'est une demi-réussite. La récolte a été assez modeste, car je ne m'en suis pas occupé. Mais je suis sûr que ça peut pousser ici.

Je recommence l'an prochain, et je suis curieux de savoir comment ça peut se passer avec les agrumes, les théiers, les aromates du Sud… mais ça, c'est une autre histoire.

On peut facilement manger son propre 'Chasselat', même en Picardie!

[24] Gérard Mallet de Saint Saëns a sauvé en poursuivant la culture et en diffusant sa semence ce chou tardif d'automne, dont la tête peut faire plus de 20 kg.

[25] La bouture de figuier se fait (en tout cas, je la fait ainsi et ça fonctionne) en prélevant un gourmand avec son talon. Il est mis en pépinière avec un peu d'hormone de bouturage. En procédant en octobre, j'ai une reprise de 80 %. Il paraît qu'en avril c'est mieux, mais 80 % de reprise, je trouve cela satisfaisant.

❶ *Fleurs de capucine, avec roquette et tomates toutes fraîches.* ❷ *Bleuets.* ❸ *Coquelicots.*

MANGER AUSSI DES FLEURS...

La pratique du potager dans une optique vivrière nous mène à nous nourrir également des fleurs qui y poussent. C'est très tendance !

Ça a commencé avec Léo qui, tout petit, avait appris que l'on pouvait manger les corolles de capucines. Il en croquait à toute heure.

Il vaut cependant mieux se renseigner avant de tout goûter... car certaines peuvent être toxiques (pommes de terre, morelle, muguet, etc.). Les fleurs du jardin qui finissent dans les salades (salades vertes ou salades de fruits), pour apporter une saveur ou une couleur supplémentaire, sont principalement la capucine (avec son goût poivré), l'achillée (*Achillea millefolium*), la bourrache (*Borago officinalis*), les chrysanthèmes comestibles (*Chrysanthemum coronarium*), les ciboulettes (*Allium schoenoprasum*), le coquelicot (*Papaver rhoeas*), la nigelle (*Nigella damascena*), dont la graine a aussi un délicieux goût de fraise des bois, l'onagre (*Oenothera biennis*), la pâquerette (*Bellis perennis*), le phlox (*Phlox paniculata*), la roquette (*Eruca sativa*) et le souci (*Calendula officinalis*). Quand c'est beau pour les yeux, c'est encore meilleur pour la bouche. Les fleurs sont symptomatiques de ce qu'apporte la pratique du jardinage à l'alimentation : la diversité, la richesse et l'extrême fraîcheur. Cela peut paraître prétentieux, mais cet immense luxe est devenu notre norme.

LES LÉGUMES QUE JE N'ARRIVE PAS À FAIRE POUSSER (POUR LE MOMENT)

Il est rare de voir les jardiniers s'étendre sur leurs échecs. Leurs évocations s'accompagnent plutôt de longs silences… et de « oh, je n'en fais pas… ça pousse pas bien ici » ou « on n'a pas eu une bonne année ».
On m'a appris que les échecs sont nécessaires pour avancer. Aussi suis-je très content parce que vu la quantité que j'en ai chaque année, je vais finir par aller loin…
Il ne faut pas désespérer des échecs. Les ratés font partie de la pratique du jardinage. Si les conditions (le sol, la météorologie) sont des facteurs non négligeables, la plus grande responsabilité revient au jardinier. Nous sommes responsables de nos réussites comme de nos échecs.
Mes erreurs, mes manques de connaissances… n'ont pas toujours les mêmes conséquences sur mes légumes et dans la pratique il y a :

CEUX QUI NE LÈVENT PAS

J'en suis à ma 3e année de semis d'amarante rouge… Rien, ou presque. Quelques graines germent puis disparaissent. Il paraît que quand elle se plaît, c'est une vraie cochonnerie. Aux USA (en Georgie), l'amarante réfléchie (*Amarantus retroflexus* L.) est devenue résistante aux effets du Round-up® et colonise les champs de maïs modifié, au point de les rendre impropres à cette culture. En tout, à l'été 2009, c'est six États qui sont contaminés : 5 000 hectares de culture ont été abandonnés et près de 50 000 autres sont menacés. Et bien chez moi, pas moyen d'en faire pousser une. Je ne désespère pas de réussir un jour… quoique… J'ai essayé différents coins du jardin. J'ai adopté des techniques variées de semis.

CEUX DONT JE N'ARRIVE PAS À FAIRE LE PLANT

Aussi surprenant que cela paraît, je sais faire du plant de tomate, d'aubergine, de piment… mais j'échoue avec ceux de cornichons et de melons. Mes graines sont bonnes mais je n'y arrive pas. Cette année en faisant du nettoyage, j'étais tellement sûr de mon échec que j'en ai arraché par erreur le seul plant de cornichon qui avait daigné lever. J'ai réussi une fois des 'Petits gris de Rennes'. Clairement, c'est un manque de méthode, de savoir-faire. Normalement dans les années à venir, je devrai corriger tout ça.

CEUX QUI FONT UN BON DÉBUT DE COURSE, MAIS QUI S'ÉCROULENT AVANT LA FIN

Il y a des légumes qui ont la réputation d'être envahissants. Les crosnes du Japon font partie de cette catégorie. Pour la seconde année de jardin, j'en avais acheté une clayette de plants. Après un début prometteur, l'aventure s'est vite soldée par un bide monumental : trois tubercules qui se battaient en duel au milieu du désert… À l'époque, je ne m'étais pas soucié du drainage de la planche. Peut-être qu'en la buttant, j'obtiendrai un résultat plus intéressant.
Avec le fenouil, c'est un peu particulier : j'arrive à avoir de très beaux pieds, très vigoureux, très esthétiques… mais pas de bulbe ! C'est un peu gênant pour un légume dont c'est l'objet de la culture. Qu'est-ce qui les fait monter à fleur si vite ? J'ai l'hiver pour trouver la solution avant le prochain semis.

CEUX DONT LA CULTURE N'ÉTAIT PAS TRÈS RAISONNABLE

J'ai acheté il y a 3 ans un paquet de graines d'okra (gombo). Normalement, ça fait une belle plante de 2 m de haut portant des grosses capsules comestibles. Mes semis ont toujours correctement levé, mais très vite ça végète, ça dépérit et ça finit par disparaître. Normalement, c'est cultivé sous les Tropiques… alors en plein air en Picardie maritime, il ne fallait pas trop rêver… De toute façon, j'ai fini mon sachet de graines… Il faut qu'à l'occasion j'en trouve dans un magasin pour savoir quel goût ça a. J'ai peut-être perdu du temps pour pas grand chose ?

Quand je fais le compte, je ne suis tout de même pas souvent déçu dans ma pratique potagère… et ce n'est jamais de la faute des autres. C'est pas toujours comme ça dans la vie. Je ne peux m'en prendre qu'à moi-même. Le jardin est décidément un beau cadre pour être heureux.

Ensuite… les produire soi-même

Les jardiniers ont toujours produit, voire amélioré, leurs graines. Par une entourloupe dont elle a le secret, notre société « moderne » fait passer cet acte basique du jardinage pour un exploit ! Il faut dire que tout a été fait pour que nous lâchions l'affaire.
Que n'entendons-nous pas ? « C'est compliqué » ; « C'est un vrai métier » ; « Les amateurs vont créer des dégénérescences et propager des maladies… » Et puis, dans ce contexte de crise, c'est absolument irresponsable de vouloir produire ses propres graines, voire d'en faire pour les copains et de les partager… Ils sont étonnants, ces gens qui s'accaparent un savoir, puis veulent vous faire payer pour en avoir l'usage. Sur certains paquets de graines est même indiqué « reproduction interdite ».
Les arguments, les usurpations sont les mêmes dans le milieu des logiciels et dans celui de la semence… En produisant ses graines et ses plants, on regagne une autonomie dont on veut nous priver.
Bien sûr, au début je n'étais pas fier. L'année où je suis passé du plant de tomates du commerce au plant fait « maison » avec des graines achetées… j'ai quand même mis des plants du commerce… au cas où. En fait, ce sont les plants « maison » qui ont été les plus vigoureux.

Il suffit de garder quelques grains d'une récolte pour assurer la suivante.

CHOISIR DES GRAINES BIO

On m'a demandé un jour pourquoi il valait mieux utiliser des graines bio. Face à cette question, je me suis retrouvé comme une poule devant un mégot et je n'ai pas su répondre. C'est énervant ! J'aurais bien voulu répondre à ce gars :
« Les graines bio sont plus chères que les conventionnelles ? Oui, mais c'est normal, elles ont demandé plus de main-d'œuvre pour assurer la récolte. »
Est-ce que les graines bio sont meilleures que les graines conventionnelles ? Je n'en sais rien, mais ce que je sais, c'est qu'en achetant des graines bio :
- je permets à des terres agricoles d'être saines
- je favorise les petits producteurs
- j'achète une graine que je peux reproduire.

Quand je suis passé des graines du commerce aux graines « maison », pensez-vous que la leçon avait fait son effet ? Il m'a fallu deux ans pour accepter l'idée que mes graines sont aussi bonnes que celle du commerce. Ce n'est pas évident, l'autonomie !

DEUX, TROIS CHOSES À SAVOIR...

Pour faire sa graine ou son plant (dans le cas des pommes de terre), on bannira tout ce qui est du registre du F1. La semence F1 est le produit du croisement de deux variétés distinctes. Ces croisements sont souvent faits pour obtenir des plantes plus résistantes aux maladies et plus productives. Jusque-là, pas de problème. Il arrive (le problème), quand on veut produire sa semence. Le F1 donne un F2 qui, soit reprend les caractéristiques d'une des deux variétés de départ, soit est stérile. On peut jouer à stabiliser la variété en essayant d'avoir du F2 qui a gardé le caractère, puis sélectionner la semence pour le transmettre à un F3... au bout de x années, on a un Fx stable. C'est un petit jeu qui doit être très drôle à partir de deux variétés de tomate, de haricots ou de potiron et je ne dis pas que je ne me laisserai pas tenter... il faut juste être assidu pendant 10 ou 20 ans...

L'hybridation des semences peut se faire naturellement. Il y a des légumes comme le potiron, la courge, qui s'hybrident facilement, alors que d'autres comme le haricot ou la tomate, se mélangent peu.

Ça a son importance. Récolter les graines d'une espèce de légume dont les variétés sont facilement et naturellement hybridées nous expose à de futures récoltes aléatoires (qui seront comestibles, mais n'auront pas les caractéristiques du légume d'origine).

Pour récolter des graines de potiron, il faut en contrôler la pollinisation. Ça n'est pas très compliqué, mais il faut savoir le faire. Comme je ne sais pas le faire... j'achète ma semence tous les ans à ceux qui le savent. Ne recherchant pas l'autarcie mais l'autonomie, cela ne me dérange pas d'avoir besoin du reste du monde... au contraire.

L'autre critère à prendre en compte pour produire des graines, c'est le caractère annuel ou bisannuel d'un légume. Certains ont leur cycle de vie, de la germination à la nouvelle graine, sur quelques mois, alors que pour d'autres il faut deux ans. La carotte, le panais, la betterave... doivent être semés au printemps, « élevés » jusqu'à la fin de l'été, conservés en silo ou en pleine terre tout l'hiver, et ce n'est qu'au cours de l'été suivant que la semence pourra être récoltée.

Ce n'est pas très compliqué, mais la carotte s'hybride facilement avec la carotte sauvage, alors je préfère également passer par un producteur de graines qui va utiliser des voiles... pour assurer les caractéristiques de la variété.

... POUR QUE CE SOIT FACILE

Donc, pour produire sa graine avec de la semence bio non-F1 (car une semence ou un plant bio peut être F1... hé oui !) de légumes annuels

peu sujets à l'hybridation naturelle, il suffit de… récolter les graines. On choisit toujours les plus beaux spécimens, ceux qui n'ont subi aucun dommage, aucun stress. Je préfère racheter de la graine que de prélever une semence qui ne va pas assurer une belle progéniture. Pour cela, je laisse des porte-graines en bout de rang que je bichonne (tuteurage…).
Dans le meilleur des cas, elles seront bien sèches ; dans d'autres, il faudra parfaire le séchage sur des plateaux, dans des assiettes (à l'ombre)… Pour les tomates, il y a un protocole particulier qui veut que la graine soit mise à fermenter pendant deux jours puis séchée… Je me contente souvent de les mettre à sécher sur des bandes de papier… Cela ne m'empêche pas d'avoir de beaux plants, mais ne le faites pas ! C'est pas bien !

Faire sa graine n'est pas un acte anodin. C'est assurer son autonomie vis-à-vis de la semence, mais c'est aussi permettre à des fleurs que l'on ne voit pas de s'épanouir dans le jardin. C'est comment une fleur de radis ? Et une fleur de navet ? Laisser ses légumes monter à graines, c'est assurer une multitude de fleurs au moment où les abeilles en ont besoin. Le jardin est décidément un *tout*.

Les légumes dont je récupère les graines sont de plus en plus nombreux.

J'ai commencé par les plus faciles : maïs, petits-pois, pois chiches, haricots, fèves qui se ramassent en fin de saison sur leurs rames ou leurs filets. Après les avoir fait sécher complètement, je les passe quelques jours au congélateur pour éliminer la bruche ; puis, je les remets à sécher avant de les stocker.

Ensuite, je suis passé à une cueillette opportuniste : lorsque je repérais des graines prêtes à être ramassées, je les prélevais. Maintenant, la production de graines fait partie de ma manière de jardiner.

Après séchage complet, les graines sont mises dans des enveloppes en papier, rangées dans des boîtes à gâteaux en fer puis stockées dans le garage à l'ombre et au sec.

On peut récupérer les graines des fruits et légumes du commerce… mais il faut se rappeler ce qui a été dit sur les F1…

Les graines sont rangées dans des boites à biscuits, puis stockées dans une pièce fraîche de la maison.

DES RÉCOLTES DONT LE COÛT EST ÉTONNANT

Je continue à acheter des graines, mais rarement celles que j'ai déjà, car les économies réalisées me permettent d'étendre le panel des variétés que je cultive. L'inventaire grossier des graines les plus communes produites dans le jardin laisse pantois. Même en enlevant les tomates, cela reste un chiffre énorme... car je n'ai pas pris en compte la totalité des récoltes de graines de légumes et d'aromates, et qu'il faut ajouter à cela les plants de pommes de terre, d'échalote, d'ail et celles de fleurs...

LÉGUMES	NBRE DE VARIÉTÉS DANS LE JARDIN	COÛT D'UN PAQUET DE GRAINES	ÉCONOMIE RÉALISÉE
Fève	4	5,25 €	21,00 €
Pois chiche	1	3,00 €	3,00 €
Petit pois	4	5,00 €	20,00 €
Petit pois à rames	1	6,00 €	6,00 €
Haricot à rames	6	4,50 €	27,00 €
Haricot nain	12	3,50 €	42,00 €
Maïs	1	6,00 €	6,00 €
Tomate	50	2,00 €	100,00 €
Aubergine	2	2,00 €	4,00 €
Arroche	2	3,35 €	6,70 €
Roquette	1	2,00 €	2,00 €
Cresson	2	3,60 €	7,20 €
Aneth	1	2,50 €	2,50 €
Persil	3	3,20 €	9,60 €
Basilic	3	2,50 €	7,50 €
Cerfeuil	1	2,50 €	2,50 €
Ciboulette	1	2,50 €	2,50 €
Sauge	1	2,50 €	2,50 €
Betterave	4	2,85 €	11,40 €
Panais	1	3,00 €	3,00 €
Poirée	2	3,20 €	6,40 €
Salsifis	1	2,50 €	2,50 €
Scorsonère	1	2,50 €	2,50 €
Poireau	3	3,80 €	11,40 €
les autres légumes		...	...
TOTAL			309, 20 €

FAIRE SON PLANT DE TUBERCULES ET DE CAÏEUX

Pour l'année de la patate[26], j'ai assisté à une conférence parisienne avec des représentants des principaux producteurs de ce légume. Il a été demandé si l'on pouvait faire soi-même son plant de pomme de terre. Alors que nos grands-parents l'ont toujours fait, la réponse est « non ». Étonnant, n'est-ce-pas !

Les raisons invoquées sont principalement la résistance et la dégénérescence des plants « maison ». Je produis plus de la moitié de mon plant tous les ans. Sa résistance aux maladies (en particulier au mildiou) m'étonne. Avec la 'Vitelotte' (pomme de terre noire à chaire violette), j'ai eu la surprise de voir la taille des tubercules augmenter lorsque j'ai commencé à produire mon propre plant. Il se dit qu'il faut changer de souche tous les 3 ans… Ma copine Patricia a la même depuis une dizaine d'années et elle ne s'en plaint pas.

Le choix du plant se fait à la récolte. Je le stocke dans la cave d'Annie avec le reste de la production, mais je le place en hibernation dans le bas d'un réfrigérateur à partir de décembre pour éviter l'apparition des germes. Je le sors un mois avant de le planter pour que les germes puissent se former (ça ne plaît pas beaucoup à Virginie car cette opération se passe dans la salle de vie et qu'il y a déjà les pieds de tomate, d'aubergine…).

Les topinambours passent l'hiver dans la terre. Au printemps, il suffit d'en prélever quelques-uns pour refaire une plantation. De toute façon, ceux qui auront été oubliés reprendront sur place…

Mon ail et mon échalote sont stockés sous les cache-moineaux. Il m'en reste toujours que je peux replanter à l'automne et au printemps. Et voilà.

....

[26] *2008 était l'année internationale de la pomme de terre…*

Plants de 'Vitelottes' (pommes de terre noires à chair violette), prêts à être plantés…

…le germe vers le haut. J'utilise un outil de mon grand-père dont je ne connais pas le nom.

PRODUIRE SES PLANTS À PARTIR DE SES PROPRES GRAINES

Je l'avoue... c'est assez confortable pour moi... mais avec le reste de la famille... nous ne sommes pas forcément en phase de fin février jusqu'à fin avril...

Ça fait rire beaucoup de monde, mais pas Virginie. Non, pas trop !

Comme je n'ai pas de serre (mais là, c'est plus possible, il faut que je fasse quelque chose, surtout avec tout le verre que j'ai récupéré), tout se passe dans la cuisine et dans la pièce de vie. Il faut dire que l'endroit n'est pas mal : de la lumière et de la chaleur. Les tomates, les okras, les poivrons, les piments, le basilic, le céleri... adorent. Le matin, je n'ai pas besoin de mettre une veste ou de prendre un parapluie pour faire ma petite visite de contrôle. C'est tellement bien que je pense continuer quand j'aurai fait ma serre. Les plants seront transposés après la levée... ou un peu après... en tout cas, ils ne resteront plus 3 mois dans la maison.

Faire ses plants est simple. Deux choses (en dehors de la salle de vie) sont essentielles : le substrat et le contenant.

- **Pour le substrat :** suivant la littérature, il vaut mieux utiliser un substrat du commerce bien équilibré en NPK. Ça ne coûte pas très cher, mais un bon compost avec un peu de terre de jardin et de sable fait encore mieux l'affaire (je suis en plus convaincu que faire ses semis dans « sa » terre et « son » compost est une assurance sur la suite des opérations, c'est une opinion que je partage avec moi-même, mais qui n'est malheureusement basée sur aucune lecture scientifique, ce qui me chagrine, mais ce qui ne signifie pas pour autant qu'il n'existe pas de propos allant dans ce sens de la part de personnes qualifiées... ouf, si vous m'avez suivi...). Faire quelques plants ne demande pas beaucoup de

Les semis de tomates se font en intérieur derrière les baies vitrées, dans des boîtes de récupération.

Dix graines par variété (de tomates), placées une par une à distance de ses voisines.

terre… faire 300, 400, 500 pots en demande plusieurs brouettes… Il vaut mieux anticiper… la mettre au chaud…

- **Pour le contenant :** tout peut en faire office. Il est intéressant de traîner le soir devant les fleuristes pour récupérer des pots. Cette année, j'étais vraiment en rupture de stock (quand j'offre mes plants aux printemps… peu de copains me les ramènent… ils ne se rendent pas compte), alors j'ai utilisé des bouteilles de lait : un coup de couteau, trois trous au fond avec un clou chauffé à blanc et c'est parti. Comme je n'en avais pas assez, j'ai lancé un message d'aide auprès des copains, des collègues… J'ai été submergé par l'offre. Tant que nous sommes minoritaires dans le domaine de la bidouille, il n'y a donc pas de souci à se faire.

Je mets deux graines par pot. Si l'une des deux ne donne pas un joli pied, je le supprime. Si les deux sont corrects, je les divise. Pour alimenter tout ce petit monde, il me faut 10 litres d'eau de pluie tous les deux jours. Je fais des stocks dans la maison pour qu'elle soit à la bonne température. L'arrosage est une vraie contrainte. Si on l'oublie, ça peut être la catastrophe. Comme nous partons aux vacances d'hiver chez mes parents, je m'arrange toujours pour que les semis soient faits au retour. Tant pis si c'est trop tardif ! Le retard se rattrape toujours.

LES PLANTS SPONTANÉS

Quand on laisse ses légumes monter à graines, il y a toujours une germination naturelle qui se met en place car on en laisse tomber, on en oublie… Au printemps, je récupère les semis spontanés pour les mettre à la « bonne » place. Ils sont pile en phase avec le milieu et ont donc une certaine avance sur le travail du jardinier. Poirées, arroche, roquette, betteraves, bourraches, tomates, courges… (et les fleurs) se reproduisent en suivant le cycle des saisons, m'offrant de jeunes plants très vigoureux. J'en laisse toujours se développer là où ils ont germés… du coup, le jardin qui, au départ, est très structuré, devient naturel et les copains qui pensent que les jardins doivent rentrer dans des cases n'y comprennent plus rien… et ça me plaît…

Les semis spontanés (d'arroche rouge) sont repiquées là où j'en ai besoin.

Bouturer, diviser marcotter, greffer

Lors de mes premières années d'enseignement, j'aimais beaucoup travailler avec les élèves un court texte de Giono qui s'intitule *L'Homme qui plantait des arbres*. C'est un texte auquel les jardiniers sont, me semble-t-il, très sensibles. C'est normal : l'histoire d'un homme qui, avec des moyens rudimentaires, façonne un espace, lui redonne vie et permet à des familles de vivre, ne peut que nous toucher.

Mettre des noyaux dans la terre, bouturer, marcotter et greffer sont des actes de jardinage qui sont très intéressants à maîtriser et qui permettent d'obtenir des arbres et des plants potagers pour trois fois rien... il faut juste être patient.

J'ai une pépinière toujours pleine d'une multitude de jeunes pieds qui, s'ils ne trouvent pas de place dans le jardin, feront la joie d'un ami de passage.

Il n'y a pas que le semis pour obtenir de nouvelles plantes. Contrairement à l'homme, les plantes peuvent être divisées en plusieurs morceaux et constituer ensuite des « êtres » autonomes. C'est une bénédiction pour celui qui a besoin de multiplier à l'envi.

BOUTURER

Le bouturage est l'action de prélever un bout de rameau et de le planter dans la terre pour qu'il s'enracine. Le plus souvent, il faut l'aider avec une hormone d'enracinement [27] (ou de bouturage). La grand-mère de Virginie faisait une petite fente à la base de la branche pour y glisser un grain de riz. D'autres utilisent des macérations de racines de ronces ou de branches de saules. Il paraît que ça fonctionne. J'utilise les hormones quand j'y pense ou que j'en ai sous la main, sinon...

On ne procède pas de la même manière avec l'ensemble des variétés. Un pommier ne se bouture pas (ou très rarement), alors qu'un figuier doit l'être. Un figuier se bouture à la fin de l'hiver, mais un rosier à la fin de l'été. Un rosier a besoin d'hormone d'enracinement pour faire des racines, mais le saule s'en passe...

On trouve les boutures dans son jardin ou dans le jardin des autres... au gré des promenades.

En théorie, c'est assez compliqué. Il faut un substrat préparé en fonction de ce que l'on veut bouturer, une chaleur adéquate... ça, c'est si on veut être maître ès bouturage. Dans la pratique, on prend un rameau aoûté [28], on le sectionne avec une coupe franche 2 cm sous une feuille. On élimine les feuilles du bas, on garde et on coupe par moitié les quatre feuilles restantes. Un petit peu d'eau, un peu d'hormone… et on enfonce dans un sol bien travaillé. Comme pour les noyaux, ma pépinière de boutures se trouve à l'abri d'un mur exposé au nord.

J'y multiplie les figuiers (les copains en veulent tous les ans et leurs jeunes pieds n'ont pas supporté l'hiver, alors il faut tout reprendre du début), les cassis groseilles, caseilles, et tous les arbustes qui renforcent les haies ou font les haies.

Au bout d'un ou deux ans, je repique les jeunes pieds là où ils doivent prendre place.

DIVISER

La division permet de régénérer ou de créer un nouveau pied. C'est une opération simple qui se produit le plus souvent avec un coup de bêche bien placé… parfois au sécateur.

Au début, on n'ose pas.

Les fraisiers sont divisés à la fin de l'été. Je prélève les plus beaux stolons (rejets) tous les 3 ans pour faire de nouveaux parcs. Les pieds de framboisiers sont divisés au niveau de leurs extensions souterraines. Cette année, je me suis servi de tous ces nouveaux pieds pour faire un cercle de 10 m de diamètre autour de l'aire de jeux des enfants. Cela leur crée un espace confiné loin du regard des parents… À la bêche, je divise les pieds de rhubarbe et ceux de fleurs vivaces. Pour la rhubarbe, cela me permet d'avoir maintenant une dizaine de pieds à partir de celui de mon grand-père (avec ceux que j'ai donnés, ce pied a certainement une trentaine de rejetons).

> Un paquet d'hormones d'enracinement coûte 6 € et permet de faire plusieurs centaines de boutures.

[27] *Ce sont des poudres ou des solutions qui contiennent des hormones d'acide naphtyl acétique ou d'acide indol butyrique. Il paraît que certaines sont autorisées en jardinage biologique, mais je n'ai pas trouvé la fiche technique pour connaître les composants… Je ne sais pas si c'est très écologique et il faut donc que je teste les macérations « maisons ».*

[283] *Avec du bois de l'année.*

La division, c'est simple : on sort de terre la plante (ici, de la ciboulette)…

… puis on sépare les tiges ou les bulbes, de manière à faire autant de plants que nécessaire.

MARCOTTER

Le marcottage, c'est comme le bouturage, sauf que le rameau n'est détaché de la plante mère qu'une fois l'enracinement réalisé. Je multiplie les hortensias, les chèvrefeuilles, les cornouillers... de cette manière. À l'automne, je repère une branche basse. Je la gratte au niveau du contact avec la terre pour y mettre un peu d'hormone et je pose une brique dessus. Au printemps, je coupe la branche au sécateur pour avoir un nouveau pied. La haie que je dois renforcer le long de chez Didier va accueillir de nombreux chèvrefeuilles obtenus de cette manière. Le jardin manque d'odeur. C'est l'occasion d'y remédier en y associant des seringats... Avec les noisetiers pourpres que j'ai déjà installés, ça va être du plus bel effet.

UTILISER LES NOYAUX ET LES PÉPINS

Avec les enfants, nous adorons mettre directement dans la terre ou dans un pot les noyaux et pépins des fruits que nous mangeons. Ça peut vite devenir envahissant dans la maison comme dans le jardin.

Dans le jardin, nous récupérons les noix qui commencent à germer et nous les mettons en pépinière. Dans longtemps (mais nous ne sommes pas pressés), cela fera de beaux arbres. Nous plantons aussi les noyaux de pêches, de nectarines et d'abricots (je cherche sans les trouver des noyaux d'un abricotier qui pousse et fructifie localement... à votre bon cœur, messieurs mesdames!) que nous mangeons. Nous choisissons les plus beaux fruits (c'est comme lorsque je fais de la graine), et nous les plantons à l'abri d'un mur exposé au nord. Normalement, il y a tout un protocole avec hivernage dans un sol sablonneux... Nous nous contentons du minimum et ça fonctionne très bien ainsi. Les petits arbres apparaissent aux printemps suivant et à l'automne il faut déjà leur trouver une autre place. Si on attend trop longtemps (2 ans, par exemple), ils deviennent très vigoureux et ils sont difficiles à arracher (je sais de quoi je parle, en me livrant à cet exercice et face à la résistance que lui offrait une touffe de pêchers, le manche de ma bêche a explosé et j'ai failli perdre un œil...). Sur les pêchers, les premières fleurs apparaissent au bout de 2 ans, et les premiers fruits l'année suivante. Les arbres sont très vigoureux (je n'ai pas comparé par rapport aux arbres du commerce, mais ils subissent beaucoup moins de stress et de changements de milieu... alors il ne serait pas étonnant qu'ils ne le soient pas davantage). Comme pour le F1, les caractéristiques des fruits que donneront ces nouveaux arbres sont aléatoires. Quand je m'aperçois qu'un nouvel arbre ne me convient pas, je l'élimine et recommence.

Mais quand j'en réussis un, je suis le plus heureux des jardiniers. Tous ces jeunes arbres sont installés dans les haies pour parfaire le système d'enclosure, et les fruits qui ne m'intéressent pas sont utiles pour la faune du jardin et des environs...

Mettre en terre les pépins de pomme me permet d'obtenir des jeunes francs [29] que je peux par la suite greffer (pour les poiriers, je fais du franc de cognassier).

GREFFER

Mon grand-père passait pour un as de la greffe. C'était pour lui un jeu. N'ayant pas besoin de ce savoir à l'époque, je ne lui ai pas demandé de m'apprendre. Grave erreur. Il y a des trous irrémédiables qui apparaissent dans le transfert du savoir d'une génération à une autre...

Du coup, c'est Vincent qui m'a appris la greffe. Pour le moment, je me contente de la greffe à l'anglaise.

On a besoin d'un sécateur, d'un élastique, d'un peu de mastic, d'un porte-greffe [30], d'un greffon [31] et de quelques minutes. La greffe se pratique dans la cuisine. Le porte-greffe est pris dans un étau pour avoir les deux mains libres. Au sécateur, on le taille en biseau en face d'un nœud. Le même geste est réalisé sur le greffon, puis les deux sont raboutés. La forme de l'un doit épouser parfaitement la forme de l'autre. La ligature se fait avec l'élastique. Le greffon est sectionné 2 nœuds au-dessus du point de greffe. La coupe est recouverte de goudron pour éviter la fuite de sève.

Je suis très content d'avoir sauvé avec cette technique les vieux poiriers d'Annie, dont on ne connaît pas le nom, mais qui donnent une excellente poire.

L'an passé et cette année, j'ai refait une série de pommiers en cordons et en palmette. La mise en forme a commencé. L'un des pommiers à déjà deux fruits. C'est normal, ce sont les arbres de Vincent.

J'ai aussi tenté la greffe en écusson de nectarine sur les francs de pêchers. Elles n'ont pas pris. Ce n'est pas grave, je retente en septembre et si j'échoue encore cette année, je réussirai la prochaine fois.

....

[29] *Arbre obtenu par semis et pouvant être greffé pour devenir un autre sujet. S'il repart sur le point de greffe, il s'affranchit et redevient sauvage.*

[30] *Le plus souvent, c'est un des francs que j'ai faits à partir d'un pépin. Pour faire des cordons, Vincent me trouve des M09 ou « pommiers paradis jaunes de Metz » (porte-greffe pour arbre nain) qui ont un faible développement.*

[31] *C'est le rameau de l'arbre que l'on souhaite refaire.*

Greffe à l'anglaise : préparation du greffon ❶*, assemblage* ❷ *et ligature* ❸.

Organiser les semis pour récolter toute l'année

En faisant mon jardin potager, je me projette constamment dans les récoltes futures... Les semis doivent être organisés pour ne pas connaître de période creuse.

Au cours de l'année, il y quelques moments importants incontournables :

- en février-mars, les semis au chaud, dans la maison, pour les aubergines, tomates, piments, poivrons...
- en mars, les plantations de pommes de terre et des légumes bulbes
- en avril-mai, les semis extérieurs pour les récoltes de fin de printemps et d'été. C'est aussi le moment où il y a un gros travail de repiquage des légumes fruits (tomates, courgettes, etc.)
- en août-septembre, les semis pour les récoltes d'hiver
- en novembre, les semis d'ail et d'échalote d'hiver et ceux de légumes grains supportant le froid (fèves et petits-pois lisses).

Pour les tomates, les pommes de terre, les courges... on peut se contenter d'un semis ou d'une plantation annuelle. La récolte se fait en fonction des besoins, et se termine par une mise en réserve du surplus. Mais pour la plupart des autres légumes, cela ne fonctionne pas, pour la simple raison qu'il ne se conservent pas plus de quelques jours. Quand les radis sont prêts, il faut les consommer immédiatement ; ensuite c'est trop tard.

À moins d'être organisé, pour certaines cultures, on s'achemine vers le « trop d'un coup » et le « y'a plus rien ».

LE « TROP D'UN COUP »

Un grand classique dans les jardins. Arrivent les premiers beaux jours et les premiers semis. On est un peu exalté de pouvoir enfin retourner se mettre à quatre pattes pour mettre dans la terre nos petites graines... et quelques semaines plus tard, on se retrouve avec des brouettes de radis dont on ne sait plus quoi faire.

LE « Y'A PLUS RIEN »

Tout heureux d'avoir tant semé, on s'en retourne vaquer à d'autres occupations... et une fois la brouette de radis trop gros, trop piquants, éliminée... On se rend compte qu'il serait peut-être temps de refaire un semis et que les radis ne seront pas de retour dans l'assiette avant trois semaines.

La solution est de s'astreindre à semer moins mais plus souvent. Toute la difficulté est de réussir à avoir dans son potager des légumes prêts à être consommés pendant toute la période de culture. Suivant leurs cycles, il faudra refaire le semis toutes les deux semaines ou tous les mois :

- toutes les deux semaines : laitues, radis

Pour avoir des tomates en juillet, il faut les semer dès février !

- tous les mois : betterave, carotte, chicorée, chou, courgette, épinard, fève, mâche, navet, panais, persil, poirées, haricot, pois, roquette...

Pour déterminer la taille du semis, j'ai plusieurs stratégies. Pour les radis, je sème 150 à 200 graines à chaque fois (je marque le sol avec les dents du râteau et je mets une graine par griffe...). Cela me donne de 5 à 7 bottes par quinzaine. Pour les choux, je m'interdis de faire des pépinières de plus d'un mètre de longueur.

En combinant les diverses variétés des légumes et en faisant plusieurs semis, on assure sa famille d'une longue période de consommation de légumes frais et de la réalisation de réserves pour l'hiver.

Bien sûr, cela dépend du courage et de la disponibilité du jardinier et des planches libérées...

Préparer le temps des vacances

Il y a une idée reçue qui dit que, lorsqu'on fait un jardin potager, on ne peut plus partir en vacances. C'est pas complètement faux, mais ce n'est pas qu'on ne peut plus… c'est parce qu'on ne *veut* plus. Il y a une nuance. On est tellement bien chez soi. Et puis, ne constitue-t-il pas les plus belles vacances écologiques ?

Avant le jardin (et encore pendant ses premières années), nous filions à chaque période de vacances pour les montagnes, jusqu'à ce qu'on se rende compte que nous vivions et travaillions sur un lieu de vacances. La maison est sympa, le jardin est beau, le coin est tranquille, il ne fait pas trop mauvais… et les plages sont désertes la plupart du temps. On peut faire du kayak et du va'a[32] dans la baie de Somme et sur les plages du hable, du vélo dans les petits chemins… On va pêcher la crevette, et il y a tellement à faire dans le potager (c'est un alibi, car les comptes du jardin montrent que si l'été est le moment des récoltes, ce n'est pas vraiment la période où il y a le plus de travail… loin de là).

Alors pourquoi partir ?

Ça, c'est pour le côté « c'est pas complètement faux ».

Pour l'aspect « c'est pas tout à fait vrai », il faut reconnaître que nous ne partons pas cet été. Cela ne veut pas dire que nous ne partons pas du tout ou que nous ne repartirons pas un jour… Nos périodes de vacances en dehors de la maison se sont déplacées de l'été vers les petites vacances d'automne, d'hiver et de printemps. Quand on rentre, il y a beaucoup moins de travail à rattraper. Bref, à des moments où le jardin n'a pas forcément besoin de nous et où nous avons besoin de mettre de la distance vis-à-vis du boulot…

Quand on a un jardin potager, partir plus d'une quinzaine de jours, surtout lorsque tout pousse très vite, s'anticipe. Il y a plusieurs solutions :

- Ne rien changer à son organisation et prêter sa maison et son jardin à des copains de la ville. Ils sont très contents d'avoir un lieu de villégiature près de la mer, entretiennent le jardin du mieux qu'ils peuvent et se régalent des légumes. Nous l'avons fait de nombreuses fois et nous le referons.
- Programmer ses semis pour qu'il y ait le moins de récoltes à faire pendant la période où on est absent. Je programme aussi les repiquages en fonction de cela. Croiser les doigts pour que le mildiou n'attaque pas les tomates et que l'herbe ne pousse pas trop… Par rapport à mon organisation, la première quinzaine de juillet est une bonne période pour partir en vacances.
- Enfin, programmer un abandon ponctuel du potager… Je ne l'ai pas encore fait mais je veux garder en tête l'idée qu'un jour je peux m'organiser

Aller en vacances ? Quitter son jardin ? Un vrai dilemne ...

pour partir à Puy à pieds [33]. Que faire ? Semer, planter en mai-juin des légumes qui n'ont pas besoin de soin et qui se récoltent à la fin de l'été. Pailler intégralement le jardin pour ne pas trop avoir à nettoyer en rentrant ? Confier la tonte des allées à un tiers ? Ou tout simplement trouver un copain qui s'occupera du jardin ? C'est aussi possible. Je ne suis pas l'esclave de mon jardin, donc si j'ai un projet, je trouverai une solution pour pouvoir le mener à bien.

L'an passé, je suis parti 3 semaines (du 1er au 20 août) avec les petits à Puy, pendant que Virginie était en Californie pour les championnats du monde. J'avais bien nettoyé le jardin avant de partir, tondu la pelouse la veille, semé et arrosé tout ce que je pouvais. Je me suis arrangé pour qu'il n'y ait pas de haricots à récolter... Lorsque nous sommes rentrés, tondre les allées a été fastidieux mais le jardin n'avait pas souffert. J'ai même eu de très belles récoltes de tomates. Le bonheur.

[32] *Pirogue polynésienne.*

[33] *J'ai besoin de 40 jours pour parcourir la distance. Seulement 10 si j'y vais en vélo.*

Ne pas négliger les cultures d'hiver

J'ai la chance de vivre sous un climat qui permet les récoltes d'hiver. L'influence de la mer toute proche est là : les étés sont frais et les hivers doux (c'est un point de vue). Il ne fait donc jamais très froid. Depuis que nous vivons ici, la température est descendue une seule fois à -9 °C... et elle est bien vite remontée. Le sol a été gelé trois fois à 20 cm de profondeur. Il met dans ce cas une dizaine de jours pour dégeler. Il ne neige jamais beaucoup. Lorsque ça arrive, on compte les flocons au milieu des gouttes d'eau... S'ils viennent à tenir, il faut que les enfants en profitent rapidement avant que le manteau blanc disparaisse. Disons que mon hiver est un peu plus frais que les deux saisons qui l'entourent et que le sol n'est pas, sauf rares exceptions, pris par les glaces ou couvert de neige... Ce qui fait mon hiver, c'est le faible ensoleillement, le vent, l'humidité. Au quotidien, ce n'est pas forcément très agréable à vivre, mais les plantes ne souffrent pas trop. Je constate même que mon « non-hiver » me permet de récolter des haricots verts très tard sans utiliser aucune protection. De la même manière, quand je compare avec les autres jardiniers des forums d'Internet, mes cultures sont très en avance à la fin de l'hiver. Le problème, c'est qu'ensuite, lorsque le printemps et l'été s'installent, tout le monde me rattrape et me double. J'ai un jardin « océanique » plutôt favorable aux cultures tardives.

Des petites gelées blanches n'altèrent pas beaucoup la qualité des légumes résistants.

LES CULTURES TARDIVES

Il faut cependant faire la distinction entre ce que je peux récolter et ce que je peux semer tard dans l'année.

Les récoltes tardives

La plupart des racines peuvent rester tard dans l'année sans être abîmées. Avec les carottes, il faut se méfier car elles peuvent finir par être grignotées. La rareté du gel en fin d'année me permet de les arracher sans problème.

Les poireaux continuent d'être récoltés en hiver, avec beaucoup d'autres légumes racines, mais aussi d'excellentes « salades ».

Les Solanacées (tomates, aubergines, piments et poivrons, physalis) sont récoltées jusqu'au début du mois de novembre. Pour les tomates et les aubergines, on sent bien que c'est la fin. Je les cueille alors qu'elles ne sont pas complètement mûres (les tomates vertes sont mises derrière les baies vitrées ou transformées en confiture). Mais pour les piments et les poivrons, j'ai l'impression que c'est le moment où ils sont les meilleurs (et c'est tellement surprenant de voir ces fruits rouges, symbole de soleil, au moment où la nature se met en dormance).

Ce sont aussi les dernières framboises, les dernières mûres, les derniers céleris, les derniers choux, les derniers radis d'hiver (noirs, 'Rose de Chine', 'Violet de Gournay')... Il reste parfois quelques rutabagas.

Avec l'hiver, à proprement parler, il n'y a plus que des racines (les salsifis, les scorsonères, les panais et les betteraves, etc.) et des feuilles (délicieuses salades d'hiver, mâches, épinards, endives, etc.), mais le jardin reste nourricier.

Et puis, il y a les vraies « récoltes » d'hiver : topinambours, choux de Bruxelles et poireaux. Ce sont des légumes qui ne font pas rêver tout le monde. Dommage pour ceux qui ne les apprécient pas !

Non content de demander peu de travail, ils sont la source d'une importante production de légumes frais au cœur de la période hivernale. Leur récolte s'étend sur 5 mois et, comble du luxe, elle s'effectue en fonction des besoins. J'ai toujours une partie des poireaux couverte par des feuilles mortes : cela favorise leur croissance et me permet de les arracher sans problème en cas de gel.

Les semis tardifs

J'ai pris l'habitude de faire des semis tardifs à la fin l'été alors qu'ils n'ont

On trouve toujours un peu de verdure fraîche : mâche, ciboulette, etc., pour faire de bonnes salades d'hiver.

Les semis précoces sont abrités par de simples cloches faites de hublots de machine à laver.

« normalement » plus lieu d'être. Il y a plein de postulats que je ne connais pas, alors je fais ce que bon me semble…

Fin juillet-début août, je sème des haricots verts (sur une planche qui verra encore le soleil en septembre-octobre) et des betteraves.

Pour les haricots, c'est l'été indien qui assure ma récolte. S'il y a une gelée, c'est fichu, mais ce n'est pas une grosse perte comparée à la quantité de graines que je produis. Si ça passe, nous sommes gratifiés d'une récolte de haricots extra-fins d'automne, dont je ne peux tirer aucun orgueil tellement elle a été simple à obtenir.

Le semis de betterave ne sert pas à obtenir de la rave (quoiqu'à la fin de l'hiver je fasse une petite récolte), mais des feuilles à joindre aux salades. Tout l'hiver, les jeunes pousses vont y apporter de la couleur.

Quand les conditions semblent bonnes à la fin de l'été et au début de l'automne, je fais aussi des semis de mâches, d'épinard…

Au mois de novembre, viennent les semis et les plantations que l'on peut pratiquer sous climat doux méridional. C'est le moment de mettre en terre l'ail blanc et l'échalote grise (elle est de moins bonne conservation que la rose, mais elle est excellente en frais). Il est temps également de semer les petits-pois ronds lisses ('Doux de Provence') et les fèves. J'en fais toujours quelques rangs pour avoir une récolte précoce au printemps.

Les cultures précoces

L'hiver arrive tard… et il s'en va tôt. Cela ne veut pas dire qu'il ne faut plus craindre les gelées, bien au contraire. C'est seulement à partir de mi-avril que je peux commencer à voir s'il n'y a plus de risque. Cela fait des années qu'il n'a plus gelé pour les Saints de glace, mais ce n'est pas le cas à quelques kilomètres à l'intérieur des terres. Alors méfiance, d'autant plus que les hivers très doux que je viens de connaître m'ont donné de mauvaises habitudes (même si on pense qu'il ne va pas geler, il faut protéger les artichauts… après il est trop tard).

On dit qu'il ne sert à rien de se presser et que les semis faits « en retard » rattrapent ceux faits en avance. Ce n'est pas faux, mais avec les voiles de forçage, on arrive à « réchauffer » la terre et à créer une couche d'air au niveau du sol propice à la germination des graines que l'on sème.

Sous voile, je peux faire des premiers semis de carottes, de radis, de salades dès le mois de février. En mars, je peux mettre quelques routes de pommes de terre qui seront appréciées 90 jours plus tard. Les tunnels accueillent les premières betteraves…

Le matériel « de forçage » que j'utilise est très succinct : des voiles de forçage, deux tunnels et un châssis. Ce sont des structures souples, très faciles d'utilisation et peu onéreuses pour peu que l'on prenne soin des voiles et des bâches.

Faire des provisions pour l'hiver : conserver, transformer

Parvenu au temps des récoltes, je me projette vers le moment où il n'y aura plus grand-chose dans le potager. C'est une pensée que j'aime beaucoup dans le jardinage : être dans la saison présente et penser déjà à la suivante (voire à l'année suivante), au lieu de vivre à cent à l'heure juste vers le lendemain.
La première année, j'avais d'autres préoccupations que celle de conserver mes légumes. Nous avons tout mangé en frais. Et puis, le potager était trop petit pour que nous ayons une production suffisamment importante pour cela (j'ai tout de même conservé des piments séchés pendant longtemps).
Maintenant, c'est différent. Devant l'abondance des récoltes, il faut transformer, stocker, conserver. C'est un moment particulier car j'hésite entre le bonheur de toutes ses promesses de légumes et de fruits que nous allons retrouver à la « mauvaise » saison, la fierté d'avoir produit mes légumes pour ma famille, et, d'autre part, la tâche qui nous attend pour les préparer pour une bonne conservation. Car c'est du boulot !

LA CONSERVATION

Il y a plusieurs solutions pour conserver ses légumes et ses fruits :

- le stockage en l'état
- le séchage
- la lactofermentation
- la congélation
- la pasteurisation
- la stérilisation.

À l'origine, le mot « conserve » désigne ce qui est conservé. Aujourd'hui, il a tendance à ne renvoyer qu'à la stérilisation. Nous pratiquons les six modes de conserve (il y a aussi la salaison et l'immersion dans l'huile, le vinaigre ou l'alcool, que nous utilisons ponctuellement), en privilégiant les trois premiers, car les suivants consomment beaucoup d'énergie et détruisent une grande partie des vitamines. Si faire ses conserves est extrêmement intéressant d'un point de vue économique, il ne faut pas négliger la consommation de gaz et d'électricité que cela engage, sans oublier l'acquisition du matériel.
Il y a bien sûr des astuces pour trouver ce matériel moins cher. Personnellement, tous mes pots à stérilisation, mon stérilisateur et mes Dames-Jeannes viennent des compagnons d'Emmaüs.

Une bonne cave permet de stocker fruits et légumes durant tout l'hiver.

Dans une cave

Heureux possesseurs d'une cave, je vous envie. C'est le moyen le plus efficace pour conserver de très nombreux légumes. Malheureusement pour moi, je n'en ai pas. Je dois en construire une prochainement, avec un fruitier. Pour le moment, il n'y a pas d'urgence, mais d'ici un ou deux ans, mes pommiers devraient produire plus de deux tonnes de fruits. Si une grande partie finit en cidre et en jus de pomme… le reste doit trouver un site propice à sa conservation. Heureusement, j'ai une voisine, dont la ferme possède plusieurs bâtiments à demi-enterrés. L'hiver dernier, je me suis rendu compte que c'était une vraie aubaine. J'y conserve les pommes, les pommes de terre, les navets, les panais, les betteraves, les carottes, les laitues pain de sucre… dans des cagettes recouvertes de toile de jute. Les courges sont stockées dans le garage.

MA FUTURE CAVE

Ma future cave va s'inspirer de ce qui de ce qui se fait traditionnellement ici… avec des aménagements…
Je vais la creuser, pas trop loin de la maison, dans un talus, un volume dont l'ouverture sera orientée au nord. La terre qui sera extraite servira à faire une butte ensuite au-dessus du toit étanche que je vais installer au niveau du sol naturel. Pour le toit étanche, je pense qu'une bâche d'étanchéité comme celle de la mare fera l'affaire. Les murs seront construits avec de la brique qui sera ensuite chaulée et le sol restera en terre battue. Deux prises d'air à l'est et à l'ouest (haute et basse) doivent assurer la ventilation. Cela me semble être le point le plus important. Je ne me fais pas de souci pour la température. Les caves d'Annie restent fraîches toute l'année (entre + 4 °C et + 14 °C). Par contre, l'humidité sera ce que voudra le milieu et les prises d'air serviront à la contrôler.

Par la lactofermentation

Une partie de nos choux est transformée en choucroute. En deux heures de travail, nous en passons à la mandoline 12 kg (j'utilise « l'Amager Dauer »), que je pilonne dans un pot à joint d'eau de 10 litres avec un peu de laurier, de poivre, de genièvre et de sel. Le début de la fermentation se fait au chaud dans la maison, puis j'emmène la choucroute dans la cave, où elle peut se conserver un an.

LE POT À JOINT D'EAU

Il est conçu spécialement pour conserver les produits lactofermentés.
La choucroute se prépare et se conserve dans le même récipient. Poterie massive en grès, le couvercle se pose sur une rigole que l'on prend soin de maintenir remplie d'eau. Ainsi, tout le gaz produit par la fermentation (gaz carbonique) des légumes peut s'échapper en soulevant légèrement le couvercle, tandis que l'air extérieur ne peut rentrer dedans.
Un pot à joint d'eau vit. Il respire comme une grosse bête…

À côté des pommes, les pommes de terre germent moins vite…

Par le séchage

Les légumes graines (fèves, haricots) sont stockés après séchage sur de grands plateaux pendant quelques jours (pour les haricots, il ne faut pas oublier de les passer quelques jours au congélateur pour éliminer la « bruche » (le vers).

Les légumes bulbes (oignons, échalote, ail) sont suspendus sous les cache-moineaux exposés au nord (après s'être ressuyés au sol ou séchés dans des caisses pendant quelques jours).

Comme je suis un être plein de contradictions... pour le séchage j'utilise aussi un appareil électrique. Je n'ai pas encore pris le temps de construire un séchoir solaire. Pourtant je sais que ça fonctionne très bien. Il y a de nombreux plans sur Internet. Quand je vois ce que cela consomme, c'est l'une des priorités de l'année prochaine.

Sont déshydratés: les fruits rouges (caseilles, groseilles, framboises, fraises), les fruits (pommes, poires, pêches...), les plantes aromatiques (persil...), certains légumes feuilles (épinards, oseilles...), des légumes racines (betteraves, navets...) et des légumes fruits (courgettes, tomates...).

Les produits séchés sont stockés dans des sacs en papier ou dans des pots en verre. Les fruits et légumes acides ou sucrés (fruits, fruits rouges, rhubarbe, betterave) sont utilisés comme bonbons et les pommes sont servies pour grignoter en discutant. Une grande partie des légumes déshydratés sert dans les soupes.

Par la congélation

Nous avons un petit congélateur que nous utilisons pour faire des glaces lors du pic de production des fraises et de framboises, que nous stockons en sacs de 1 kg. Je sais que ça fait fonctionner un réfrigérateur, mais je préfère faire des confitures en hiver, quand il fait froid et que les bonnes odeurs font du bien, plutôt qu'en été lorsque mon temps est compté.

Les haricots bien séchés pourront être conservés dans un pot, dans la maison.

Les légumes bulbes restent sous le rebord de toiture tant qu'il ne gèle pas.

Quelques heures d'efforts pour des litres de délice.

LA TRANSFORMATION DES POMMES

Mon grand-père a fait du cidre toute sa vie et, à sa mort, j'ai récupéré son pressoir et son grugeoir[34]. C'était une telle richesse d'avoir ces engins que j'ai commencé à planter des pommiers à cidre (hautes tiges). Avec un ami, Vincent, nous avons élaboré un mélange d'arbres dont les pommes devraient nous donner un bon jus ('Bonne Chanvrière de Mesure', 'Germaine', 'Argile Grise', 'Jaunet de Gournay', 'Gueule de Mouton', 'Pépin d'Orange' et 'Reinette étoilée').

Pour le moment, je n'ai pas encore vérifié si c'est un bon mélange car il n'y a pas assez de fruits pour faire une assise[35] complète... mais comme Vincent a des dizaines et des dizaines de pommiers à cidre chez lui, cela ne m'empêche pas de faire tourner les machines.

Depuis quelque temps, il passe dans les campagnes des engins qui lavent, grugent, pressent en moins de deux heures vos pommes. Le jus est mis en fût, puis en bouteille au 40e jour. Ces machines exercent une telle pression que la quantité de jus est énorme. Cela pourrait être un progrès, mais de l'avis de tous, ça presse aussi les pépins, ce qui donne un mauvais goût.

Je fais le cidre à la main (« à l'ancienne », disent les gens en rajoutant « c'est du boulot » !). Bien sûr que c'est du boulot, mais j'y prends du plaisir et je suis fier de le faire. Chaque assise me prend une semaine, au cours de laquelle je vais deux à trois fois par jour chez ma voisine Annie (où se fait le cidre) pour jouer du cliquet et presser len-te-ment.

De septembre à novembre, je ramasse les pommes et je les stocke. Elles doivent être les plus propres possible. Je sais qu'il me faut 250 kg de pommes par assise. Une assise me donne un peu plus de 120 litres de jus (c'est la contenance de chacun de mes trois fûts).

Je peux donc faire le cidre quand j'ai 250, 500 ou 750 kg de pommes. Je dois leur ajouter aussi celles qui me permettent de faire une centaine de litres de jus de pomme pour les enfants et les adultes.

Faire le cidre est l'occasion de se retrouver en famille et entre amis autour d'un « bisteux [36] ».

Les pommes sont rincées, grugées, puis mises dans la presse. Avec un gros pilon, je tasse jusqu'à ras bord.

Après quelques coups de cliquets sur la presse, le jus coule. C'est un torrent qui déboule. Je le goûte tout de suite, mais il ne faut pas en abuser car les effets secondaires sont redoutables.

Les premiers seaux vont directement dans les cuves. Ensuite je peux préparer le pommeau [37] et le jus de pomme. Je contrôle le plus longtemps possible la transformation alcoolique du jus en pratiquant des soutirages aux moments opportuns. Cette année, j'ai mis en bouteille à la mi-avril. Ça doit être un jus bien stable et bien sucré. Vivement qu'on ouvre les premières bouteilles !

LE JUS DE POMME ET SA PASTEURISATION

Je n'aime pas faire le jus de pomme… mais mes enfants l'adorent… alors… Pour les gens qui ont le matériel adéquat (filtreuse…), ça doit être assez simple. Ici, on le fait avec les moyens du bord.

Le jus sortant du pressoir est filtré avec un torchon. Je remplis à ras bord des bouteilles que je mets à chauffer au bain-marie. Lorsque la température s'élève, le jus se dilate et les impuretés sont expulsées du goulot. Je laisse le jus 1 à 2 minutes à 77 °C. Ensuite, je me brûle les doigts pour les sortir et les fermer (capsules à visser ou à clipser, c'est égal pourvu que ce soit hermétique).

Elles sont placées à l'envers pour se refroidir lentement. Si on ne fait qu'une tournée c'est sympa… Quel bonheur lorsqu'ensuite on peut servir le jus au goûter.

Sans conservateur, le jus de pomme se conserve plus d'un an. C'est une petite journée de travail pour faire 150 bouteilles.

[34] *Machine qui permet de broyer les pommes.*
[35] *C'est le contenu maximum de la presse.*
[36] *Tarte aux pommes de terre, lardons, crème fraîche.*
[37] *Mélange de jus frais de sucre et d'alcool de cidre, délicieux en apéritif.*

POUR LES CONFITURES	Bassine en cuivre	100,00 €
	Pot à confiture	1,00 €
	Thermomètre	15,00 €
	Gaz pour 1 kg	1, 50 €
POUR LES BOISSONS	Dame-Jeanne 10 litres	20,00 €
POUR LA STÉRILISATION	Stérilisateur 11 bocaux	45,00 €
	Bocaux	3,50 €
	Joint	0,25 €
	Thermomètre	6,50 €
	Gaz pour 1 litre	0,50 €
POUR LA DESHYDRATATION	Dessicateur	100,00 €
	Pèle-pomme	19,00 €
	Électricité pour une journée *	5,50 €

** Un déshydrateur consomme en moyenne 500Kw/h et il faut une journée de fonctionnement pour avoir un bon séchage (parfois plus, des fois moins…).*

Jardiner avec la Lune ? pourquoi pas !

« Est-ce que tu jardines avec la Lune ? »
Celui qui répond « non » n'est pas bien vu. Dans le domaine du potager, la Lune a pris une importance considérable. Tout le monde jardine avec la Lune. Il faut dire qu'elle bénéficie d'une bonne campagne de promotion. Ça ressemble à un bon créneau pour la vente de livres et de revues ! Même ceux qui n'en connaissent que grossièrement les principes disent jardiner avec elle (quand on discute, il y a souvent confusion entre lune croissante/décroissante d'une part et lune montante/descendante d'autre part...).
Il paraît que si on jardine avec la Lune, les plantes seront en pleine forme, pousseront mieux et seront meilleures...

Il est évident que son influence est importante. Vivre près de la mer nous le montre quotidiennement. L'arrivée du flot dans la baie n'a rien à voir suivant la Lune. Si le passage de l'astre dans les cieux est capable de déplacer de tels volumes, son influence doit forcément se faire sentir sur les végétaux. Comme la Lune est capable de faire grossir puis diminuer les coefficients de marée... elle doit exercer une influence sur la rapidité de croissance des plantes... les tirer vers le haut ou les écraser sur le sol...
Jusque-là, ça semble encore raisonnable, mais quand on commence à lire les différents calendriers lunaires avec leurs explications, ça commence à être tordant. Le coup de l'influence des constellations devant lesquelles passe la Lune qui serait transmise aux plantes... Le coup des constellations qui sont associées à quatre types d'éléments (terre, eau, air, feu) et à quatre types de légumes (feuille, fleur, fruit, racine)... Le paradoxe, c'est qu'alors que je rejette complètement les histoires d'horoscopes... et bien là, j'aurai pu me laisser séduire par la vision cosmologique du jardinage.
J'aurai pu. J'ai essayé. J'ai surpris les rationalistes qui m'entourent. J'aurai vraiment aimé que ça fonctionne, mais ça doit être trop subtil pour que je m'en sois aperçu...
Après deux ans d'essai, je considère donc qu'il vaut mieux jardiner avec une bêche qu'avec la Lune. Ce n'est pas pour autant que je rejette complètement la Belle.
Même si j'avais dû me fier à mes premiers sentiments et me dire que des histoires de constellations ne sont pas pour moi, même si jardiner avec la Lune est souvent problématique car les conditions climatiques ne sont pas forcément en adéquation avec le travail préconisé par le calendrier lunaire, même si, lorsqu'on compare différents calendriers,

on se rend compte qu'ils ne sont pas toujours d'accord sur les dates et les types de légumes... (c'est très drôle...), et bien je trouve que jardiner avec la Lune est très pratique.

JARDINER EN SUIVANT LE CALENDRIER LUNAIRE CADRE MON HYPERACTIVITÉ...

Avant de connaître le calendrier lunaire, j'étais capable de me faire des journées complètes dans le jardin en courant d'une activité à une autre, en interrompant un nettoyage pour faire quelques semis... J'avais beaucoup de rendement, je rentrais, le soir, fier du travail accompli, mais complètement lessivé.

Maintenant, c'est chaque jour sa tache. Si le calendrier dit qu'on ne travaille pas dans le jardin, je n'y mets pas les pieds ou je réalise des travaux secondaires (nettoyer des tuteurs, ramasser les branches mortes...). Suivre le calendrier lunaire me force à prendre des moments de repos. Il faut que je me ménage un petit peu si je veux durer... Mes semis sont faits dans ce cadre (toujours en lune montante). Pas parce que je crois que je vais avoir de plus beaux légumes ainsi, mais simplement parce que si c'est un jour racine, je vais me contenter de semer quelques carottes et aller écouter de la musique au lieu de passer la journée à faire des semis de tout. Bien sûr, il y a des moments où je passe outre, car il y a beaucoup à faire. Par ailleurs il est si difficile de rester les bras croisés les jours de grand beau temps...

Il semble préférable de semer en période de lune « montante »...

L'INTÉRÊT DE LA CLASSIFICATION LUNAIRE DES LÉGUMES POUR RANGER SES SACHETS DE GRAINES

Le second point positif est l'organisation qu'implique un jardinage avec la Lune. On ne peut que rentrer dans une logique lunaire pour ce qui concerne le classement des graines et la rotation des cultures sur les planches d'une année sur l'autre. Il est extrêmement pratique de ranger les sachets de graines, non pas par ordre alphabétique, mais par type de légume (j'ai fait quelques modifications qui font que j'en ai huit et non quatre). Lorsqu'une de mes planches se libère, je n'ai qu'à prendre la boîte de graines du type de légume qui succède dans le cadre des rotations et aller faire mes semis...

Tant que je n'avais que quelques variétés de légumes, il était facile de ne pas s'y perdre. Ce n'est plus le cas. Je suis obligé de faire un fichier récapitulatif comprenant le type

Une chose est sûre : l'hiver, la présence de la lune garantit de belles gelées si le ciel reste découvert… et ce, jusqu'aux fatidiques « Saints de Glace ».

(feuille, fleur…), le nom du légume, sa variété, un commentaire, son origine, l'année des graines et les mois de semis. Construire et actualiser un tel fichier est un travail de dimanche pluvieux d'hiver. C'est fastidieux la première fois, mais quel confort ensuite !

LUNE MONTANTE ET LUNE DESCENDANTE (LE RYTHME TROPIQUE)

S'il y a un principe lunaire auquel je fais attention pour l'effet qu'il a sur les plantes, c'est celui de la lune montante et celui de la lune descendante (c'est le changement d'élévation par rapport à l'horizon).

C'est au printemps, avec une lune montante, que je pratique la greffe à l'anglaise (montée de sève), les semis. Il paraît que c'est le moment idéal pour les récoltes… Je les fais quand j'ai besoin de légumes. J'essaye de faire les plantations des arbustes et des jeunes plants, les boutures, la taille des arbres et le travail du sol en lune descendante.

Voilà, c'est pas très conventionnel tout ça. Avec la Lune, j'ai établi une relation durable, même si elle reste un peu distante.

CALENDRIER

	TRAVAUX
TOUTE L'ANNÉE	• *Faire la chasse aux taupes et aux mulots qui traînent dans le potager* • *Surveiller les réserves d'eau* • *Soigner ses mains et son dos* • *Prendre le temps de se promener dans le jardin, surtout en hiver. C'est à ce moment qu'on peut le mieux voir ce qu'il y a à faire pour le rendre plus pratique, plus fluide, plus joli…*

	DANS LE POTAGER	DANS LE JARDIN	RÉCOLTE, CONSERVATION	TRAVAUX DIVERS
JANVIER	• Sous abris : semer des carottes 'Touchon', et des radis sous châssis • Semer des fèves et des petits-pois lisses	• Nettoyer par-ci, par là… • Faire la chasse aux taupes et aux mulots qui traînent dans le potager	• Récolter : poireaux, salades (mâches, endives, épinards…), topinambours	Vérifier les graines récoltées et passer les commandes avant la fin du mois
FÉVRIER	• Sous abris : semer sous voile et sous châssis carottes, radis, laitues de printemps précoces, poireaux d'été et d'automne • Semer des fèves et des petits-pois lisses • Planter oignon, ail et échalote • Planter les premières pommes de terre sous voile. • Commencer (à la fin du mois) dans la maison les semis de tomate, aubergine, piment, poivron, okra • Sortir les plants de pommes de terre de la cave pour qu'ils fassent l eurs germes • Semer de l'engrais vert sur les planches à tomates qui ne seront occupées qu'en mai-juin • Faire blanchir les chicons	• Commencer le nettoyage des massifs • Tailler la vigne	• Récolter : topinambours, salsifis, scorsonères, poireaux, salades	• Nettoyer les outils : - affûter les lames - passer les manches à l'huile de lin • Reconstituer la réserve d'eau
MARS	• Semer des fèves et des petits-pois lisses. Commencer le semis des petits-pois à rames • Poursuivre les semis de tomates, aubergines… (dans la maison) et ceux de carottes, radis, navets… (sous voile) • Semer les épinards de printemps, les pois chiche, les laitues à couper	• Nettoyer les massifs et les planches • Utiliser les herbes hautes fauchées à la fin de l'été pour pailler autour des vivaces • Transplanter les premiers plants autonomes d'annuelles		

	DANS LE POTAGER	DANS LE JARDIN	RÉCOLTE, CONSERVATION	TRAVAUX DIVERS
MARS (suite)	• Planter en pleine terre les bulbilles d'oignons et d'échalote • Installer les racines de bisannuelles (panais, carottes, betteraves) au milieu des massifs de fleurs pour qu'elles montent à graine • Diviser et replanter la rhubarbe, l'oseille et la ciboulette • Laisser les choux monter à graine (pour les abeilles) • À la fin du mois, planter les pommes de terre	• Déplacer les framboisiers • Tailler les cassissiers, les groseilliers, les caseillers et faire des boutures • Tailler les rosiers • Semer à la volée les coquelicots • Diviser les géraniums vivaces • Mettre du compost sur les massifs • Faire des pépinières (en godets) de plants spontanés d'hellébores, de fougères… • Tailler les hortensias • Restaurer les allées en bouchant les trous et en semant du gazon	• Récolter : topinambours, oseille, mâche, poireaux, raifort, ciboulette, thym, sauge, scorsonères, salsifis, ail (laissé en terre l'an passé), ail des ours, chicons, pissenlits	• Faire les greffes à l'anglaise sur les pommiers • Dernières tailles possibles sur les fruitiers • Avant le débourrage, passer un coup de bouillie bordelaise sur les pêchers • Le plein d'eau doit être fait pour assurer l'arrosage lors des semis • Nettoyer la mare
AVRIL	• Semer les petits-pois à rames • Transplanter les plants autonomes d'arroche, d'asperge • Semer en pleine terre : carotte, panais, cerfeuil, épinard, poireau, roquette, laitue d'été • Semer des aromatiques	• Éclaircir la bourrache en éliminant une partie des plants envahissants • Commencer à semer à tout va les fleurs annuelles (tournesols…)	• Première récolte d'asperges • Récolter les fleurs de pissenlit pour faire le vin • Ramasser : radis, oseille, rhubarbe, poireaux, endives, roquette, épinards	• Au verger : - Nettoyer la base des arbres - Poser les colliers anti-fourmi • Surveiller le soir les limaces. Ne pas hésiter à utiliser le ferramol contre ces goulues
MAI	• Désherber • Commencer à planter les tomates, piments, poivrons, aubergines… dès qu'il fait suffisamment chaud • Semer les laitues (si possible en lune descendante) • Semer en godet dans la maison courgettes, melons, potirons • Planter les choux • Semer carottes, radis, betteraves, panais, salsifis, scorsonères, choux, haricots (à rames et nains) • Semer les derniers petits-pois à grains ridés • Semer le maïs doux	• Désherber • Semer en pépinière les fleurs à repiquer à l'automne (julienne, lupins…) et les annuelles (zinnia, lavatères, cosmos, tagètes, soucis, reines marguerites…) • Installer un peu partout les poireaux de l'année passée qui montent à graine (c'est beau et c'est bon pour les abeilles) • Planter le dahlias dès que les gelées ne sont plus à craindre • Transplanter les semis spontanés de fleurs (soucis, capucines, bourrache) auprès des légumes pour attirer les auxiliaires	• Récolter : rhubarbe, fraises, poireaux, oseille, salade, roquette, persil, radis, asperges • Conserver : l'oseille	• Au verger : installer les pièges à carpocapses et à hoplocampes • À la mare : diviser les roseaux, jonc et autres iris • Nettoyer et tailler régulièrement la haie de mûres et de chèvrefeuille qui peut filer chez le voisin

	DANS LE POTAGER	DANS LE JARDIN	RÉCOLTE, CONSERVATION	TRAVAUX DIVERS
JUIN	• Tenir compte des dates probables de départ en vacances pour faire les semis (les haricots de fin juin seront récoltés à la fin du mois d'août) • Tuteurer tous les légumes montés à graine • Semer betteraves, carottes, chicorées d'automne, courgettes, potirons, haricots, choux d'hiver (et d'automne), poirées, radis, persil… • Planter des choux, des poireaux d'été et d'automne • Planter les tomates, piments, poivrons, aubergines… • Surveiller l'apparition du mildiou s'il fait plus de 16 °C et que le taux d'humidité est élevé	• Tuteurer les fleurs en prévision des grosses pluies d'orage et des coups de vent • Pailler les massifs et les haies avec l'herbe des tontes	• Récolter : fraises, groseilles, cassis, framboises, rhubarbe, pommes de terre primeurs, petits-pois, fèves, radis, artichauts, arroche, épinards, roquette, cresson, pourpier, laitue, oseille, persil, ail, courgettes, oignon, échalote - dernière récolte d'asperge - les graines de : ciboulette, de fleurs • Conserver : - Sécher les fleurs de tilleul - Déshydrater : fraises, rhubarbe, courgettes	• Penser à installer le hamac • Dernier moment pour éclaircir la production des fruitiers (pommes, pêches)
JUILLET	• Semer des haricots pour la récolte de septembre • Semer persil, roquette, épinards d'hiver, radis noirs, radis violets, navets… • Planter des courgettes pour récolter en août et septembre • Planter les poireaux d'hiver	Pailler les massifs avec l'herbe des tontes	• Récolter les graines de : coquelicots, nielles, pavots, scorsonères, fèves • Récolter : petits-pois, fèves, roquette, cresson, pourpier, oseille, laitues, radis, pomme de terre, framboises, groseilles, navets, rhubarbe, oignons, ail, échalote, choux-fleurs, choux cabus, haricots, artichauts, courgettes, betteraves • Conserver : pommes de terre, ail, échalote, oignon • Faire la choucroute	Vérifier s'il y a assez d'eau pour les pommiers
AOÛT	• Se dépêcher de semer les derniers épinards d'hiver (pour faire de la salade) • Semer radis noirs, radis violets, radis glaçon • Semer scaroles pain de sucre, mâches, persil • Commencer à semer de l'engrais vert sur les planches libérées		• Récolter : petits-pois, haricots, rhubarbe, artichauts, courgettes, betteraves, roquette, cresson, pourpier, tomates, carottes, radis, poivrons, choux, raifort, fraises, pommes	Pratiquer la taille en vert sur les fruitiers

	DANS LE POTAGER	DANS LE JARDIN	RÉCOLTE, CONSERVATION	TRAVAUX DIVERS
SEPTEMBRE	• Semer radis glaçons et radis d'hiver, navets, roquette, laitues d'hiver, mâches • Refaire le parc à fraise tous les 3 ans • Commencer les apports de compost • Semer de l'engrais vert lorsque de la place se libère • Tailler les aromatiques	• Dernière taille des haies et arbustes • Implanter les premiers bulbes • Commencer à diviser et replanter les vivaces (euphorbe, fougère, benoite…)	• Récolter : potirons, haricots secs, tomates, poivrons, aubergines, courgettes, salades, radis noirs, choux, carottes, betteraves… • Cueillir les pommes, les figues, les poires, les pêches, le raisin • Ramasser des mûres. Les congeler pour en faire de la confiture en hiver • Faire sécher les aromatiques • Faire de la graine de : haricots	• Faire de la graine • Construire des abris à hérissons, tritons, crapauds…
OCTOBRE	Installer les premiers chicons dans la cave (dans une grande poubelle)		• Ramasser tomates, aubergines, poivrons, piments, choux, haricots, maïs, courgettes, potirons, panais, betteraves, navets, carottes… • Cueillir pommes • Conserver : mettre au sec les courges et autres potirons	À la mare : enlever les feuilles mortes tombées dans l'eau
NOVEMBRE	• Semer du cerfeuil • Semer des fèves et des petits-pois lisses • Planter l'ail d'hiver • Protéger les scaroles avec un voile • Installer les derniers chicons en pleine terre et en cave • Protéger les artichauts du gel	• Arracher les dahlias pour les stocker à la cave • Planter des arbustes	• Ramasser les légumes racines (betteraves, panais, carottes, navets, radis d'hiver) pour les stocker à la cave. Ne rien laisser aux mulots • Récolter : salades, courges, choux, céleris, poireaux… • Faire le cidre et le jus de pomme	Vider les cuves à eau pour les nettoyer et les protéger des effets du gel
DÉCEMBRE	• Semer des fèves et des petits-pois lisses	• Ramasser les feuilles mortes et en faire une couverture pour les poireaux, les chicons, les vivaces à protéger…	• Récolter : choux de Bruxelles, poireaux, salades, topinambours • Dégermer les pommes de terre et sélectionner les futurs plans	• Arracher, nettoyer, stocker les tuteurs (si ce n'est pas déjà fait) • Commencer à récupérer des rames de noisetier, de saules • Commencer la taille des pommiers si le temps le permet

Les légu
cultivés dans

mes
le jardin

La diversité, gage de récoltes toute l'année…

LES AROMATES

angélique
aneth
basilic
bourrache
camomille romaine
céleri perpétuel
ciboule commune
ciboulette
coriandre
estragon
fenouil officinal
laurier-sauce
marjolaine
mauve
mélisse officinale
menthe verte
persil
pimprenelle
raifort
romarin
sauge officinale
serpolet
thé des jardins
thym

Il y a dans le jardin de plus en plus en plus d'aromates. Ils nous servent au quotidien : une pincée par ci, une pincée par là… Ils relèvent le goût des salades, des plats.

Les aromates prennent peu de place, sont le plus souvent de belles plantes odorantes. Je les installe au pied des fruitiers et progressivement elles conquièrent les planches les plus proches de la maison. Il est difficile de quantifier les aromates utilisées à la cuisine durant une année, et encore plus d'estimer leur prix. Disons simplement que ce sont des petits plaisirs quotidiens.

Aromates

Angélique

Angelica archangelica, famille des Apiacées (ombellifères), bisannuelle à trisannuelle

Il faut attendre 2 à 3 ans pour récolter l'angélique. J'ai commencé à en planter l'an dernier. Je sais que les yeux de Virginie vont briller lorsque je vais lui apporter ma récolte. Elle ne se doute de rien. À nous les cakes parfumés à l'angélique confite…
Pour le moment, j'ai encore un an à attendre avant qu'elle ne se développe complètement (2 m de hauteur), et qu'elle m'offre ses pétioles et ses graines.
Le semis se fait directement après les récoltes de fin d'été. Parfois il s'effectue naturellement, mais je garderai un peu de graines sous le coude au cas où.

Aneth

Anethum graveolens, famille des Apiacées (ombellifères), annuel

Il y en a sur les premières planches du potager. En passant, on en frotte quelques feuilles entre les mains ou on en croque quelques graines. Ce petit goût anisé (il a un air de fenouil) est des plus agréable dans les salades.
Les graines sont utilisées à l'envi dans les confitures, les gâteaux secs…
Les feuilles des jeunes pieds sont séchées sur des plateaux, puis stockées après ensachage.
Les graines sont récoltées à la fin de l'été et rejoignent les épices une fois bien sèches. Quelques-unes serviront de semence l'année suivante.
Je la sème clair au printemps et j'éclaircis ensuite à 20 cm en tous sens.

Basilic

Ocinum basilicum, famille des Lamiacées, annuel

Il y a de nombreuses variétés de basilic. Je cultive le 'Grand Vert', le 'Marseillais' et le 'Pourpre'. Cette année c'est une belle réussite, car l'été a été chaud… ça n'a pas toujours été le cas…
Je le sème en mars à l'intérieur, derrière les baies vitrées. J'ai repiqué en mai mes plants pour moitié en pot et pour l'autre en pleine terre. À ma grande surprise, les pieds mis à l'extérieur ont été encore plus beaux que ceux bichonnés dans la cuisine.
Je le récolte feuille à feuille. Pour la conservation, nous le hachons et le congelons pour faire des glaçons huile-basilic, la solution qui nous semble la plus pratique.
Pour obtenir de la semence, je laisse quelques tiges monter à graine et les récolte lorsqu'elles sont bien sèches.

Bourrache

Bourago officinalis,
famille des Borraginacées,
annuelle

Ce sont les abeilles qui m'ont incité à cultiver de la bourrache officinale. Je n'avais pas encore ma ruche, mais j'avais lu que les caractéristiques mellifères de cette plante apportaient davantage de richesse au jardin. Sa comestibilité est son autre qualité. Son principal inconvénient : son côté envahissant. Ses feuilles ont un chouette goût de concombre (ça tombe bien car je n'arrive pas à en faire pousser !) ; en purée avec de la crème, ça fait complètement illusion. Les fleurs se mangent en salade ou dans les crudités.
La 1re année, j'ai cherché à prélever de la semence… ça ne sert à rien. Il vaut mieux récupérer les jeunes plants spontanés et les repiquer là où on le veut (et l'éliminer là où on n'en veut pas…).

Camomille romaine

Chamaemelum nobile,
famille des Astéracées
(composées), vivace

C'est une plante un peu envahissante, mais elle n'est pas difficile à déloger. Nous en consommons les fleurs fraîches dans les salades. Tout au long de l'été, je les récolte également pour les faire sécher pour les tisanes d'hiver.
Elles vont ensuite rejoindre le tilleul et les menthes dans des gros pots en verre.

Céleri perpétuel

Levisticum officinale,
famille des Apiacées
(ombellifères), vivace

Normalement, il faut dire « livêche » ou « ache des montagnes », mais la personne qui m'en a donné un petit pied me l'a nommé « céleri perpétuel »…
C'est une très belle ombellifère qui répand une agréable odeur lorsque je la nettoie de ses feuilles fanées. Je l'utilise parfois en salade, mais il faut alors en mettre juste un peu car le goût est très fort.
Le plus souvent, elle est utilisée dans les potages.
Je grignote parfois les graines en jardinant.
La multiplication se fait à la fin de l'été par semis en pépinière ou à la fin de l'hiver par division de la plante mère.

Aromates

Ciboule commune

Angelica archangelica, famille des Apiacées (ombellifères), bisannuelle à trisannuelle

Elle ressemble comme deux gouttes d'eau à la ciboulette. Elle a un petit goût d'ail et d'oignon qui accompagne les salades, les crudités, mais aussi les omelettes. Elle se sème en mars sur une terre légère et ensoleillée. Il faut laisser un plant tous les 15 cm. Les années suivantes, il suffit de diviser les pieds pour les rajeunir et les multiplier. J'élimine les fleurs pour forcer la production du feuillage. J'en laisse quelques-unes s'épanouir pour produire les graines. Je stocke les fleurs sèches dans des sacs en papier, puis les égraine directement en place pour les semis.

Ciboulette

Allium schoenoprasum, famille des Alliacées, vivace

Mêmes caractéristiques, mêmes utilisations que la ciboule… mais au lieu d'accompagner une salade… elle peut en être le corps. Il est conseillé d'en avoir quelques touffes pour assurer les besoins d'une famille. Nous avons choisi d'en avoir beaucoup plus. L'entretien est simple : un nettoyage régulier. Il faut éliminer les tiges florales (si vous ne désirez pas les consommer car les fleurs aussi sont très bonnes en salade) et stimuler la croissance des feuilles en les rabattant. Je le fais par tiers, quelle que soit notre consommation. Notre climat nous permet d'en consommer toute l'année. Un premier pied au jardin permet de devenir rapidement autonome en le multipliant par éclat ou en produisant ses propres graines.

Coriandre

Coriandrum sativum, famille des Apiacées (ombellifères), annuel

Nous utilisons ses graines dans la cuisine au quotidien (ou presque) et ses feuilles hachées dans les crudités. La récolte des feuilles est faite en fonction des besoins. Celle des graines, à la fin de l'été. Le semis a lieu au printemps pour une récolte d'été et d'automne, puis en automne pour une récolte de fin de printemps. Je refais un semis dès qu'elle monte à graine. On peut utiliser les racines en les pillant, mais je ne l'ai pas encore fait. Une partie de la récolte de graine est mise de côté pour assurer la semence de l'année suivante.

Estragon

Artemisia dracunlucus,
famille des Astéracées (composées), vivace

Seul l'estragon « français » vaut la peine d'être cultivé au jardin. Lui seul est vraiment aromatique. Seul problème : il ne produit pas de graines et on ne peut le propager qu'en divisant les plantes mères au printemps ou par bouturage en août. Les nouveaux plants poussent plus vite sur des planches ensoleillées.
Les graines que l'on trouve dans le commerce donnent « l'estragon de Russie », qui n'a aucun goût.
Durant l'été, les feuilles sont prélevées en été et mises à sécher. Nous les consommons ensuite dans les salades, les crudités, les potages...

Fenouil officinal

Foeniculum vulgare,
famille des Apiacées (ombellifères), vivace

Le fenouil officinal est une très belle plante qui, pour sa seule prestance, mérite sa place dans nos jardins.
Ses longues tiges vert pâle portent des feuilles qui finissent dans les salades et les ombelles des graines au doux goût anisé. Nous utilisons ces dernières dans des gâteaux secs. La récolte des graines se fait à la fin de l'été. On peut alors les ressemer directement par poquets espacés d'une vingtaine de centimètres ou attendre la fin de l'hiver pour le faire.

Laurier-sauce

Laurus nobilis,
famille des Lauracées, vivace

On a souvent besoin de quelques feuilles de laurier-sauce : pour le bouquet garni qui accompagne les moules, les potages, les dals, la choucroute...
Une bouture (en août/septembre) ou un rejet prélevé chez un ami suffit souvent à introduire le laurier dans son jardin.
Le laurier-sauce peut prendre un volume inattendu lors de sa plantation (plusieurs mètres de hauteur). Il faut y penser avant de le mettre au milieu du potager. J'ai choisi de tailler les miens en topiaires. Cela permet de contrôler leur développement et d'avoir régulièrement de grandes quantités de feuilles à faire sécher. Ma récolte est ainsi faite.

Aromates

Marjolaine

Origanum vulgare,
famille des Lamiacées,
vivace

On peut l'utiliser à toutes les sauces. Les feuilles sont coupées en petites lamelles pour accompagner les tartes salées, les pâtes, les salades…
La première année, j'ai fait un semis clair, et depuis je fonctionne en divisant mes pieds au printemps (on peut le faire aussi à l'automne).
La marjolaine produit une jolie fleur rose au cours de l'été. On peut récupérer ensuite de la semence… c'est joli, le mot « marjolaine » sur un sachet de graine…

Mauve

Malva sylvestris,
famille des Malvacées,
bisannuelle à vivace

La grande mauve ou mauve des bois a trouvé refuge dans un petit coin du jardin. Nous en récoltons les feuilles au printemps pour les salades et les fleurs en été pour les tisanes (très utiles lors des épisodes hivernaux de toux sèche). C'est une belle plante de plus d'1 m de hauteur
(qu'il faut tuteurer) et aux fleurs roses. La production de plants se fait soit par bouturage à la fin de l'été, soit par semis au début du printemps (avec les graines prélevées en fin de saison).

Mélisse officinale

Melissa officinalis,
famille des Malvacées,
bisannuelle à vivace

Nous l'utilisons dans les tisanes, dans les semoules (taboulé) et pour aromatiser les salades de fruits.
La récolte se fait le plus souvent en fonction des besoins, mais aussi en gros prélèvements, séchés puis stockés dans des sacs en papier.
La première année, j'ai fait un semis (clair) au printemps et j'ai repiqué à la fin de l'été les plants à 50 cm en tous sens. Depuis, je la multiplie par division des touffes.

Menthe verte

Mentha viridis,
famille des Lamiacées,
vivace

Il existe de nombreuses variétés de menthes. Je cultive principalement la menthe verte.
Il suffit de se procurer une tige pourvue de quelques racines pour se faire un pied.
C'est une plante envahissante et on peut, soit essayer de la cantonner (en utilisant des bassines en zinc sans fond...), soit la laisser faire. Je suis passé de l'une à l'autre solution. Quand elle prend trop ses aises, je l'arrache sans hésitation.
Nous l'utilisons principalement pour le thé vert à la menthe, mais Virginie l'associe facilement au melon, aux framboises...
La récolte se fait du retour des beaux jours jusqu'au début de l'hiver. Nous faisons sécher les rameaux et les stockons dans de grands sacs de papier.

Persil

Petroselinum crispum,
famille des Apiacées
(Ombellifères) bisannuel

C'est l'un des aromates que nous utilisons le plus, cuit ou cru. Sous mon climat, le semis peut être effectué de février à septembre et la récolte a lieu toute l'année. Bien sûr, l'été nous faisons des réserves que nous déshydratons car nous ne sommes jamais à l'abri d'une période de froid qui fiche tout en l'air. Le semis se fait en lignes. Le persil a la réputation d'avoir des difficultés à lever. Je trouve que c'est une réputation exagérée...
Pour produire sa semence, il faut le laisser monter à graines la seconde année. À la fin de l'été, on peut la ramasser pour l'ensacher.
Les graines tombées sur le sol feront de très beaux plants spontanés, souvent plus forts que ceux que l'on prend la peine de semer.

Pimprenelle

Sanguisorba minor,
famille des Rosacées,
vivace

Le semis se fait en avril ou mai, puis il est éclairci à 15 cm. Les années suivantes, on peut faire une multiplication par division de touffe au printemps.
La récolte a lieu à partir du début de l'été, en fonction des besoins. Les jeunes feuilles sont utilisées avec les salades et les crudités.
La semence est récoltée à la fin de l'été et stockée dans des sacs en papier.

Aromates

Raifort

Armoracia rusticana, famille des Brassicacées (Crucifères), vivace

C'est une Polonaise qui m'en a donné un petit bout de racine au début de mon jardin… C'est devenu une plante volumineuse, dont on consomme les racines. Son fort goût de moutarde ne plaît pas à tout le monde. Nous l'apprécions râpé pour relever les crudités. Attention danger ! Qui met du raifort dans son jardin aura du mal à s'en débarrasser. Il faut lui choisir un petit coin sympa et ne pas avoir ensuite envie de le déplacer, car le raifort est sournois et sous ses abords sympathiques (joli feuillage, jolie fleur blanche), il faudra lutter de nombreuses années pour l'éliminer. C'est l'occasion rêvée pour en refiler à tous les copains… (en les prévenant, bien sûr, pour les risques encourus), car il se multiplie

Romarin

Rosmarinus officinalis, famille des Lamiacées, vivace

C'est en automne que l'on fait les boutures de romarin. Je viens d'en refaire une série pour border des allées (il éloigne beaucoup de parasites). Ma première série (datant du début du jardin) m'a permis de faire des haies basses très mellifères et très odorantes. J'ai placé un pied près de la cuisine qui sert au quotidien. Je le taille en cube afin qu'il produise constamment de nouvelles pousses. Je récolte toute l'année en fonction des besoins. Au cœur de l'hiver, j'utilise les petites réserves constituées aux printemps ou en été et séchées.

Sauge officinale

Salvia officinalis, famille des Lamiacées, vivace

J'ai commencé par faire des semis de sauges. Puis, je me suis rendu compte qu'elles faisaient des rejets, portant des racines, faciles à prélever et à transplanter. Enfin j'ai appris l'an passé qu'elles pouvaient être bouturées. C'est tellement plus simple. Les boutures sont faites en mai pour être mises en place à l'automne.
La sauge est très mellifère. Je l'implante en particulier sous les pommiers et en général aux quatre coins du potager. Il y a de nombreux bio-agresseurs qui sont déstabilisés par son parfum (comme la piéride du chou…). Nous la récoltons en fonction de nos besoins… pour les tisanes, pour garnir un poulet… Au printemps, nous mettons de jeunes feuilles dans les salades.

Serpolet

Thymus serpyllum, famille des Lamiacées, vivace

Mon pied de serpolet vient des pentes du Crêt de la Neige. Il se plaît dans mon jardin au point de devenir envahissant. Je le divise en hiver à la bêche.
Ses jeunes pousses sont consommées avec les salades, les féculents... et dans les tisanes.

Thé des jardins

Dracocephlum moldavica, famille des Lamiacées, annuel

C'est une jolie plante de 60 cm de hauteur produisant des fleurs violettes. Le semis se fait en avril puis il faut éclaircir à 30 cm. J'ai fait ma première récolte à la fin de l'été.
Nous utilisons les feuilles au goût anisé pour les tisanes.

Thym

Thymus vulgaris, famille des Lamiacées, vivace

Je lui préfère le serpolet, moins difficile à cultiver... et meilleur (me semble-t-il !). Une bonne exposition lui est nécessaire. Le semis se fait en avril dans un sol léger, éventuellement sur une petite butte pour faciliter le drainage. On peut aussi le multiplier en le bouturant (en été à l'étouffée) ou en divisant les touffes au début du printemps.
Nous le récoltons en fonction de nos besoins, pour accompagner les tartes salées, garnir les volailles ou pour préparer des tisanes.

LES PETITS FRUITS

- *fraise*
- *framboise et mûre*
- *cassis et myrtille*
- *groseilles*

Les petits fruits (exceptés les fraises) sont de moins en moins présents dans nos jardins. Cela dit, c'est la même chose sur les étalages des magasins, où on ne trouve principalement que des fraises venant d'Espagne (pour rien au monde je ne mangerai ces fruits dont le mode de production nous mène droit dans le mur). Les rares fois où il y a des framboises, le prix est tellement extraordinaire que je me demande toujours qui peut s'en offrir. L'an passé, le kilo de framboises était à 12 €, et à la fin de l'été on a dépassé les 20 € !

Et pourtant les arbustes à petits fruits sont adaptés à tous les jardins… les petits comme les grands. Ils sont au bout de quelques années très productifs et demandent peu de soin. En plus, leurs baies sont des réserves de vitamines et de minéraux.

Ils acceptent toutes les formes d'implantation : seul dans un coin, en paquet, en ligne, en haie…

Fraise

Fragaria, famille des Rosacées, vivace

QUAND PLANTER ?

Tous les 4 ans, je change et régénère mes pieds de fraisiers. Pour cela, j'utilise les stolons naturellement produits par le pied mère.
La mise en place du nouveau parc se fait à la fin de l'été.

OÙ ?

Dans un sol bien travaillé et richement composté. Il vaut mieux que la situation soit bien exposée.

COMMENT ?

Les nouveaux pieds sont plantés en ligne à 25 cm de distance, avec un écartement de 60 cm entre les rangs. Comme les planches à fraisiers doivent être propres, que les fruits mûrs ne doivent pas traîner sur le sol… j'ai essayé l'usage de la bâche noire sur une petite surface… pour voir. Je viens de l'enlever. Les mauvaises herbes, en particulier celles qui font des grosses et longues racines orangées, ont le don de se nicher au creux des plants (les graines doivent glisser le long de la bâche) et on n'arrive plus à les enlever. À contrario, les stolons ne parviennent pas à enfoncer leurs racines dans le sol… Les rendements sont beaucoup moins importants.

LA RÉCOLTE

Cette année, je ne me suis absolument pas occupé de mon parc à fraise. J'ai laissé les stolons s'implanter en fonction de leur bon vouloir. J'ai juste enlevé les quelques pieds d'ortie qui s'étaient glissés là (je ne tiens pas à ramasser les fraises avec des gants). Je n'ai jamais eu une récolte aussi grosse. Si vous n'avez pas de mare, n'oubliez pas de protéger votre parc avec des filets… C'est le premier fruit rouge de la saison et les piafs en raffolent.

PRODUIRE SON PLANT

Mes plants de fraisiers viennent d'une amie. Je n'en connais pas la variété. Les 20 pieds de départ sont devenus 100. Normalement, il faut implanter les stolons dans des pots, puis les décrocher des pieds mère… Je n'ai pas le temps, alors je les laisse prendre racine et les transplante au moment opportun. Ceux de cette année vont partir dans les jardins des copains. J'ai acheté 6 pieds de gariguette, mais comme je ne la trouve pas extraordinaire, je laisse mes vieux plants prendre le dessus.

SURFACE	RÉCOLTE	ÉCONOMIE	RENTABILITÉ
8 m²	22 kg	132 €	16,5 €/m²

Framboise

Rubus idaeus,
famille des Rosacées

Les pieds de framboisiers viennent de chez mon grand-père. Je ne connais pas leur petit nom. J'ai aussi quelques pieds de remontants que j'ai achetés, mais je ne les trouve pas aussi bons. L'affectif a sûrement sa part dans ce jugement…

QUAND PLANTER ?
Les rejets ou les pieds sont plantés de novembre à mars sur un terrain bien ameubli et très richement composté. Cet hiver, j'ai déplacé ceux qui barraient la vue pour en faire un cercle autour de l'espace de jeux des enfants. La reprise est excellente.

OÙ ?
Il est intéressant de trouver des implantations ayant des ensoleillements différents. Cela permet d'échelonner les récoltes… Je me sers de ces arbustes pour faire des brise-vent, des cache-misère…

MÛRES
Les haies de la pâture étaient envahies par les ronces. J'en ai enlevé la plus grande partie… Heureusement, je n'en suis pas venu à bout. Bon an, mal an, j' y ramasse plus de 10 kg de fruits, que je congèle pour faire les confitures d'hiver.

COMMENT ?
La taille d'hiver est sévère. J'enlève tout le vieux bois et je rabats en mars les rameaux sur trois niveaux (toujours animé par le souci d'étendre la période de culture).
Le framboisier est vigoureux. Dès la 2e année, il faut le palisser. Toutes les solutions sont bonnes tant que les rameaux ne se couchent pas.
Pour éloigner le coléoptère, responsable du vers de la framboise, je plante de l'ail et de la tanaisie entre les pieds.

LA RÉCOLTE
Si on ne met pas en place des stratégies pour échelonner la récolte, celle-ci peut devenir fastidieuse. Gardez à l'esprit qu'en même temps, il faut s'occuper des cassis et des caseilles…

PRODUIRE SON PLANT
Le framboisier produit de nombreux rejets au ras du sol qui ressortent très loin… souvent là où on n'en veut pas. Il vaut mieux en isoler la culture et régulièrement passer aux limites de la parcelle un coup de fer à bêche. Si on n'a pas besoin des rejets pour faire un nouveau parc, il faut tous les couper…

SURFACE	RÉCOLTE	ÉCONOMIE	RENTABILITÉ
12 m²	14 kg	170 € *	14 €/m²

* *les framboises de fin d'été sont à plus de 20 € le kilo.*

Cassis

Ribes nigrum, famille des Grossulariacées

C'est mon préféré. La glace au cassis vaut toutes les damnations.

QUAND PLANTER ?
En automne. Pas avant, pas après.

OÙ ?
Il vaut mieux les mettre dans un lieu semi-ombragé. Chez moi, ils sont coincés entre des pommiers demi-tiges. J'ai fait deux rangs espacés de 1 m. C'est trop peu. Ça ne nuit pas à la fructification, mais la récolte demande une certaine immersion du cueilleur.

COMMENT ?
Beaucoup de compost est un préalable nécessaire.
Je les enfouis profondément pour favoriser les pousses qui feront les futures charpentières. La taille peut se faire juste après la récolte ou au cœur de l'hiver (c'est le moment où l'on voie le mieux la structure de l'arbuste). On laisse le bois des deux années précédentes… sinon on n'a pas de fruit.

LA RÉCOLTE
Les oiseaux sont peu intéressés par les cassis (c'est à mes yeux une faute de goût incroyable). Du coup, la récolte est importante (2 à 3 kg de fruits pour un arbuste de 5 ans). Quand les baies sont bien mûres, il vaut mieux s'abstenir de mettre des vêtements clairs… J'utilise les feuilles fraîches ou séchées pour faire du vin blanc amélioré.

PRODUIRE SON PLANT
Les boutures de rameau de l'année d'un bon développement sont préparées, soit à la fin de l'été, soit au début du printemps. Le nouveau pied fructifie dès la 2e année.

MYRTILLES
J'ai installé 3 pieds de ce petit fruit « exotique » après avoir renforcé l'acidité du sol avec le broyât des sapins de Noël que je pouvais récupérer. La première année, les lapins ont adoré les jeunes branches. Cette année, j'ai profité du joli feuillage rouge d'automne… L'an prochain, nous dégusterons nos premières myrtilles.

SURFACE	RÉCOLTE	ÉCONOMIE	RENTABILITÉ
10 m²	14 kg de cassis	210 €	21 €/m²
2 m²	6,5 kg de caseilles	71,5 €	35 €/m²

Groseilles

Ribes rubrum (groseillier à grappe), *Ribes uva-crispa* (groseillier à maquereau), famille des Grossulariacées

QUAND PLANTER ?
Le plus tôt possible, dès la fin du mois d'octobre.

OÙ ?
Le sol doit être riche en humus. Je les place en situation semi-ensoleillée.
Le groseillier fini par avoir une emprise au sol, qu'il ne faut pas sous-estimer lorsque l'on met en terre son jeune plant.

COMMENT ?
La taille d'entretien est faite au cours de l'hiver. Je forme mes arbustes en gobelet et gardant quelques charpentières. J'élimine les branches qui ont plus de 3 ans.

Un simple filet protège la récolte de l'appétit des oiseaux.

LA RÉCOLTE
Plus délicate pour le groseillier à maquereau que pour celui à grappe. Malgré les épines, c'est le premier que je préfère...

PRODUIRE SON PLANT
Le groseillier à maquereau a trouvé l'entrée du jardin tout seul. Je suppose que c'est un oiseau qui l'a apporté.
Je l'ai trouvé au milieu d'une planche. La 3e année, il a donné ses premiers fruits et la 4e, de nouveaux petits arbustes poussaient à son pied.
Les pieds de groseilles blanches et rouges viennent de chez mon grand-père.
Les pieds étaient vieillissants. Le bouturage les a revigorés.
Les branches de l'année sont mises en pépinière avec un peu d'hormone de bouturage à la fin de l'été. Quand la bouture a démarré, je l'étête pour favoriser la formation de branches latérales.

SURFACE	RÉCOLTE	ÉCONOMIE	RENTABILITÉ
3 m²	4,5 kg de groseilles	36 €	12 €/m²
1 m²	1,8 kg de groseilles à maquereau	20 €	20 €/m²

LES LÉGUMES BULBES

- *ail*
- *échalote*
- *oignon*

Ils sont excellents pour la santé, demandent peu de place, ni arrosage, ni compost. Tant que nous n'avons pas fait de jardin nous n'avions pas conscience de leur importance dans la cuisine de tous les jours.
Les différentes variétés de légumes bulbes présentent des saveurs, des couleurs et des formes multiples. À quelques exceptions, leur conservation est très bonne par simple séchage (seuls les oignons blancs dérogent à la règle).

Enfin, on n'arrose pas les légumes bulbes, en particulier durant la seconde partie de leur croissance.

Ail

Allium sativum, famille des Alliacées, bulbeuse vivace cultivée en annuelle

L'ail (pluriel = des aulx) peut être utilisé quotidiennement. Son efficacité contre l'hypertension et contre la grippe est reconnue. Notre famille a besoin d'environ 110 têtes d'ail pour sa consommation annuelle, ce qui peut sembler énorme à celui qui ignore le bonheur de l'ail fraîchement ramassé dès la mi-juin...
Il existe trois sortes principales d'ail : blanc, rose et violet ; le rose et le violet sont plus sensibles au froid que le blanc. Je laisse en place quelques pieds d'ail au pied des fruitiers, où il reste vivace. Sous les noisetiers pousse l'ail des ours, un ail sauvage dont nous nous régalons des feuilles au printemps.

QUAND SEMER ?

À l'automne ou au printemps, en même temps que les fèves, les petits pois ronds lisses et l'échalote « griselle ». Comme je ne crains pas les hivers rudes (en temps normal), je mets systématiquement de l'ail blanc en novembre. En février-mars, je passe à l'ail rose.

OÙ ?

L'ail se plante dans une terre légère et bien drainée qui n'a pas reçu de compost depuis 1 an... Si le jeu des rotations me mène à planter l'ail dans une zone que je sais plus humide que d'habitude, je l'implante sur de légers billons.

COMMENT ?

Prélever les caïeux du pourtour d'une gousse et les planter à 2 ou 3 cm de profondeur en gardant un espacement de 15 cm (25 cm entre les rangs). Bien nettoyer les rangs à la binette, l'ail souffrant de la concurrence des mauvaises herbes. Ne pas arroser. Alterner des rangs de carottes et d'ail permet d'éloigner la mouche de la carotte.
Je garde les caïeux centraux pour les mettre au pied des fruitiers (c'est le seul « traitement » que je fais à mes arbres), car l'ail repousse nombre de maladies du feuillage.

LA RÉCOLTE

Lorsque le feuillage jaunit (entre la mi-juillet et la mi-août), j'arrache les têtes et je les laisse ressuyer quelques jours. Avec nos conditions climatiques, je préfère les mettre dans des cagettes et les rentrer chaque soir et les sortir chaque matin jusqu'à ce qu'elles soient bien séchées. Elles sont ensuite liées et suspendues sous les cache-moineaux au nord de la maison, et elles se conservent très bien ainsi durant 9 à 10 mois. Il y a 2 ans, j'ai oublié d'arracher une route d'ail... Quelle surprise au printemps de pouvoir en manger dès le mois de janvier (en feuille et en gousse). Depuis, j'en laisse volontairement d'une année sur l'autre.

Ail des ours.

PRODUIRE SON PLANT

J'utilise mes plus belles gousses (une quinzaine) pour faire le plant de l'année suivante.

SURFACE	RÉCOLTE	ÉCONOMIE	RENTABILITÉ
4 m²	100 têtes	38,4 €	9,6 €/m²

Échalote

Allium ascalonicum,
famille des Liliacées,
bulbeuse vivace cultivée en annuelle

Depuis 2007, « l'échalote de tradition » et l'échalion (échalote qui se multiplie par la graine) sont considérés comme appartenant à la même espèce botanique. L'échalion n'est plus un oignon (ça ne m'a jamais perturbé quand Virginie utilise cet excellent condiment dans ses petits plats).

QUAND PLANTER ?
Avant, pendant ou après l'hiver.

OÙ ?
Sur une planche bien exposée et légèrement butée pour avoir un bon drainage. La conduite est la même que celle de l'ail : pas de compost dans l'année. Normalement on n'a que l'embarras du choix pour l'emplacement car le potager est presque vide quand on la plante.

COMMENT ?
Les caïeux sont enfoncés légèrement dans le sol. À la fin de l'automne, je mets de la « griselle », en janvier-février de la « longue » et en février-mars de la « ronde polonaise ».
La distance de plantation est la même que pour l'ail et l'oignon.
Les échalions 'Cuisse de Poulet du Poitou' sont semés en ligne au printemps (semis à 5 cm d'écartement pour avoir peu à dédoubler).

LA RÉCOLTE
Quand le moment est venu, je ramasse les bulbes et les fais sécher au soleil. Ensuite ils sont suspendus par grosses grappes avec les aulx et les oignons. À ma grande surprise j'arrive tous les ans à faire la césure (l'échalote ne fait du vert qu'à partir de juillet).
La récolte des échalions se fait en octobre, mais j'en laisse une grande partie en terre et nous les consommons en frais au fur et à mesure (ils continuent de grossir tranquillement).

PRODUIRE SON PLANT
Pour l'échalote de tradition, c'est très simple : on met de côté de jolis plants. Pour qu'ils ne soient pas confondus avec l'échalote de consommation, je passe un fil rouge autour de ceux que je conserve pour l'année suivante, sinon ils risquent de finir dans une salade... Pour l'échalion, la récolte des graines se fait sur 2 ans. J'ai laissé en terre quelques plants qui montent ensuite à fleur et à graine... (comme les poireaux).
La récolte des graines se fait à la fin de l'été.

SURFACE	RÉCOLTE	ÉCONOMIE	RENTABILITÉ
7 m²	11 kg	63,8 €	9 €/m²

Oignon

Allium cepa,
famille des Liliacées,
annuel

Avant de faire un jardin, nous en consommions très peu et de manière très ponctuelle. Maintenant les besoins de notre famille en oignons dépassent 20 kg par an. Cela semble important mais ce n'est que le reflet d'une consommation régulière.
Les oignons peuvent être cultivés à partir de graines ou de bulbilles. La deuxième solution est très pratique, mais la première est beaucoup moins onéreuse. Comme tous les ans, j'ai fait les deux. Bien m'en a pris car les oignons de bulbilles sont montés à graines rapidement, mettant en péril la récolte.
On fait la distinction entre les oignons blancs de conservation courte (quelques mois) et les oignons de couleur (jaune, rouge, violet), qui se gardent pendant presque un an. En jonglant avec les différences de précocité, nous en avons toute l'année.
Nous apprécions particulièrement le 'Jaune Paille des Vertus', le 'Rouge de Brunswick', le 'Rouge Pâle de Niort' et le 'Blanc Printanier de Paris'. L'oignon « patate » me tente pour les futures cultures.

QUAND PLANTER OU SEMER ?

La plantation des bulbilles a lieu au début du printemps, mais il ne faut pas être trop pressé. Je me rends compte qu'il ne faut pas tout mettre en place au même moment pour se prémunir des conditions climatiques favorisant la montée à graine.
Le semis des graines se fait au printemps pour les oignons d'été et en août ou septembre pour ceux de fin de printemps. En théorie, il faut dédoubler, repiquer, etc. Le repiquage est intéressant car il permet de nettoyer le terrain. J'ai pris l'habitude de semer large et de ne faire qu'un entretien régulier des rangs. Je suis très satisfait du résultat obtenu pour le peu de temps que j'y accorde.

OÙ ?

Pas de compost pour les oignons. Ils poussent mieux dans un sol léger qui a déjà connu plusieurs cultures gourmandes, sinon la peste et le choléra s'abattent sur eux durant la culture ou la conservation. Suivant les prévisions météorologiques à 6 mois, je plante les bulbilles sur billons pour éviter l'excès d'humidité.

❶ et ❷ *On peut planter très tôt (février) les bulbilles d'oignon, dans une terre finement ameublie.*

❸ *Un binage régulier maintient le sol aéré et exempt de mauvaises herbes.*

COMMENT ?
Pour les semis, j'espace les graines pour en perdre le moins possible. Elles entrent dans le sol lorsque je tasse et arrose. C'est le seul et unique arrosage.
Les bulbilles sont plantées avec un écart d'une petite main (écartement entre le pouce et l'index) et d'une main et demie entre les rangs.

LA RÉCOLTE
Lorsque le feuillage est sec, j'arrache les oignons et les laisse à ressuyer pendant quelques jours avant d'être stockés. Je me méfie lors du séchage car le temps est souvent très humide : je les rentre donc le soir et les sors le matin.
Pour la conservation, la solution la plus simple est de les stocker dans des cagettes, mais comme j'ai peu de place je les accroche sous les cache-moineaux. Je passe beaucoup de temps à les lier 10 par 10 puis par grappe de 5, mais je trouve ça joli. Les petits oignons blancs sont mis dans le vinaigre dès la récolte. Nous conservons un peu de la récolte d'été pour les consommer « frais » avant l'hiver, car ensuite ils sont fichus.

Après l'arrachage, laisser « ressuyer » un jour ou deux avant de les stocker.

PRODUIRE SES GRAINES
J'utilise les plus beaux bulbes de chacune des variétés (d'où l'importance de ne pas les mélanger lors du séchage et du stockage...). Je les replante à deux mains d'écart en tous sens en même temps que ceux de consommation. S'il le faut, je n'hésite pas à tuteurer les tiges qui peuvent bercer. La petite graine noire est récoltée en juillet.

SURFACE	RÉCOLTE	ÉCONOMIE	RENTABILITÉ
8 m²	30,5 kg	91 €	11,3 €/m²

LES LÉGUMES RACINES

bardane japonaise
betterave
carotte
céleri-rave
chou-rave
navet
panais
pomme de terre
radis
rutabaga
salsifis
scorsonère
topinambour

Les légumes racines aiment les situations ensoleillées avec un sol frais et riche. L'apport de compost doit être ancien pour ne pas favoriser le développement de pourriture et de petits vers, dont on se passe facilement.
Les planches sont donc compostées le plus tôt possible. Je rajoute les cendres de cheminée pour faire un apport de potasse.

Les racines n'aiment pas rencontrer d'obstacle au cours de leur croissance… L'absence de caillou dans mon sol est à ce titre une vraie chance. Comme leur croissance est longue, on peut facilement intercaler au début des cultures associées de salades.

J'essaye d'installer les légumes racines au premier plan pour laisser les perspectives ouvertes et créer des niveaux de légumes. Bien sûr, il y a toujours des exceptions, alors les topinambours sont au fond.

Bardane japonaise

Tokinogawa long
Arctium lappa, famille des Astéracées, bisannuelle cultivée en annuelle

La bardane japonaise a un goût que nous avons découvert en la cultivant. Elle forme une belle feuille ronde qui rappelle celle de la pétasie.

QUAND SEMER ?
À partir d'avril et jusqu'en juillet. Les semis tardifs sont effectués pour que la racine soit conservée en hiver.
Les mauvaises herbes sont arrogantes au début de la levée, mais après un premier désherbage, elles préfèrent fuir devant la vigueur de la plante...

OÙ ?
Il faut un sol souple, profond et frais pour que la racine pousse vite et bien. Je les ai mises à l'abri des pommiers (pas trop près car je ne veux pas abîmer les racines de mes fruitiers lors de l'arrachage).

COMMENT ?
Le semis se fait dans des lignes espacées de 30 cm avec une graine de temps en temps... L'éclaircissage permet de garder un plant tous les 10 cm. S'il n'y a qu'un rang de bardane, il vaut mieux écarter les cultures adjacentes car son feuillage s'étend beaucoup. Mes betteraves jaunes en ont souffert cette année.

LA RÉCOLTE
Je viens d'arracher les premières racines... c'est aussi dur que pour les scorsonères. Il en reste au moins la moitié en terre, tellement la racine est longue. Donc normalement elles repousseront là l'an prochain. Après 1 heure dans de l'eau frémissante légèrement salée, elles ont un chouette goût de noisette et d'artichaut.

PRODUIRE SON PLANT
Je vais découvrir : à priori, il va y avoir au printemps prochain une jolie fleur qui va me donner des graines...

SURFACE	RÉCOLTE	ÉCONOMIE	RENTABILITÉ
2 m²	3 kg	*Je n'en ai jamais vu en magasin*	

Betterave

Beta vulgaris rubra, famille des Chénopodiacées, bisannuelle cultivée en annuelle

Je me souviens du jour où ma mère nous a fait manger de la betterave crue ; je me suis dit que nous étions tombés bien bas. Ça devait être en même temps que le sirop de navet... Depuis, j'ai changé d'avis. Cuite, la betterave est délicieuse... crue avec un peu de noix... c'est pas mal. Je cultive la 'Crapaudine', la 'Noire d'Égypte', la jaune 'Golden Burpee' et celle la 'Détroit'. La 'Chiogga' me tente pour l'an prochain.

QUAND SEMER ?

Du début du printemps jusqu'au mois de juillet suivant les variétés. J'en remets toujours une ligne à la fin de l'été pour avoir tout l'hiver des jeunes feuilles qui peuvent être consommées en salade. La pousse résiste au froid et comme la rave n'est pas formée, le mulot n'est pas un problème.

OÙ ?

Le semis (ou le repiquage pour les courageux) se fait dans une terre légère mais bien compostée. On peut lui donner comme plante compagne des choux, des épinards, du céleri ou de l'ail.

COMMENT ?

Normalement, le semis se fait dans un sillon peu profond avec une graine tous les pouces. Il faut dédoubler. Même si les jeunes plants supportent très bien le repiquage, je trouve que c'est une contrainte. J'utilise donc la graine avec parcimonie en semant très large tous les 5 cm. Cela me fait économiser du temps et de la graine.
Le sol et ensuite tassé et arrosé. Lors de l'éclaircissage, on gardera une betterave tous les 15 cm.

LA RÉCOLTE

Certains récoltent la betterave le plus tôt possible. Il paraît qu'elle se creuse et qu'elle prend un goût de terre si on l'y laisse trop longtemps. D'autres prétendent qu'il faut le faire au début de l'automne. Jusqu'à l'an passé, je les laissais en terre (c'est pas nos hivers qui vont leur faire du mal, même si nous ne sommes jamais à l'abri d'une petite coulée polaire...), mais c'était la régalade pour les mulots. Donc maintenant, je les récolte selon les besoins ou quand j'en ai le temps. D'abord je ramasse une rave sur deux pour permettre aux autres de se développer... puis c'est place nette.
La conservation se fait en cave, dans des cagettes recouvertes de sac de jute.
Ça se garde très bien jusqu'au printemps suivant.

PRODUIRE SON PLANT

Pour produire sa graine il faut la cultiver en bisannuelle. Ça veut dire laisser des raves en terre (hors de question) ou les repiquer le deuxième printemps. Si on la laisse s'égrainer, on aura la surprise l'année suivante de trouver des plants spontanés très précoces dans son jardin.

SURFACE	RÉCOLTE	ÉCONOMIE	RENTABILITÉ
7 m²	22 kg	48 €	7 €/m²

Carotte

Daucus carota,
famille des Apiacées (ombellifères)
bisannuelle cultivée en annuelle

J'ai la chance d'avoir une terre à carotte. Je dis « chance », car il semble que si ça ne marche pas, ce n'est pas forcément la faute du jardinier... Enfin c'est ce qui se dit... Une fatalité ? Contre les carottes véreuses, il y a des choses à faire, comme poser un voile, mettre des plantes qui éloignent la mouche (coriandre...), ce que mon grand-père ne devait pas faire. À moins d'avoir un terrain pierreux, celui qui travaille correctement son sol doit pouvoir parvenir à produire cette racine qui se conserve toute l'année.
Il y en a de toutes couleurs (orange, violette blanche, jaune...), de toutes formes (courtes, longues, trapues, effilées), et de toutes saisons (précoces et tardives). Elle est délicieuse cuite ou crue, et même le feuillage peut-être utilisé pour les soupes.

QUAND SEMER ?
Les premiers semis se font sous abri dès février et puis on adapte jusqu'au semis tardif de juillet. J'aime beaucoup les premiers semis, dont les voiles de protections se soulèvent avec la croissance du feuillage.

OÙ ?
Le sol doit être léger. Cette année, j'ai utilisé mes anciens parcs à asperges dans lesquels j'avais incorporé beaucoup de sable et beaucoup de compost par le passé... le résultat est à la hauteur des espérances.

COMMENT ?
J'ai pris l'habitude de mélanger carottes et radis. Je sème d'abord la carotte (très clair), puis les radis dans les dents du râteau. Pour tasser le sol, je marche sur le rang après l'avoir recouvert d'un peu de terre. Je profite de la récolte des radis pour faire l'éclaircissage. Je laisse une carotte tous les 10 cm.

LA RÉCOLTE
Elle peut se faire de début mars jusqu'à décembre. L'arrachage se fait à la fourche-bêche sinon la racine se casse. Pour pouvoir les conserver en silo, il faut arracher celles dédiées à la conservation (nantaise, 'Colmar à Cœur Rouge') au début de l'automne.

Pour récolter de belles carottes, il est essentiel d'éclaircir les semis au plus vite pour laisser à chacune la place de grossir.

PRODUIRE SON PLANT
Il pousse un peu partout de la carotte sauvage qui s'hybride facilement avec nos variétés de carottes. Pour faire la graine, il faut protéger la plante par un voile durant toute sa montée à fleur. Cela ne me paraît pas très compliqué, mais il faut avoir le temps de s'en occuper.
Je ne dis pas que je ne le ferai pas un jour.

Une ligne « brute » et au devant, une ligne éclaircie...

SURFACE	RÉCOLTE	ÉCONOMIE	RENTABILITÉ
4 m²	15 kg	4 €	10,5 €/m²

Céleri-rave

Apium graveolens, famille des Apiacées (ombellifères), bisannuelle cultivée en annuelle

J'ai réussi deux fois le semis du céleri-rave (j'ai de la graine de 'Monarch'). La seconde fois, l'aventure a pris fin rapidement car peu de temps après le repiquage, tout a été grignoté par les limaces... Tous les ans, je retente l'aventure et tous les ans je me retrouve à acheter du plant. Je ne perds pas espoir de comprendre un jour pourquoi je n'y arrive pas et remédier à cette situation... Je trouve malgré tout que c'est une culture facile, belle et agréable (en utilisant le plant, bien sûr). Facile, car il n'y a pas grand-chose à faire hormis biner autour des plantes. Belle, parce qu'un rang de céleri-rave, ça a de la tronche. Enfin agréable, car il faut l'effeuiller et ça sent bon.

QUAND SEMER ?

Je fais le semis en avril, au chaud, dans la maison... puis ça végète... C'est minuscule, rien à en tirer... alors au dernier moment, je cherche du plant que je repique en espérant qu'il ne soit pas trop tard.

OÙ ?

Le repiquage du jeune plant (quelques feuilles) se fait dans un sol bien composté qui doit être maintenu humide. Je fais un pare-soleil avec des légumes qui prennent de l'élévation. Cette année, ce sont les haricots à rames cocos bicolores prolifiques qui ont rempli cet office. Une cohabitation avec des choux, des tomates... ne leur fait pas de mal.

COMMENT ?

Il faut attendre que la température soit douce pour envisager de le mettre en pleine terre. Les plants seront à 50 cm en tous sens. On peut distancer moins dans le rang mais pas avec les rangées adjacentes au risque de ne pas avoir d'accès pour effectuer les opérations de maintenance. Le céleri doit être effeuillé : on enlève le feuillage ancien de la base du collet en le brisant vers le bas pour forcer le grossissement de la rave.

LA RÉCOLTE

La récolte se fait en fonction des besoins. Comme je suis souvent en retard (à cause de la mise en culture différée...), nous commençons à en manger seulement en octobre. Il fait partie des légumes que je ne laisse plus passer l'hiver en terre (bien que le climat le permette avec une petite couverture de feuilles), car les mulots se font artistes... Un jour, on constate que le feuillage des céleris est étrange et après vérification, il ne reste plus rien de la rave. La conservation des raves débarrassées des feuilles et des radicelles se fait en cave, à l'abri de la lumière et du gel. Quand j'aurai le temps, je ferai des bacs à sable pour les y conserver avec les carottes et les navets.

PRODUIRE SA GRAINE

Franchement, si j'arrive un jour à faire mes plants, je réfléchirais à la graine. Pour le moment ce n'est pas d'actualité.

SURFACE	RÉCOLTE	ÉCONOMIE	RENTABILITÉ
2 m²	4 kg	16 €	8 €/m²

Chou-rave

Brassica oleracea var. *gongylodes*, famille des Brassicacées (crucifères), bisannuel cultivé en annuel

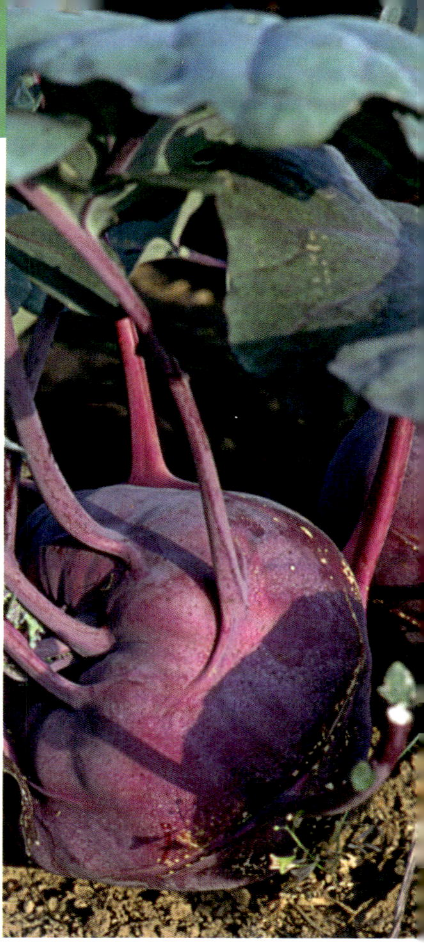

Suzanne et Francis m'ont donné quelques plants en me disant que c'était extra. Effectivement, c'est une plante très résistante avec un bon goût de noisette (il a une réputation terrible, en partie due à sa classification parmi les « raves », ce qu'il n'est pas puisqu'il gonfle de la tige et non de la racine… comme les communes « raves » à bétail). Sa tête de « spoutnik » lui confère un aspect qui ne laisse pas indifférent. J'ai connu quelques déboires la 1re année où j'ai effectué mon propre semis. Quelques choux-raves par an suffisent pour une famille de 5 personnes.

QUAND SEMER ET REPIQUER ?

De mars à juin en pépinière : 50 cm à 1 m suffisent largement. Quelques semaines plus tard (4 ou 5, plus si on oublie), le repiquage à 20 cm d'écart entre les plants a lieu.

OÙ ?

Il n'est pas exigeant. Un peu de compost lui suffit. Comme il mérite d'être vu, je le place en évidence.

COMMENT ?

Le repiquage se fait à la mode de chez nous, puis il pousse sans aucune attention.
Il paraît qu'il faut l'arroser s'il fait trop sec.

LA RÉCOLTE

Il ne faut pas le laisser devenir trop gros, sinon il peut devenir coriace. Comme tous les choux, il devient vite très odorant si on l'oublie un peu trop longtemps au jardin.
Je crois même qu'il a la palme. Il semble toujours rester dans le même état, mais ce n'est qu'une apparence : le jour où on se rend compte de sa méprise, nos mains passent au travers quand on veut l'arracher… c'est répugnant.
Mieux vaut donc le récolter jeune. La conservation se fait en cave après avoir coupé les feuilles et la racine.

PRODUIRE SA GRAINE

Je n'ai pas encore eu l'occasion de le faire, mais c'est comme pour toutes les bisannuelles de ce type : après avoir conservé la « rave » tout l'hiver (il faut prendre soin de ne pas abîmer la racine), elle est remise en terre au printemps.
Une tige se développe alors, qui produit des fleurs, puis des graines.

SURFACE	RÉCOLTE	ÉCONOMIE	RENTABILITÉ
1,5 m²	3 kg	6 €	4 €/m²

Navet

Brassica napus,
famille des Brassicacés (crucifères),
bisannuel cultivé en annuel

C'est un légume que je ne consommais absolument pas avant de jardiner. Jamais il ne me serait venu à l'idée d'en acheter un seul. Maintenant, nous en raffolons lorsqu'ils sont jeunes et frais. Celui 'Des Vertus Marteau' se mange cru en rondelles, comme un radis noir. L'hiver dernier, j'ai même préparé un sirop pour calmer ma toux, qui n'a pas été moins efficace que les sirops traditionnels.
Il en existe de toutes formes et toutes couleurs : des plutôt plats, des ronds, des longs, des violets, des jaunes, des roses, des blancs, des blancs et roses…
Je cultive, car je trouve qu'ils se combinent bien, le blanc 'Des Vertus Marteau', celui 'de Nancy' à feuille entière, et le 'Jaune Boule d'Or'.
Le problème que je rencontre dans la culture de ce légume est l'apparition de vers. Ce n'est agréable ni pour le jardinier ni pour la cuisinière. La solution évidente et imparable consiste à le récolter tôt.

QUAND SEMER ?
Dès la fin de l'hiver, et jusqu'à la fin de printemps pour le 'Des Vertus Marteau'… puis en août-septembre pour avoir une production de petits navets tendres au début de l'hiver. J'ai choisi le 'Jaune Boule d'Or' car il a une grande résistance au froid. Je pensais pouvoir le laisser en terre (c'est très pratique avec un petit paillis pour protéger du gel…), jusqu'à ce que les mulots me fassent changer d'avis.

OÙ ?
C'est comme le radis : plus il pousse vite, meilleur il est !
Je le sème donc dans une planche qui a reçu un fort apport de compost. À l'ombre des arbres ou de plantes hautes, il se porte encore mieux. J'arrose copieusement au semis. Si j'ai choisi judicieusement l'emplacement de la culture je n'ai plus à le faire. Sinon, j'ai des navets creux et on me le fait remarquer.

COMMENT ?
Le semis est très clair (sinon on doit le dédoubler). Je laisse un navet tous les poings (un peu plus de 10 cm). Quand j'ai besoin de deux rangs, je les espace de trois poings.

LA RÉCOLTE
Environ 2 mois après le semis. Les premiers prélèvements permettent de parfaire l'éclaircissage.
Pour ceux d'automne, le feuillage est enlevé avant le stockage en cave.
Elles s'y conservent très bien pendant quelques mois.
Une partie de la récolte est déshydratée. C'est très pratique pour les soupes d'hiver quand on a peu de temps devant soi…

PRODUIRE SA GRAINE
Je n'ai pas essayé et pour être franc… Je ne suis pas sûr de le faire un jour. Sinon les graines s'obtiennent la 2e année, classiquement. Attention aux hybridations !

SURFACE	RÉCOLTE	ÉCONOMIE	RENTABILITÉ
5 m²	20 kg	55 €	11 €/m²

Panais

Pastinaca sativa,
famille des Apiacées (ombellifère),
bisannuel cultivé en annuel

C'est un légume qui, avec le topinambour, le rutabaga, réapparaît sur les étals des marchés et dans les jardins. C'est comme une carotte, sauf que c'est blanc et que ça n'a pas le même goût. Une amie m'a donné de la graine il y 2 ans (elle en avait préparé une quantité importante et le panais ne garde sa capacité de germination qu'un an ou deux). Les mulots ont failli briser cette nouvelle autonomie en dévorant les racines que j'avais laissées en terre cet hiver. Le panais n'a pas besoin d'être stocké pour passer l'hiver. Heureusement, un pied a été épargné et j'ai juste ce qu'il faut en graines pour l'an prochain.
Il pousse très bien chez moi, l'influence du climat maritime ne semble pas être étrangère à ça… Je cultive le 'Demi-Long de Guernesey'.

QUAND SEMER ?
De février à juin, mais cette année je ne me suis pas embêté et j'ai tout fait fin avril. L'an prochain, il faut que je pense à faire un peu de semis précoces pour pouvoir en manger dès la fin de l'été.

OÙ ?
Je les ai mis sur une planche bien compostée et qui avait reçue un peu de cendre de cheminée.

COMMENT ?
Des rangs espacés de la largeur d'un plat de râteau font l'affaire. Pas trop prêt de la bordure des planches car le feuillage retombe facilement. Le semis en ligne, clair, est ensuite dédoublé. On a le choix entre le faire tôt et favoriser la croissance de belles racines ou le faire plus tard et commencer une première récolte de jeunes légumes (au détriment de ceux qu'on laisse car ils sont un peu chamboulés…). Je pratique plutôt la première solution… sauf quand je l'oublie.

LA RÉCOLTE
Normalement, on peut les laisser en terre, mais je ne me ferai pas avoir deux années de suite par les « grignoteurs ». Donc je vais en arracher la plus grande partie à la fin de l'automne pour les stocker en cave. J'en laisserai un peu qui fera office d'appât pour attirer et piéger les mulots qui voudraient exprimer leurs capacités de nuisance et de reproduction dans le futur…

PRODUIRE SA GRAINE
Les tiges florales de la 2e année sont très hautes. Au début, je n'avais pas repéré mon rescapé noyé dans les ombelles des fenouils. C'est la forme des graines, plus plates, qui a attiré mon attention.
On les récolte lorsqu'elles sont bien sèches. On peut simplement couper les tiges et les stocker dans un bâtiment, mais comme je n'ai pas la place, je suis obligé de les préparer soigneusement et de les conserver tout de suite dans des enveloppes en papier.

SURFACE	RÉCOLTE	ÉCONOMIE	RENTABILITÉ
8 m²	25 kg	75 €	9 €/m²

FICHES

Pomme de terre

Solanum tuberosum, famille des Solanacées, vivace cultivée en annuelle

Quel bonheur à la fin de l'été de contempler les réserves accumulées dans la cave ! La plus grande partie en est faite de pommes : pommes de terre et de ciel. Pour cultiver la pomme de terre, il faut de la place dans le jardin. C'est la surface qui fait défaut quand on veut semer les haricots. C'est un problème, surtout pour les petits jardins.
C'est une culture facile si on n'a pas de problème de mildiou. Cette année, je l'ai jugulé en coupant les feuilles attaquées. Si le champignon se développe trop, je suis prêt à couper les tiges pour le contenir et surtout l'empêcher de contaminer les tomates.
Les deux plantes sont de la même famille et y sont l'une comme l'autre très sensibles.
C'est la culture par excellence pour nettoyer un jardin, mais il ne faut pas rêver : elle ne va pas faire tout le travail à notre place.

Jeune plant prêt à planter. Mieux vaut éviter des germes trop longs.

QUAND PLANTER ?
Le plus tôt possible, mais en prenant des précautions car elle craint le gel. Pour une mise en terre en mars, il faut utiliser un voile de forçage pour protéger les jeunes pousses. Cela permet d'avoir des pommes de terre primeur précocement. Si on commence en avril, on les a plus tard, mais on est tranquille.

OÙ ?
La pomme de terre est gourmande. Si on veut de beaux tubercules, il faut faire un apport de compost conséquent sur la parcelle dédiée à cette culture dès la fin de l'automne. Je garde les cendres de la cheminée pour faire un apport de potasse lors de la plantation. Dans le cadre d'une culture traditionnelle (plantation à 10 cm de profondeur puis buttage), le sol doit être bien travaillé sur 30 cm.

COMMENT ?
Jusqu'à cette année, je croyais qu'il n'y avait qu'une manière de faire et qu'en dehors de cette technique il n'y avait pas de salut… Terre Vivante a demandé aux lecteurs de « Les 4 saisons du jardin bio » de tester la culture de la pomme de terre sous paillis. Suivant plusieurs protocoles , j'ai fait trois rangs :
• 1 rang classique avec plantation à 10 cm puis buttage
• 1 rang où le tubercule est posé sur le sol puis couvert de paillis d'herbe

	Adventices *	Production pour 10 plants de charlotte
Traditionnel	*beaucoup*	**7 kg**
Paillis d'herbe	*pas*	**10 kg**
Paillis de compost	*peu*	**15,5 kg**

* *« Mauvaises herbes »*

Pomme de terre

• 1 rang avec le même protocole que pour le précédent sauf que le paillis est fait de compost.

MES CONSTATS

Non seulement c'est plus productif sous paillis, mais en plus la récolte est grandement facilitée (il n'y a pas de verdissement des patates).
Il suffit d'écarter le paillis pour récupérer les grappes de pommes de terre qui sont plus grosses que pour la culture traditionnelle.
Le problème de cette technique, c'est d'avoir suffisamment de compost pour pouvoir couvrir 200 plants de pommes de terre. Jusqu'à présent, j'avais besoin de 250 plants, mais avec cette technique, il m'en faut deux fois moins, et donc également deux fois moins de surface.

LA RÉCOLTE

La récolte se fait un jour sec. Les tubercules sont mis à ressuyer une journée avant d'être stockés. On utilise la fourche-bêche dans le cadre de la culture traditionnelle.
Elle est très longue, fastidieuse et régulièrement, on tranche en deux un tubercule. Mais comme on en oublie plein, l'année suivante la parcelle est couverte de plants autonomes de pommes de terre qui sont les premiers à être touchés par le mildiou...
Dans le cas de la culture sous paillis, il suffit d'écarter avec les mains la couverture et de ramasser les grappes. C'est rapide, pas fatiguant et on ne risque pas d'oublier des tubercules.
L'an prochain je fais toutes mes pommes de terre sous paillis de compost.

PRODUIRE SON PLANT

D'une année sur l'autre, je garde du plant et j'achète des variétés qui m'intéressent.
En ce moment, je cultive et je multiplie la ratte, la 'Belle de Fontenay', la 'Ditta', la 'Charlotte, l''Agata' et la 'Vitelotte'.
Garder 100 plants de pomme de terre permet de couvrir environ 20 m² et de faire environ 15 € d'économie.

Des rendements très différents pour des lignes voisines :
1 buttage traditionnel, 2 sous paillis , 3 sous paillis de compost.

Il suffit d'écarter la paille pour faire la récolte.

SURFACE	RÉCOLTE	ÉCONOMIE	RENTABILITÉ
40 m²	135 kg	130 €	6,75 €/m²

Rutabaga

Brassica napus, famille des Brassicacées (crucifères), bisannuel cultivé en annuel

C'est la première année que j'en fais. J'ai commencé cette culture par le 'Champion à Collet Rouge'. La famille s'est régalée, je testerai d'autres variétés l'an prochain.

QUAND SEMER ?
Les semis précoces d'avril et de mai se font en pépinière (avec un repiquage dès qu'il y a six feuilles). Je n'avais pas le temps, alors j'ai opté pour un semis plus tardif directement en place. On peut semer jusqu'en juillet.

OÙ ?
Un sol léger et ayant eu de bons apports de compost fait l'affaire.

COMMENT ?
Je les sème par poquet de quelques graines à un pied d'écart en tous sens. J'arrose le semis, puis retire les pieds les plus malingres pour ne garder que le plus beau de chaque poquet.

LA RÉCOLTE
Trois mois après le semis, en fonction des besoins. Au début de l'automne, les raves sont rangées bien sèches dans la cave.

PRODUIRE SA GRAINE
Je ne suis pas sûr de faire de la graine de rutabaga (en tout cas pas cette année), car j'en ai plein d'avance. Si je dois le faire, je choisirais la 2e année, et à la sortie de l'hiver, je repiquerais deux ou trois belles raves. Je tuteurerais la tige florale et ramasserais les graines lorsque les siliques seront bien sèches (comme pour le radis).

SURFACE	RÉCOLTE	ÉCONOMIE	RENTABILITÉ
1 m²	8 raves	12 €	12 €/m²

Radis

Rhaphanus sativus, famille des Brassicacées, annuel

Les radis du jardin... aussitôt cueillis, aussitôt sur la table... On pourrait en faire un repas complet. Le problème, c'est le pain-beurre-sel qui les accompagne... Ce que je préfère, c'est sortir mon couteau et prendre tout mon temps pour les éplucher et les manger les uns après les autres (comme pour les crevettes). Ce n'est pas bien de faire ça, car l'essentiel de leurs qualités nutritionnelles est concentré dans la peau (comme les flavanoïdes pour les pommes), mais c'est tellement agréable. Ils deviennent extra-doux et craquent sous les dents. Les fanes sont utilisées pour les potages et lorsque nous en oublions une botte dans un coin, nous n'avons plus cette affreuse impression de gâchis : elles servent alors à remplacer les navets dans n'importe quelle préparation !

Il existe de nombreuses variétés : des ronds, des longs, des bicolores, des tout blancs... J'en ai plus d'une quinzaine, ce qui permet de pratiquer une culture facile et de varier les plaisirs... Avec les enfants, nous avons semé en août pour la première fois du radis japonais. C'est excellent et avec un radis, nous avons une entrée... malheureusement, c'est un F1 et nous n'en ferons pas notre propre semence...

QUAND SEMER ?

Les premiers radis de printemps sont les meilleurs, donc je privilégie les semis précoces (dès février) sous voile de forçage. Ensuite, on peut en semer très régulièrement (toutes les 2 semaines)... J'oublie souvent de le faire... alors il y a des périodes où nous mangeons des radis et d'autres où nous nous en passons.
À la fin de l'été, je sème les radis d'hiver ('Noirs' ronds ou longs, 'Rose de Chine', 'Violets de Gournay', etc.).

OÙ ?

Le semis se fait dans un sol qui a reçu un bon apport de compost. Il lui faut de la lumière et de l'eau (donc je lui trouve une place pour laquelle je n'aurai pas de trop longs voyages à faire avec un arrosoir...).

COMMENT ?

On dit que les radis longs se sèment à la surface et les ronds à 2 cm de profondeur. Ce n'est pas mon principal critère, mais j'essaie d'en tenir compte.
Je prépare un léger sillon avec le râteau que je marque ensuite avec les dents de

il faut assez de place entre deux radis pourqu'ils grossissent normalement.

Trois semaines après le semis...

l'outil. Cela me permet de mettre une graine dans chacune des marques de dent. Cela peut paraître fastidieux, mais pas vraiment : les radis n'ont pas besoin d'être dédoublés et comme ils ne se font pas de concurrence, ils ne se prennent pas pour des asperges. (Les radis d'hiver sont semés toutes les quatre dents.) Le plus souvent, je l'associe avec la carotte pour pouvoir en faire le premier nettoyage-dédoublement lors de la récolte (voir carotte). N'étant pas un amateur des saveurs trop piquantes... c'est une des rares cultures que je peux arroser... s'il fait vraiment sec.

LA RÉCOLTE

Les premières feuilles sortent au bout de quelques jours. Elles sont très belles, ça fait comme un petit trèfle. On n'y touche pas. La récolte se fait quelques semaines plus tard. Attention, quand c'est l'heure, c'est l'heure ! Il y a des légumes qui supportent d'attendre une récolte tardive (la pomme de terre, le haricot sec...), pas le radis. Ensuite, ils deviennent piquants et creux, voire véreux dans le pire des cas. Les radis d'hiver qui se récoltent du début de l'automne jusqu'au mois de décembre sont conservés en cave, mais le plus souvent, je sème la juste quantité pour les manger uniquement frais.

PRODUIRE SA GRAINE

Au cours de l'été, il y a des jolies fleurs qui se forment puis des siliques (fruits contenant les graines). Lorsqu'elles sont presque sèches, je les ramasse pour les entreposer dans le garage. La récolte des graines se fait en hiver, les jours tristes au coin du feu... Le radis d'hiver est bisannuel et il faut attendre l'année suivante pour que les siliques se forment.

Radis blanc ou Daïkon.

SURFACE	RÉCOLTE	ÉCONOMIE	RENTABILITÉ
4 m²	29 bottes de radis	45 €	11 €/m²
5 m²	51 radis d'hiver	55 €	11 €/m²

Salsifis

Tragopogon porrifolius, famille des Astéracées, bisannuel cultivé en annuel

Les souvenirs de salsifis sont terribles… il fallait avoir faim. Pourquoi les ai-je cultivés alors ? J'ai commencé par les scorsonères (ça fait exotique… et pour moi ça n'avait rien à voir avec les salsifis, ce qui est vrai, du reste, sauf au goût…), et j'ai poussé ensuite le vice jusqu'aux salsifis. Depuis que Virginie les cuisine, mon jugement a changé. La fraîcheur du produit y est sûrement elle aussi pour quelque chose. Il est délicieux à la vapeur, en gratin ou en beignets. Nous utilisons les jeunes pousses dans les salades. Je cultive le salsifis 'Mammouth'. Patricia m'a donné cet été de la graine des siens. Je vais voir s'il y a une différence.

QUAND SEMER ?
Au début du printemps et jusqu'en mai.

OÙ ?
Mon terrain est propice aux cultures de longues racines (sans caillou), mais j'ameublis quand même le sol avant de semer. La culture se fait sur une planche bien compostée en automne.

COMMENT ?
Le semis se fait en ligne. Je ne fais qu'un rang si c'est dans le sens de la longueur de la planche, deux ou trois si c'est dans celui de la largeur. Dans ce dernier cas, je les espace d'un pied.

LA RÉCOLTE
Huit mois après le semis. Il faut être méticuleux pour arracher correctement les racines et ne rien laisser en place. Cela m'arrive tellement peu souvent qu'il y a des nouvelles pousses l'année suivante… Comme nous en consommons peu, je prélève en fonction des besoins.

PRODUIRE SA GRAINE
Produire la graine de salsifis est d'une facilité déconcertante : il suffit d'attendre. La 2e année, je laisse pousser la tige florale. Je la tuteure pour qu'elle ne verse pas, car elle monte jusqu'à 1 m de hauteur. Lorsque les aigrettes sont prêtes à partir en voyage, portées par les vents, je les ramasse… Cela se fait au milieu de l'été, parfois un peu plus tôt…

SURFACE	RÉCOLTE	ÉCONOMIE	RENTABILITÉ
2 m²	3 kg	12 €	6 €/m²

Scorsonère
géante noire de Russie

Scorzonera hispanica,
famille des Astéracées,
bisannuelle cultivée en annuelle

Pourquoi on appelle « géante noire de Russie » la scorsonère d'Espagne, alors qu'elle vient plutôt du Caucase ? Pourquoi on l'appelle salsifis noir alors qu'elle n'a rien à voir avec un salsifis ?
C'est une vivace qui se cultive traditionnellement en annuelle ou bisannuelle.
Il y a des rejets pendant plus de 2 ans… relativement difficiles à déloger. Il faut dire que la racine est vigoureuse et s'enfonce jusqu'à 40 cm de profondeur dans le sol.
Le feuillage est lancéolé, contrairement à celui du salsifis et de la bardane.

QUAND SEMER ?
Au printemps (avril, mai, juin) ou à la fin de l'été (août, septembre).

OÙ ?
La parcelle doit être richement compostée et ameublie en profondeur.

COMMENT ?
Le semis se fait dans des sillons peu profonds (quelques centimètres), espacés de deux mains…

LA RÉCOLTE
C'est le problème de ce genre de légumes : la récolte (ça tâche). Les racines sont si profondément enfoncées qu'on a des difficultés à les prélever. Il faut les contourner, creuser d'abord leur périphérie pour espérer les avoir dans leur presque totalité. Il en restera toujours un peu…
Lors de sa préparation, il vaut mieux utiliser des gants, car c'est la même cochonnerie que le salsifis (c'est ce que dit Virginie, moi, je trouve ça très bon). La scorsonère se conserve quelques semaines dans la cave, donc nous la récoltons au fur et à mesure de nos besoins.

PRODUIRE SON PLANT
De belles fleurs jaunes vont se former en mai-juin sur des tiges d'1 m de hauteur.
C'est très joli et une fois sèches, elles procurent la semence des cultures prochaines…

Les graines de scorsonères ressemblent à des pissenlits géants.

SURFACE	RÉCOLTE	ÉCONOMIE	RENTABILITÉ
2 m²	4 kg	16 €	8 €/m²

Topinambour

Helianthus tuberosus,
famille des Astériacées,
vivace cultivée en annuelle

Il se colporte depuis les disettes liées à la Seconde Guerre mondiale des médisances coriaces et assassines sur ce légume. Et pourtant, c'est un délice qui, heureusement, connaît un retour dans les jardins. J'en vois même dans les magasins à des prix étonnants quand on connaît la facilité avec laquelle ça se cultive. Même les mulots ne viennent pas à bout de son incroyable productivité ! Celui qui découvre le topinambour et son goût de cœur d'artichaut doit se méfier. Il ne faut pas être trop gourmand et aguerrir le corps. Nous n'en consommons que le soir… Dans le jardin, cette belle plante de 2 m de hauteur fait un excellent brise-vent (je la tuteure pour que les tiges ne se cassent pas), une haie dense ou un cache-misère. J'aime bien cette troisième fonction : c'est un légume qui structure l'espace.

QUAND PLANTER ?
Au printemps lorsqu'on a du plant sous la main. Pour la première fois, le topinambour du commerce fait très bien l'affaire.

OÙ ?
Il faut avoir en tête que la partie aérienne de la plante est de forte corpulence… Plantez-la plutôt au fond le long d'une haie ou comme masque.

COMMENT ?
Normalement, les tubercules se plantent à 10 cm de profondeur dans un poquet fait à la bêche ou à la houe, avec un espacement de 40 par 60 cm. J'utilise l'outil de mon grand-père (celui pour planter les pommes de terre) et je pose de tubercules tous les 25 cm en tous sens. On peut lui associer l'ail, le chou, l'épinard, le céleri… mais il faut prendre garde aux effets d'ombre.

LA RÉCOLTE
C'est un légume qui résiste au froid et se conserve en place. Ça tombe bien car il ne supporte pas d'être récolté longtemps à l'avance. Donc, on l'arrache en fonction des besoins, de novembre à mars. Je lui fais une belle couverture de paillis en hiver, comme ça je peux aller en chercher même s'il gèle.

PRODUIRE SON PLANT
Le topinambour a tendance à être envahissant. Il reste toujours en terre des tubercules qui repoussent d'année en année. Comme j'aime qu'ils soient bien ordonnés, j'en replante tous les ans (d'autant qu'il est plus facile d'arracher un pied à la fourche-bêche que de s'attaquer à une masse de tubercules dont on ne voit pas bien les limites).

SURFACE	RÉCOLTE	ÉCONOMIE	RENTABILITÉ
3 m²	16 kg	48 €	16 €/m²

LES LÉGUMES FEUILLES

asperge
arroche
cardon
chicorée
cerfeuil
chou de Bruxelles
chou pommé
cresson alénois
épinard
laitue
mâche
oseille
pissenlit
plantain corne-de-cerf
poireau
poirée
pourpier
rhubarbe
roquette
scarole
tétragone

Ils font le plus souvent partie de la famille des Astéracées (laitues, chicorées...), des Brassicacées (choux...) et des Chénopodiacées (épinards, poirées...).

À part les salades, ce sont des légumes gourmands. Les planches de culture doivent donc être très richement pourvues en compost.

Certains d'entre eux craignent la chaleur et il faut parfois se résoudre à les couvrir de cagettes pour les protéger du soleil. C'est le cas du persil et des salades (pour la levée des graines) et des laitues, qui, en été, montent rapidement à graine.

Si les choux, les poireaux sont souvent plantés en ligne... les autres servent facilement de « bouche-trou ». L'asperge et la rhubarbe sont classées dans cette catégorie, même si à proprement parler on n'utilise pas les « feuilles », mais les pousses (tiges) pour l'asperge, et le pétiole (la « queue ») pour la rhubarbe.

Asperge

Asparagus officinalis, famille des Aspagacées, vivace

Je trouve que cette culture n'est pas anodine. Mon enclin à la paresse me fait pourtant préférer une culture qui demande du travail (beaucoup selon certains) les deux premières années, puis presque rien pendant les 15 ans qui suivent… à une autre qui me sollicite un peu certes, mais tous les ans.
Verte ou blanche ? Traditionnellement, c'est la blanche qui remporte les suffrages mais je préfère la verte, car elle se plante moins profondément et… et elle n'a pas besoin d'être butée/débutée tous les ans. Pour commencer, il vaut mieux acheter des griffes (système racinaire), car cela permet de gagner deux ans, mais on peut aussi faire un semis.

QUAND SEMER OU PLANTER ?
La préparation de l'aspergière se fait à l'automne (ameublissement du sol sur une hauteur de deux ou trois fers à bêche). C'est à cette même période que je fais un apport annuel de compost (une à deux brouettes pour 10 m²).

OÙ ?
L'asperge sera plus à l'aise dans un grand jardin. Il faut compter monopoliser plus de 10 m² pour assurer quelques plats… L'emplacement doit être travaillé un an à l'avance. Comme je jugeais mon sol trop lourd, j'ai fait de gros apports de sable.

	Par plantation	Par semis
1re année	Préparer la plantation à l'automne En mars, profiler une tranchée de 25 cm de profondeur, faire un nouvel apport de compost et de cendre et déposer une griffe tous les 70 cm	Semer 1 graine tous les 5 cm (au début du printemps) Éclaircir à 10 cm
2e année	Compost Nettoyage Culture associée	Repiquer les griffes en mars
3e année	Compost Nettoyage Culture associée Première récolte	Reprendre le travail comme si on était en 1re année de plantation
4e année	Compost Nettoyage Culture associée Récolte	Compost Nettoyage Culture associée
5e année	Compost Nettoyage Culture associée Récolte	
6e année	Compost Nettoyage Culture associée Récolte	Compost Nettoyage Culture associée Récolte
[…]		
10e année	Penser à mettre en place une nouvelle aspergière par semis	

Je ne suis pas sûr que c'était si important car mes nouveaux parcs à asperges me procurent une grande satisfaction sans ce laborieux travail.
Par contre, il faut faire un important apport de compost (j'ai utilisé une brouette tous les 2 m linéaires).

COMMENT ?
Il faut trouver des griffes le plus tôt possible pour les mettre en terre au début du mois de mars. Ensuite, on peut régénérer son aspergière par semis car on est moins pressé.
Les griffes se posent à plat, le plus délicatement possible sur un petit monticule de terre formé au fond d'une tranchée. Elles sont recouvertes de quelques pelletées de terre.
La 2e année, on laisse les jeunes asperges pousser.
Il faut que le pied fortifie.
On se contente de nettoyer la planche et de faire des cultures intermédiaires.
J'aime bien mettre des radis, des carottes. La laitue est très belle au milieu des jeunes turions qui se dressent hors de terre, mais ce n'est un régal que pour les yeux car elle y dépérit bien vite.
La 3e année, on poursuit l'entretien et on commence la récolte, mais avec parcimonie.
Ce n'est que l'année suivante que la récolte est effective.

LA RÉCOLTE
La première récolte a lieu 3 ans après avoir planté les griffes et 5 ans après avoir semé les graines. Il faut vraiment ne prélever que quelques turions... juste pour se faire plaisir. Depuis, je fais mes cueillettes jusqu'à la mi-juin (on dit jusqu'à la saint Jean, mais je préfère ajuster en fonction de leur vigueur).
Je butte un peu (à la main) les turions pour faire en sorte d'avoir en une fois (histoire de laisser le temps de pousser à de nouvelles tiges) une cueillette conséquente. Normalement, il faut procéder avec une gouge... j'ai égaré la mienne depuis 2 ans et je fais mes récoltes au couteau.

PRODUIRE SA GRAINE
À partir de la mi-juin, on laisse pousser les nouveaux turions qui se développent jusqu'à 1,50 m de hauteur.
Il y a des pieds mâles et des pieds femelles qui vont former une belle plante (c'est de la famille des *Asparagus* de nos salons). Au mois de novembre, de belles baies rouges se forment sur les pieds femelles.
Je les récolte et en extrais les graines que je mets à sécher.
Cette année, ma production d'asperge a été contrariée par la voracité des mulots...
Avec 10 pieds, je n'en ai obtenu que 4 kg. Avec les enfants, nous en avons été réduits à nous rendre dans des lieux secrets pour ramasser de l'asperge sauvage... Elles sont aussi bonnes que celles du jardin !

SURFACE	RÉCOLTE	ÉCONOMIE	RENTABILITÉ
4 m²	4 kg	24 €	6 €/m²

Arroche

Atriplex hortensis, famille des Chénopodiacées, annuelle

L'arroche est une très belle plante. Souvent elle mesure 1,5 m de hauteur, mais il lui arrive de s'élever davantage. Il y en a plein le jardin : parce qu'elle a tendance à être envahissante et parce que je le veux bien ! Je cultive la rouge et la verte. La rouge a plus de caractère. Fraîches, ses feuilles se mangent incorporées dans les salades. Le plus souvent, elles sont cuites comme les épinards. Nous ne consommons pas toute notre arroche : il y en a bien trop. Je m'en sers pour apporter de la couleur et du volume dans le potager. Cette année, j'ai fait une bordure d'arroche rouge avec plus de 200 pieds spontanés. Cela a donné quelque chose de très sympatique pendant près de 6 mois.

QUAND SEMER ?
Du printemps à la fin de l'été. Depuis 2 ans, je me contente de transplanter les semis spontanés à 30 cm d'écartement en tous sens.

OÙ ?
L'arroche préfère les situations ensoleillées. Dans les haies, c'est joli et si je la laisse en place, elle fournit une abondance de graines en hiver pour les oiseaux.

COMMENT ?
Je repique au plantoir les plants prélevés en utilisant la même technique que pour le poireau. Un premier trou pour mettre le plant, puis, un second, adjacent pour le refermer.

LA RÉCOLTE
En fonction des besoins. L'important est de les préparer rapidement car elles fanent très vite.

PRODUIRE SA GRAINE
Pour produire sa graine, il suffit de garder un ou deux plants. Je ne mets plus les autres au compost, car ensuite, les graines non détruites germent partout où l'on étale le compost. Je dépose tout le reste le long d'une haie et lorsque ce petit monde fait 1 m de haut… je lui donne un grand coup de faux. Pour ce qui concerne les deux rescapés, je ramasse les graines lorsqu'elles sont bien sèches. C'est plus pour en donner aux copains qui n'en ont pas, car je sais que les semis spontanés assureront tous nos besoins.

SURFACE	RÉCOLTE	ÉCONOMIE	RENTABILITÉ
3 m²	5 saladiers	*Je n'en ai jamais vu en magasin*	

Cardon

Cynara cardunculus, famille des Astéracées, vivace

J'ai un pied de cardon autonome, que je garde surtout pour la beauté de la plante et les oiseaux qui en adorent les graines. Lorsque les têtes se transforment en fleur, c'est magnifique…
Dès la 2e année, le cardon connaît un fort développement. Il fait plus de 2 m de hauteur et, malgré ses tiges vigoureuses, il craint le vent. Il ne faut pas hésiter à le tuteurer solidement.

QUAND ET COMMENT SEMER ?
Le semis se fait en pépinière au milieu du printemps puis les jeunes plants sont mis en place tous les mètres. Comme pour les artichauts, je prépare un trou de 30 x 40 cm de profondeur que je remplis à moitié de compost (la plante est gourmande).
Pour que la plante reste belle, il faut régulièrement enlever les feuilles de la base qui ont tendance à faner.
Le cardon a besoin d'être protégé en hiver : je couvre les pieds de feuilles et de terre pour les protéger du gel.

OÙ ?
J'ai placé mon pied vivace en plein soleil à un endroit où il structure une allée. Il est là comme une surprise : on quitte un espace et on tombe dessus pour passer dans un autre…
L'année prochaine, je vais faire du semis que j'implanterai ensuite dans les fonds pour créer des masques…

LA RÉCOLTE
Les têtes se mangent (comme les artichauts), mais nous en consommons les cardes une fois blanchies (pour les blanchir, les lier et les entourer de papier kraft pendant 2 semaines).

PRODUIRE SA GRAINE
À la fin de l'été de la 2e année, il faut récupérer les graines qu'il y a dans les têtes (capitules), bien les faire sécher et les ensacher.

SURFACE	RÉCOLTE	ÉCONOMIE	RENTABILITÉ
2 m²	**2 bottes de 2 à 3 kg**	*Je n'en ai jamais vu en magasin*	

Chicorée

Cichorium sp., famille des Asteracées, vivaces cultivées en bisannuelles

Je cultive les chicorées pour leurs feuilles, mais ceux qui cherchent à devenir de « vrais » locavores peuvent aussi transformer leurs racines pour en faire du succédané de café...
J'ai des variétés de chicorée sauvage ('Pain de Sucre', des endives et des chicorées italiennes) et des variétés de chicorée scarole.
Je ne m'embête pas à produire ma propre semence.
Je préfère partager des paquets de graines avec des camarades pour en avoir un plus grand panel.

Les chicorées sauvages

Cichorium Intybus, famille des Astéracées, vivace cultivée en bisannuelle.

Ah... les vraies endives « de pleine terre » !

La chicorée endive

Ici, on dit des « chicons ».
J'ai eu l'occasion de visiter une « usine » de production d'endives... et bien cela incite à cultiver les siennes même si ça a la réputation d'être une culture qui demande beaucoup de travail... Finalement, je ne trouve pas que ce soit une culture si fastidieuse et le résultat est tellement appréciable. Je cultive la 'Witloof' traditionnelle. Cela se passe en deux phases : d'abord la culture de la plante (pour obtenir de belles racines), puis le forçage (pour avoir de belles endives).

QUAND SEMER ?

En avril-mai. Si on s'y prend trop tard (ce qui m'est arrivé il y a 3 ans), on obtient des petites racines... et ensuite de tout petit « chicons ».

OÙ ?

Le chicon a besoin d'une terre exempte de compost depuis au moins une année. L'absence de cailloux dans le jardin me permet d'obtenir de belles racines (comme pour les carottes).

COMMENT ?

Le semis se fait à 1 cm de profondeur. Il faut éclaircir à 10 cm pour que les racines puissent prendre le maximum de volume. Je n'ai pas arrosé cet été malgré la sécheresse qui a sévi en août et septembre. Au début de l'automne, je procède à l'arrachage. Je les habille (le feuillage est rabattu et j'élimine l'extrémité de la racine). Je les laisse sur le sol quelques jours protégées de la pluie et du soleil. Enfin, je les installe pour le forçage en pleine terre et dans le garage.

- **Le forçage en pleine terre.** Je creuse une tranchée à la bêche dans laquelle je place les racines rangées comme des petits soldats. De la terre de taupinière (bien affinée) permet de boucher les trous, puis le tout est couvert d'un épais matelas de feuilles mortes et d'une bâche plastique pour le maintenir à l'abri de la pluie. L'an passé, un peu de pourriture est apparue à la fin de l'hiver. Il semble qu'avec un peu de charbon de bois et de cendres déposées sur les collets le problème disparaisse.
À tenter cette année.
- **Le forçage dans le garage.** J'utilise une poubelle de 90 litres. Je la remplis de terre jusqu'au premier tiers puis j'y installe mes racines, que je recouvre de terre. Il reste un tiers du volume pour que les endives puissent se développer. Je ferme avec le couvercle pour qu'elles soient dans une obscurité totale.

LA RÉCOLTE

Le fait de combiner les deux forçages me permet d'avoir des endives rapidement dans le garage (un bon mois après la mise en place), puis celles de pleine terre (à partir de février s'il fait froid). La récolte se fait au couteau en fonction des besoins. Après les premières récoltes, des chicons plus petits vont repousser.

'Pain de Sucre'.

Les belles italiennes...

La chicorée 'Pain de Sucre'

C'est une plante qui résiste très bien chez moi durant l'hiver. Sa grosse pomme allongée et sa douce amertume font notre bonheur... et malheureusement, également celui des mulots, capables de dévorer toutes les racines d'une route les unes après les autres.

QUAND SEMER ?
De juin à août.

OÙ ?
J'utilise les planches libérées des fèves ou des petits pois (et donc naturellement enrichies en azote) pour faire mes semis.

COMMENT ?
Le plus souvent, je fais un semis par petits poquets tous les 20 cm, que je repique ensuite à 15 cm de distance. On peut aussi choisir de placer quelques graines avec le même écartement.

LA RÉCOLTE
La récolte se fait 6 mois après le semis en fonction des besoins.

La chicorée italienne

Je cultive la 'Rouge de Vérone' et la 'Rouge de Trévise'.

QUAND SEMER ?
De juin à juillet...

OÙ ?
.. sur les mêmes planches que les 'Pains de Sucre'.

COMMENT ?
Elles ont besoin de moins d'écartement entre les plants que les précédentes. Au début de l'automne, il faut les couper au-dessus du collet pour favoriser la formation des petites pommes.

LA RÉCOLTE
Il faut attendre plus de 6 mois pour qu'au printemps les belles italiennes développent leurs jolies pommes... mais quel régal ensuite pour les yeux comme pour la bouche...

SURFACE	RÉCOLTE	ÉCONOMIE	RENTABILITÉ
2 m²	11 saladiers de chicorée endives	22 €	11 €/m²
3 m²	12 saladiers de chicorée 'Pain de Sucre'	30 €	10 €/m²

Cerfeuil

Anthriscus cerefolium, famille des Apiacées, annuelle

Jamais je n'avais mangé de cerfeuil avant d'en cultiver... et pourtant c'est délicieux. On peut en mettre dans les salades, les omelettes, les crudités, les potages... Avec les épinards, les mâches, les chicons, c'est ce qui assure les salades en mélange d'hiver.

QUAND SEMER ?
Je peux en semer toute l'année. Bien sûr je dois prendre quelques précautions d'octobre à janvier (culture sous châssis et sous voile), mais en général cela se passe plutôt bien.

OÙ ?
C'est le genre de plante que je ne dispose pas trop loin de la maison sur la première ligne de planches. Sous le pommier 'Belle et Bonne', j'obtiens de bons résultats.

COMMENT ?
Je n'ai pas de règles. Je fais des semis clairsemés parfois en ligne... parfois à la volée... Il faut éclaircir à une main en tous sens ensuite pour avoir de beaux pieds.

LA RÉCOLTE
La récolte se fait au jour le jour (consommé dans la foulée le plus souvent) un peu plus d'un mois après le semis. Nous en déshydratons et en congelons pour l'hiver.

PRODUIRE SA GRAINE
Souvent, c'est le genre de plante qui égraine sur place (d'une année sur l'autre, je la retrouve aux mêmes endroits), mais je garde quelques tiges portant les graines pour produire ma semence. Comme pour la roquette, le persil... j'attends que ce soit bien sec pour pouvoir les prélever et parfaire le séchage dans la maison. Elles rejoignent ensuite la boîte à gâteaux pour être stockées au frais dans le garage.

SURFACE	RÉCOLTE	ÉCONOMIE	RENTABILITÉ
1 m²	2 saladiers	*Je n'en ai jamais vu en magasin*	

Chou de Bruxelles

Brassica oleracea,
famille des Brassicacées,
bisannuel

Il fait partie des légumes d'hiver à ne pas négliger. Une quinzaine de pieds font notre bonheur.
Je cultive celui 'de Rosny'.
Il paraît que les nouvelles variétés sont meilleures (pour le rendement et la tenue des pommes), mais il me convient et il supporte très bien mes hivers humides et venteux.

QUAND SEMER ?
Pour une récolte d'automne, en mars-avril et pour celle d'hiver, d'avril à juin.

OÙ ?
Nul besoin d'un sol trop riche. Un amendement avec de la cendre de cheminée est le bienvenu.

COMMENT ?
Je commence par un semis clair en ligne pour faire une pépinière. Lorsqu'ils ont deux vraies paires de feuilles, je les repique à 60 cm en tous sens. Les pieds les plus malingres vont au compost.
Comme tous mes choux, il est victime de la piéride. Je guette les papillons pour écraser les œufs. Au pire, j'en suis réduit à couper aux ciseaux les chenilles.

LA RÉCOLTE
Les pommes sont récoltées dès qu'elles atteignent un diamètre honorable (3 cm).
Le chou de Bruxelles fait partie des légumes que l'on dit meilleurs après les premières gelées. Avec le réchauffement climatique et ma situation littorale, il va falloir que je me fasse à l'idée de manger des mauvais choux de Bruxelles !

À la plantation, on arrose avant, puis après avoir mis le jeune chou en terre.

SURFACE	RÉCOLTE	ÉCONOMIE	RENTABILITÉ
4 m²	6 kg	12 €	3 €/m²

Chou pommé

Brassica oleracea, famille des Brassicacées (crucifères), bisannuel

Je ne fais pas trop de choux pommés : juste de quoi en manger quelques-uns crus ou cuits et faire la choucroute. Je cultive le chou cabus *Brassica oleracea*, variété *capitata* ('Tête de pierre', 'Amager Dauer', le chou rouge *Brassica oleracea*, variété *rubra* et le chou de Milan *Brassica oleracea*, variété *sabauda*. J'ai eu la chance d'avoir du plant de chou de Saint-Saëns, merveilleux chou au feuillage métallique et à la pomme pouvant atteindre 20 kg. Je n'ai pas réussi à en faire ma propre semence (les pieds ont pourri sur place au moment de la montée à graine), mais il semble que maintenant cette variété ancienne soit sauvée et que l'on en trouve assez facilement.
Nous ne consommons pas de chou frisé. Il faut que je remédie à cela, d'autant plus que, depuis l'an passé, j'ai de la graine de 'Westlandse Winter'...

QUAND SEMER ?
En avril-mai et août-septembre pour les choux de Milan et les choux cabus, et de mai à juillet pour les choux rouges. Les semis de fin d'été permettent d'obtenir des choux en mai-juin de l'année suivante. On peut faire les semis à chaud pour avoir des récoltes précoces... je ne m'embête plus à ça : je fais des pépinières en pleine terre et je repique les plants ensuite.

OÙ ?
Dans un terrain bien enrichi en compost et maintenu humide.

COMMENT ?
Le semis se fait dans un sillon de 2 cm de profondeur. Les jeunes plants sont ensuite installés (après pralinage) sur les planches qui viennent d'être libérées des pois et des fèves. Il vaut mieux prévoir un écartement important entre eux (50 à 60 cm), quitte à intercaler d'autres cultures (poireaux, céleris, laitues...). Lors du repiquage, je forme une belle cuvette autour de chaque pied pour pouvoir l'arroser copieusement.

LA RÉCOLTE
Le plus gros des récoltes se fait au cours de l'été, de l'automne et de l'hiver. Les choux consommés crus ou cuits sont récoltés en fonction des besoins.
Les choux cabus 'Amager Dauer' sont récoltés lorsque j'ai une douzaine de belles têtes. Elles me servent pour faire mes 10 à 12 kg de choucroute annuels.
Si certains de mes choux viennent à monter à fleur, je les laisse filer même si je n'en récolte pas la graine. C'est beau, c'est mellifère et ça nourrit les oiseaux. C'est déjà beaucoup.

SURFACE	RÉCOLTE	ÉCONOMIE	RENTABILITÉ
5 m²	13 choux	26 €	5,2 €/m²

Uniquement des choux servant à faire la choucroute

Cresson alénois

Lepidium sativum, famille des Brassicacées (crucifères), annuel

Le mauve est ajouté aux salades en mélange. Il apporte une petite touche piquante qui rappelle celle de la fleur de capucine. C'est une petite plante qui ne paye pas de mine, mais elle cumule les avantages : facilité de culture, touche blanche très sympathique quand elle monte à graine, goût extra dans les salades, avec les viandes, avec les fromages frais, avec les tomates…

QUAND SEMER ?
Presque toute l'année. Comme il est d'une croissance rapide, il faut refaire des semis tous les mois.

OÙ ?
Je le fais pousser à l'abri des pommiers pour qu'il soit en situation ombragée en été. De plus, il adore ces emplacements qui ont été fortement enrichis de compost.

COMMENT ?
Je fais un semis clair, à la volée, pour couvrir une zone d'1 m² environ. Je gratte puis tasse ensuite au râteau. S'il le faut, j'éclaircis à quelques centimètres.

LA RÉCOLTE
La récolte est très rapide, 1 mois après le semis. Je coupe à ras dès que la plante atteint une dizaine de centimètres de haut. Comme pour la roquette, les mâches, etc., il arrive que l'on puisse faire plusieurs récoltes.

PRODUIRE SA GRAINE
Je mets à profit les parterres oubliés de cresson pour produire ma semence. La montée à graine est très rapide. Soit je l'égraine directement sur place, soit je la prélève pour la stocker à l'abri.

SURFACE	RÉCOLTE	ÉCONOMIE	RENTABILITÉ
3 m²	**12 saladiers**	*Je n'en ai jamais vu en magasin*	

FICHES

Épinard

Spinacia oleracea,
famille des Chénopodiacées,
annuel (parfois bisannuel)

L'épinard frais à une saveur et une texture bien éloignée de ce goût de ferraille qu'on nous servait à grandes louches dans les cantines de notre enfance. En le cultivant, nous avons découvert qu'il pouvait se manger en salade et c'est principalement sous cette forme que nous le consommons maintenant. Pour nous, c'est l'un des légumes les plus importants de l'hiver.
Il y a l'épinard d'hiver et celui d'été (je cultive le 'Monstrueux de Viroflay', le 'Géant d'hiver' et le 'Junius'). Avoir quelques variétés différentes permet de jongler avec les saisons.

QUAND SEMER ?
D'août à novembre pour une récolte d'hiver, sous voile ; de septembre à mars pour une récolte de printemps, et de janvier à avril pour une récolte d'été.
L'épinard craint la chaleur, qui le fait monter à graine rapidement. Bien que ma région ne soit pas réputée pour ses chaleurs torrides, je n'arrive pas très bien à cultiver les épinards d'été. J'ai l'impression que les semis d'équinoxes donnent de meilleurs résultats.

OÙ ?
L'épinard d'hiver préfère être au soleil, tandis que celui d'été préfère les zones ombragées. Il y a des années où ma production reste médiocre. Cela tient le plus souvent à l'endroit où je le sème (exposition et sol). Si j'utilise les planches du jardin (fortement compostées mais légères), la récolte est incertaine. Par contre, si je vais dans le jardin vers la rue, là où la terre est lourde, collante, argileuse, je suis assuré d'une récolte correcte à très bonne.

COMMENT ?
Le semis se fait en ligne, à 2 ou 3 cm de profondeur, directement en terre, par poquet de quelques graines tous les 10 cm. Si on fait un semis plus serré, on peut transplanter une partie des jeunes plants pour faire de nouvelles routes. La terre doit être bien tassée et rester humide.

LA RÉCOLTE
Deux mois après le semis, feuille après feuille, aux ciseaux. Cela peut paraître fastidieux, mais il ne faut que quelques minutes pour remplir un saladier. En fin de production, je coupe les pieds au ras du sol pour ramasser toutes les feuilles d'un coup et les faire cuire à la vapeur.

PRODUIRE SA GRAINE
C'est plus compliqué qu'il n'y paraît et je n'ai pour le moment pas encore fait la mienne.
Il faut conserver une route de pieds pour que les mâles et les femelles puissent se titiller. Lorsque la montée à graine a eu lieu, on peut éliminer les mâles pour faire un peu de place. Les graines se ramassent à la fin de l'été lorsqu'elles sont sèches.

SURFACE	RÉCOLTE	ÉCONOMIE	RENTABILITÉ
8 m²	12 saladiers	24 €	3 €/m²

Laitue

Lactuca sativa,
famille des Astéracées,
annuelle

Il existe plus d'une centaine de variétés de laitues ; on peut donc sans problème en trouver quelques-unes adaptées à son sol et son climat. Je suis toujours affolé par la quantité de laitues que l'on peut rencontrer dans les jardins. C'est un légume qui ne se conserve pas. C'est une culture que je n'affectionne pas trop et qui ne fonctionne pas bien dans mon jardin. Bien sûr, je produis quand même quelques laitues, mais cela occupe finalement beaucoup de place dans le jardin. Les oiseaux affectionnent les jeunes plants... et les limaces se chargent du reste. C'est long à nettoyer et il faut penser à arroser...
Évidemment, une laitue du jardin est incomparablement meilleure à celle du commerce : le prix également !
On distingue 7 catégories de laitues : les « pommées », les « romaines », les « frisées », les « à couper », les « batavias », les « à cuire » et les « grasses ». Je préfère les organiser en fonction de la saison de semis.

QUAND SEMER OU METTRE EN TERRE ?

- en février ou mars pour celles de printemps ('Reine de Mai de Pleine Terre', 'Appia'), le semis de 'Appia'
- en avril-mai pour celles d'été ('Kagraner Sommer', 'Rouge Grenobloise', 'Appia') à mettre en terre
- en juillet pour celles d'automne ('Grosse Blonde Paresseuse', 'Rouge Grenobloise', 'Appia')
- en août-septembre pour celles d'hiver ('Merveille d'Hiver', 'Rouge Grenobloise', 'Appia').

OÙ ?

Un peu n'importe où, pourvu que le sol ait été enrichi de compost l'année précédente.

COMMENT ?

Il vaut mieux faire un semis en ligne par poquets de quelques graines espacés de 10 cm. Lorsque les premières vraies feuilles sont développées, on peut faire une éclaircie à 25 cm et repiquer les plants ainsi dégagés. Les plants sont alors habillés (pour limiter l'évapotranspiration) et repiqués avec un plantoir à la manière des poireaux.
La laitue à couper 'Rouge Grenobloise' est semée directement en ligne.

LA RÉCOLTE

En fonction des besoins.
La laitue à couper est sectionnée aux ciseaux au-dessus du collet car elle repousse continuellement. Il vaut mieux arracher les autres, car les racines qui restent dans le sol pourrissent et il n'est jamais agréable de mettre les doigts dedans lorsque l'on désherbe. La plupart d'entre elles ne résistent pas aux premières gelées.

SURFACE	RÉCOLTE	ÉCONOMIE	RENTABILITÉ
8 m²	44 saladiers	88 €	11 €/m²

Mâche

Valerianella Locusa, famille des Valérianacées, annuelle

C'est la salade d'automne et d'hiver par excellence. Comme j'en laisse toujours monter à graine, elle pousse dès le mois de juillet de manière autonome. Il faut juste guetter entre les rangs car on ne sait jamais où elle va réapparaître, mais c'est tellement bien d'en avoir de la fraîche au moment où on en fait les premiers semis. Nous la consommons aussi dans les potages, les omelettes…
Elle porte de multiples noms : doucette, coquille… Ici, c'est de la mâche.
Les premières fois, mes semis n'ont pas levé. Je ne savais pas ce que voulait dire « plomber » un sol. Du coup, j'ai fait comme pour les autres cultures… alors cet hiver-là, nous avons mangé des épinards. Donc « plomber », c'est bien tasser la terre avec le râteau (ou avec le pied).

OÙ ?
Les semis d'été se font à l'ombre ; ensuite, ils peuvent se faire un peu partout pourvu que la terre ne soit pas trop riche.

COMMENT ?
Il faut un sol bien tassé. Au début, je faisais les semis à la volée. C'était très joli d'avoir une planche entière couverte de mâche. Ce qui m'a fait changer de pratique, c'est le fait qu'elles étaient trop tassées et que l'oïdium s'y développait. Depuis, je la cultive en lignes espacées de 25 cm.
La terre est maintenue humide pendant 15 jours.
Ensuite, il faut contenir les « mauvaises herbes » pour que la ligne reste propre (c'est mieux pour la récolte).
Traditionnellement, la mâche se sème d'août à octobre, mais on trouve maintenant des variétés pour lesquelles on peut faire le semis toute l'année. Celles à grandes feuilles sont pour l'été avec une récolte en automne, et celles à petites feuilles sont pour l'hiver…
Avec quelques variétés complémentaires et des semis bien échelonnés, nous avons de la mâche pendant la plus grande partie de l'année. D'abord la mâche « à grosses graines » et celle « d'Italie » (qui, contrairement à ce que peut laisser entendre son nom, pousse très bien ici), puis la 'Verte de Cambrai' et la 'Coquille de Louviers', qui résistent au froid.

LA RÉCOLTE
Elle se fait aux ciseaux de manière minutieuse pour ne pas avoir trop de terre sur les feuilles et permettre à de nouvelles pousses de faire leur apparition (comme pour la salade à couper).

Si on en épargne quelques pieds, elle est en fleur en avril-mai (floraison bleu pâle) et la récolte des graines se fait en juin.
Problème : sous un climat hivernal doux et humide comme le mien, il vaut mieux semer large pour éviter l'apparition de l'oïdium.

SURFACE	RÉCOLTE	ÉCONOMIE	RENTABILITÉ
5 m²	9 saladiers	27 €	5,4 €/m²

Oseille

Rumex acetosa,
famille des Polygonacées,
vivace

J'ai fait mon premier semis d'oseille par mimétisme car j'en voyais dans tous les jardins de grand-père. Ça me semblait donc être une culture indispensable. La première année nous n'y avons pas touché, car nous ne savions pas comment la consommer. Depuis nous nous rattrapons, mais il ne faut pas trop en abuser à cause de l'acide oxalique* qu'elle contient. Je cultive l'oseille 'de Belleville' (je récolte, car mis à part le désherbage de temps à autre, cette culture ne demande aucun soin).

QUAND SEMER ?
De mars à juillet, ce qui permet d'avoir une production au bout de 3 mois. L'oseille a besoin d'être rajeunie et il est facile de récupérer au printemps de jeunes plants chez les amis.

OÙ ?
Je choisis des coins pas trop éloignés de la maison (comme pour l'ensemble des condiments) et à l'abri sous les pommiers car elle préfère ne pas être en plein soleil en été.

COMMENT ?
Le premier semis se fait en ligne. Il faut l'éclaircir à 20 cm lorsque les jeunes plants ont leurs premières vraies feuilles. Rien n'empêche le semis à la volée. Le repiquage des jeunes plants se fait à la même distance.

LA RÉCOLTE
Sous mon climat, la récolte a lieu tout au long de l'année. La forte production de printemps fait suite au petit creux de l'hiver. C'est le moment de déshydrater les feuilles et de préparer des conserves pour accompagner les poissons, les potages... Les jeunes pousses sont intégrées aux salades et y apportent une touche acidulée.

PRODUIRE SA GRAINE
Pour le moment, je n'ai pas eu besoin de faire ma propre graine. Régulièrement, de grands épis d'1 m de hauteur se forment, ce qui suffit pour assurer de la semence pour les copains.

** Acide empêchant l'assimilation du calcium.*

SURFACE	RÉCOLTE	ÉCONOMIE	RENTABILITÉ
1 m^2	7 saladiers	14 €	14 €/m^2

Pissenlit

Taraxacum officinale,
famille des Astéracées,
annuel

Avant de faire du jardin, je récoltais déjà le pissenlit sauvage… pour faire du vin. Au printemps, je ramassais des litres (c'est la mesure que j'utilise) de sa fleur jaune que je mettais à fermenter avec du citron, de l'orange, du raisin sec et du sucre… Après les filtrages et un an d'attente, c'est un apéritif divin. Maintenant, je continue à faire de ce délicieux breuvage, je nourris mes poules et mes abeilles avec les pissenlits du jardin et j'en cultive aussi pour le manger. À la montagne, on les récolte à mesure que la neige se retire. Ils sont tout petits, tout tendres… Ici, il faut les faire blanchir…

QUAND SEMER ?
De mars à mai, mais on peut pousser jusqu'en juillet-août.

OÙ ?
Je ne le mets pas en plein soleil, histoire de ne pas avoir à l'arroser.

COMMENT ?
Le semis se fait en pleine terre, par poquet de quelques graines, à 10 cm de distance. À mon goût, il n'est pas nécessaire d'en prévoir de trop grandes quantités car je le mélange toujours avec d'autres feuilles.

LA RÉCOLTE
Presque 1 an après le semis. J'utilise des gros pots en terre pour blanchir les feuilles (des fois, les fourmis viennent occuper les lieux).
Le pissenlit apporte une petite touche d'amertume aux salades composées. Mon père les prépare revenus avec des lardons… un délice.

PRODUIRE SA GRAINE
Il y a un obstacle à l'obtention de graines de pissenlit : le vent.

SURFACE	RÉCOLTE	ÉCONOMIE	RENTABILITÉ
1 m²	2 saladiers	*Je n'en ai jamais vu en magasin*	

Plantain corne-de-cerf

Plantago coronopus,
famille des Plantaginacées,
bisannuel cultivé en annuel

Le nom fait rêver. Mon souci d'avoir le plus grand nombre de variétés de feuilles comestibles pour composer les salades m'en a fait acquérir de la semence cette année. Je ne regrette pas : ça ne demande pas d'entretien, ça égraine et ça repousse seul, c'est bon et c'est le genre de légumes qu'on ne voit pas dans les magasins.

QUAND SEMER ?
Au début du printemps et à la fin de l'été (en même temps que les mâches). Mon premier semis nous nourrit depuis plus de 6 mois.

OÙ ?
Un peu n'importe où. Il vaut mieux un sol riche en humus, dit-on... mais il est capable de pousser sur les dunes, alors ! Ce n'est vraiment pas une plante contraignante.

COMMENT ?
J'ai fait mon semis en ligne. Je n'ai pas pris le temps de l'éclaircir à 10 cm, comme c'est conseillé et ça n'a pas empêché les feuilles de bien se développer. Il n'est pas nécessaire d'en mettre plusieurs rangs, vu les quantités produites... Même si c'est très bon, on peut finir par s'en lasser.

LA RÉCOLTE
Trois mois après le semis. Il semble qu'on puisse en consommer toute l'année (je n'ai pas encore 1 an de recul). En coupant aux ciseaux, je ramasse de belles touffes de feuillage qui n'ont pas besoin d'être triées, mais juste passées un peu sous l'eau avant de les assaisonner.

PRODUIRE SA GRAINE
Le plantain produit de grandes quantités d'épis à graines dès la 1re année. Pour avoir de plus beaux feuillages, il est conseillé de les retirer. Si on les laisse pousser tranquillement, on obtient de la graine... de quoi couvrir tout son potager. Elle se ramasse en arrachant l'épi avec le pouce et l'index, de bas en haut, le long de la tige.
En juillet, j'ai procédé comme pour la roquette : égrainage sur place. En septembre, j'ai du plantain tout frais pour accompagner les salades de tomates-mozzarella-roquette.

SURFACE	RÉCOLTE	ÉCONOMIE	RENTABILITÉ
1 m²	7 saladiers	*Je n'en ai jamais vu en magasin*	

Poireau

Allium porrum, famille des Alliacées, vivace cultivée en annuelle

J'ai commencé modestement par repiquer une cinquantaine de poireaux achetés sur le marché. Avec les années, j'en fais de plus en plus, que je sème au printemps et repique ensuite.
C'est maintenant plusieurs centaines de poireaux qui occupent les planches chaque année. Au printemps, ceux qui montent à graines sont déplacés vers le talus ou dans les haies car ça fait de belles fleurs mellifères supplémentaires pour les yeux et pour les abeilles…
Au début, nous les consommions dans les soupes, les bouillons… et maintenant nous nous rendons compte qu'ils se suffisent à eux-mêmes : un bon poireau frais du jardin n'a pas besoin d'assaisonnement…
On peut presque dire que chaque saison à son poireau. Je cultive le 'Jaune Gros du Poitou' pour l'été (mais il résiste souvent à l'hiver doux de mon jardin), le 'Monstrueux de Carentan' pour l'automne, et le 'Bleu de Solaize' pour l'hiver.

QUAND SEMER ?

Les semis se succèdent (en fonction de la variété) de février à mai : les 'Gros Jaunes du Poitou' en février-mars (sous voile), les 'Monstrueux de Carentan' en mars-avril et les 'Bleus de Solaize' en avril-mai. On peut ressemer du « bleu » à la fin de l'été (en août), pour avoir une récolte de poireau « baguette » au printemps.

OÙ ?

Le semis et le repiquage se font dans une terre très riche en compost.

LE SEMIS

Je fais un semis en ligne (assez clair). Lorsque les plants ont le diamètre d'un crayon de bois (c'est la tradition, mais parfois les miens sont plus étroits et je ne me sépare que des malingres), je les arrache et les laisse sécher sur le sol pendant deux jours (cela permet d'éliminer la teigne). Avant de les repiquer, je les habille (je taille les racines et le feuillage) et les praline (je trempe les racines dans une préparation faite de terre et d'eau. Si j'ai le temps, j'y ajoute une bouse de vache prélevée dans la prairie voisine.

LE REPIQUAGE

Quand le plant est prêt, on peut commencer le repiquage. Deux outils sont nécessaires : un râteau et un plantoir. Le râteau sert à tracer la ligne et à ouvrir un sillon de 10 cm de profondeur. Les poireaux sont plantés à 10 cm l'un de l'autre (normalement il faut plus), dans un trou profond fait au plantoir, rebouché par un second fait juste à côté. Lorsqu'une ligne est finie, il suffit de vider un arrosoir dans le sillon pour apporter de l'eau à tous les plants et boucher les trous. Plus tard, je les butte légèrement pour enterrer les 25 cm de la base et obtenir de beaux fûts blancs.

À la plantation, on « habille » les jeunes poireaux en leur coupant les racines… puis les feuilles.

LA RÉCOLTE

Le plus gros se fait de la fin de l'été à la fin de l'hiver. Ce n'est pas grave s'ils sont encore tout fins au début de l'automne, car ils vont poursuivre leur croissance tout au long de l'hiver. Pour pouvoir les arracher, en cas de gel, je les paille avec des feuilles mortes.

PRODUIRE SA GRAINE

Au début du printemps, les poireaux montent à graine et on ne peut plus les consommer. Certains s'en lamentent. D'autres s'en réjouissent. Je fais partie de la seconde catégorie. Normalement, il ne faut produire qu'une variété de poireau car elles s'hybrident facilement. Je dispose mes plants qui montent à graines aux extrémités du jardin en espérant que ça ne se mélange pas, mais ce n'est pas très sérieux... Cette année, comme j'avais beaucoup de graines d'avance, j'ai mangé mon auto-production après l'avoir faite germée (la graine germée est riche en calcium et en fer).

Il y a une forte tige florale qui s'élève à 1 m de hauteur. Les fleurs sont ramassées lorsque je vois les petites graines noires prêtes à tomber. Je rentre le tout dans la maison et, une fois bien sèches, je les secoue fortement au-dessus d'un sac en papier.

Même s'il est souvent considéré comme un légume d'hiver, on peut facilement récolter le poireau durant toute l'année.

SURFACE	RÉCOLTE	ÉCONOMIE	RENTABILITÉ
12 m²	22 saladiers	69 €	5,7 €/m²

Poirée

Beta vulgaris,
famille des Chenopodacées,
bisannuelle cultivée en annuelle

Elle a plein de noms : « poirée », « poirée à cardes », « bette », « bette à cardes », « blette », à l'origine de conversations confuses entre jardiniers...
Je cultive la blonde et la rouge. Cette culture pose un problème au sein de notre famille : pour Lola (qui, au demeurant, a un bon coup de fourchette et mange de tout sans rechigner), la simple évocation de ces légumes génère un dégoût profond... Je lui en fais manger en salade et elle ne se rend compte de rien... mais pour les plats préparés avec les cardes, c'est fichu.

QUAND SEMER ?
Du début du printemps jusqu'en juillet. Depuis l'an dernier, mes cardes sont autonomes. Je laisse des pieds monter à graine et au printemps suivant, j'avise.

OÙ ?
Le sol doit être bien enrichi de compost et plutôt frais.

COMMENT ?
Que ce soit avec du semis ou en gardant les pieds autonomes, il faut un espace de 40 cm entre les plants pour qu'ils puissent se développer correctement. Cette année, mes cardes ont cohabité avec les tomates dans la meilleure des ententes.

LA RÉCOLTE
Elle commence en mai et se fait en fonction des besoins. La 1re année, nous en avons fait beaucoup de conserve... mais avec Lola, nous avons dû revoir nos prétentions. Sous mon climat, il est facile d'en récolter tout l'hiver, simplement sous un voile de protection.
La carde rouge est moins productive que la blonde, mais elle est tellement plus belle...

PRODUIRE LA GRAINE
Je garde quelques pieds (en terre) de l'année précédente pour pouvoir ramasser la graine à la fin de l'été de la 2e année et assurer la semence au cas où, pour une raison quelconque (désherbage malheureux, action des oiseaux, que sais-je...), le renouvellement annuel autonome cesserait. Les graines qui restent sur pied au cours du second hiver sont bonnes pour les oiseaux.

Les jeunes plantes éclaircies peuvent être repiquées plus loin.

SURFACE	RÉCOLTE	ÉCONOMIE	RENTABILITÉ
2 m²	11	27,5 €	13 €/m²

Pourpier

Portulaca Oleracea, famille des Portulacacées, annuel

Mon père m'en a offert six petits pieds il y a 5 ans. J'ai eu peur de les perdre la première année. Maintenant, j'ai peur d'en être envahi. On ne met pas les restes de pourpier au compost. On ne laisse pas la plante monter à graine... Je passe au moins une fois par an pour les raser et tout jeter à la poubelle (c'est le seul déchet vert du jardin qui connaît ce traitement). Mis à part cette effroyable tendance à vouloir conquérir l'ensemble du jardin, c'est très bon pour la santé (oméga 3, antioxydants, vitamines A et C, oligo-éléments), et excellent en salade.

QUAND SEMER ET PLANTER ?
J'ai planté mes premiers pieds au printemps... depuis, c'est autonome. Les premiers semis spontanés apparaissent en mai, donc on doit pouvoir en semer dès le mois de mars.

OÙ ?
Partout. De toute façon, si on ne prend pas garde, l'année suivante, il y en aura partout.

COMMENT ?
La vraie question maintenant, c'est « comment » faire pour qu'il n'y en ait pas partout ? Ne pas le laisser monter à graines. Si tel est le cas, arracher délicatement les plants (éviter de faire tomber sur le sol les minuscules graines noires...), et s'en débarrasser. Ne pas hésiter à arracher un grand nombre de pieds dès qu'ils apparaissent.

LA RÉCOLTE
Les premières années, je ne savais pas que tout se mangeait : feuilles et tiges. Que de temps j'ai perdu à préparer des salades ! Les jeunes pousses sont délicieuses. Plusieurs récoltes seront possibles sur un même pied. C'est une des rares salades pour laquelle je préfère utiliser l'huile de noix. Je trouve que leur goût s'accordent bien.

SURFACE	RÉCOLTE	ÉCONOMIE	RENTABILITÉ
2 m²	**8 saladiers**	*Je n'en ai jamais vu en magasin*	

Rhubarbe

Rheum rhaponticum et *R. rhabarbarum*, famille des Polygonacées, vivace

La rhubarbe une plante facile qui ne demande qu'un apport de compost annuel. Sous mon climat, il n'y a rien à faire, sinon récolter. L'apparition des bourgeons est l'un des premiers signes de l'arrivée du printemps dans le potager.

QUAND PLANTER ?
Si on veut avoir une récolte abondante, tous les 5 à 10 ans, à la fin de l'hiver, on se préoccupera des pieds de rhubarbe. Je l'ai fait cette année.

OÙ ?
La rhubarbe est très gourmande. Je creuse un trou de 50 cm en tous sens que je remplis de compost. Les emplacements sont à espacer d'un bon mètre cinquante. C'est une plante très pratique pour faire un îlot, une barrière ou tracer une perspective.

COMMENT ?
Une fois l'emplacement préparé, je divise un pied mère en plusieurs rhizomes contenant chacun plusieurs bourgeons. Les éclats sont plantés en laissant les bourgeons à fleur de sol.
Mes pieds viennent tous (à l'exception d'un pied de 'Valentine') d'un pied mère du jardin de mon grand-père. Après division, j'en ai plus quelques pieds qui produisent environ 20 kg de tiges par an.

LA RÉCOLTE
Elle est abondante dès la 2e année. On récolte les pétioles : après épluchage et découpage en petits cubes, elles sont transformées en confiture, tarte, compote ; elles se prêtent bien à la déshydratation. L'an passé, j'ai utilisé les feuilles (toxiques) pour faire une macération contre les pucerons. J'ai traité mes artichauts avec et ça a fonctionné.

COÛT D'UN PIED
Rien si on a un pied-mère
1 pied de rhubarbe = 4 kg de tiges/an.

❶ *Les fleurs de rhubarbes sont belles mais diminuent la récolte…*

❷ *Ne prélevez pas toutes les tiges, seulement les plus épaisses.*

SURFACE	RÉCOLTE	ÉCONOMIE	RENTABILITÉ
5 m²	20 kg	80 €	16 €/m²

Roquette

Eruca sativa, famille des Brassicacées, annuelle

Les premières graines que j'ai achetées n'ont jamais levé... Patricia m'en a donné de sa production et maintenant j'ai toujours de la belle roquette. Elle égraine facilement et c'est tant mieux car les plus beaux pieds sont issus de semis spontanés.
Tout se mange : fleurs et feuilles. On la considère parfois comme une plante aromatique, mais c'est pour moi la meilleure des salades (dans la tomate-mozarella, par exemple).

QUAND SEMER ?
De mars à septembre. Souvent, je guette les prévisions météorologiques pour semer juste avant la pluie, pour éviter d'arroser. Je fais 5 à 6 semis dans l'année.

OÙ ?
Elle a beau vouloir gagner en autonomie, j'aime bien en faire des parterres d'1 m². Comme elle a besoin d'humidité pour lever et ne pas monter à graine trop vite, je la place sous les pommiers, là où il fait plus frais.

COMMENT ?
Le semis se fait en ligne ou à la volée (qu'importe, pourvu qu'il soit clair), légèrement recouvert de terre et maintenu humide jusqu'à la levée.

LA RÉCOLTE
Deux mois après le semis. Nous prélevons en fonction de nos besoins, aux ciseaux au niveau du collet (à la base des plantes). Elle repousse ensuite de plus belle. Parfois, elle remplit le saladier à elle seule, tandis qu'à d'autres moments, nous préférons la mélanger avec d'autres feuilles.

Les fleurs de roquette se mangent aussi...

PRODUIRE SA GRAINE
Lorsque la roquette monte à graines, il faut la tuteurer car la tige est fragile. Elle produit d'abord des fleurs qui ressemblent à celles du radis. Quand les siliques sont prêtes, je les cueille et les rentre dans la maison pour parfaire le séchage. Je ne m'embête plus à les ouvrir pour ne récupérer que les petites graines qu'elles contiennent... Au moment du semis, j'éclate le tout entre les paumes des mains et je sème sans distinction graines et restes de siliques.

SURFACE	RÉCOLTE	ÉCONOMIE	RENTABILITÉ
3 m²	9 saladiers	18 €	6 €/m²

FICHES

Scarole

Cichorium endivia, famille des Astéracées, bisannuelle

Je cultive la 'Géante Maraîchère'. C'est une bonne variété d'automne. Elle peut nous fournir de la verdure jusqu'à Noël si je lui choisis un emplacement abrité et si les premières gelées ne sont pas trop sévères.

QUAND SEMER ?
En juillet.

OÙ ?
Je choisis une planche bien exposée au soleil et ayant eu un bon apport de compost.

COMMENT ?
Après un semis en pépinière ou directement sur le rang, il doit y avoir au final au moins 40 cm entre deux pieds. Lors du repiquage, le collet des scaroles (comme celui des laitues) ne doit pas être enterré.

LA RÉCOLTE
Peu de temps avant la récolte, je les noue pour en faire blanchir le cœur. L'opération n'est pas sans risque : gare à la pourriture en cas de pluie. Si l'automne est humide, je retourne sur chaque plante un gros pot de terre cuite.
Si les prévisions météorologiques annoncent une vague de grand froid, je récolte le tout pour les faire cuire… pas de gâchis !

SURFACE	RÉCOLTE	ÉCONOMIE	RENTABILITÉ
4 m²	15 saladiers	30 €	7,5 €/m²

Tétragone

Tetragonia tetragonoides,
famille des Aizoacées,
annuelle

La deuxième année où j'ai fait mon jardin, j'ai partagé un paquet de graines de tétragone avec un ami. Depuis, je n'en ai jamais ressemé et il y en a toujours dans mon jardin.
On ne peut pas dire que ce soit une plante envahissante, mais lorsqu'un pied se développe, il étouffe tout ce qu'il y a autour de lui. Je transplante les plants spontanés au pied des pommiers où elle fait un très bon couvre-sol.
On l'appelle « épinard d'été », « épinard de Nouvelle-Zélande ». Ca ne monte pas à graine, ça n'est jamais malade, ça pousse tout seul. Virginie dirait que si c'était bon… ce serait parfait…

QUAND SEMER ?
Au début du printemps. Mes premiers pieds spontanés apparaissent en mai.

OÙ ?
La tétragone se développe dans les planches richement compostées, c'est normal, les graines viennent du compost ! (voir « Produire sa graine »).

COMMENT ?
Quand je laisse un pied se développer, je prends en compte le fait qu'il va s'étendre sur 1 à 2 m de diamètre.
Les copains qui en sèment sont surpris par le côté aléatoire de la germination.
Il semble qu'il faille ramollir les graines en les laissant tremper une nuit dans l'eau. On n'a pas ce problème avec les semis spontanés.

LA RÉCOLTE
En fonction des besoins à partir de juin. Nous en consommons peu, mais savons qu'il y en a toujours dans le potager.

PRODUIRE SA GRAINE
Je jette au compost les restes de tétragone (avec les graines) en octobre et il n'y a plus assez d'activité pour les détruire. Donc il n'est pas nécessaire de produire sa graine… il y aura toujours des jeunes plants au printemps dans le compost (du moins je l'espère).

SURFACE	RÉCOLTE	ÉCONOMIE	RENTABILITÉ
2 m²	5 saladiers	*Je n'en ai jamais vu en magasin*	

LES LÉGUMES FLEURS

- *artichaut*
- *chou brocoli*
- *chou-fleur*

Ce sont les légumes dont la fleur est comestible (on mange aussi le haut de la tige). Ce sont d'excellents légumes pour expliquer aux enfants les fractales… ou la mise en abîme.

Il y a également de nombreuses fleurs du jardin qui se mangent mais ce ne sont pas des légumes. Celles des capucines, des bourraches, des courgettes, se consomment dans les salades, en beignets, en mélange avec des légumes frais… Récemment, Loup nous a fait un dessert associant capucines jaunes, tomates et ciboulette (souci esthétique, Loup aime beaucoup les complémentarités)… et bien c'était très bon…

Ces légumes ont de gros besoins en compost. Les légumes fleurs sont de beaux légumes… sauf quand ils sont mangés par la chenille de la piéride ou couvert de pucerons… Il faut alors intervenir avec une décoction de rhubarbe ou de savon noir.

Artichaut

Cynara scolymus, famille des Astéracées, vivace (environ 5 ans)

Ce ne sont pas les seules « têtes » comestibles du jardin : il y a aussi celles du cardon (*Cynara cardunculus*) et celles du chardon-Marie (*Sylibum marianum*). Je cultive le 'Camus de Bretagne à Tête Ronde' et le 'Gros Vert de Laon'.

QUAND SEMER ET PLANTER ?

En février pour les semis, en mars pour les « œilletons » (les plants). Le repiquage des semis se fait en mai.

OÙ ?

Le choix doit être judicieux car le pied va rester en place pendant au moins 5 ans. Il faut prévoir un emplacement ensoleillé, bien dégagé des arbres et arbustes, mais abrité du vent.

COMMENT ?

C'est par semis ou par repiquage d'un œilleton (rejet) que l'on implante l'artichaut dans nos jardins. Il vaut mieux privilégier la solution des plants, plus rapide. La 1re année, il ne faut pas s'attendre à une récolte extraordinaire. Le mieux est la solution de l'œilletonnage. C'est une méthode simple, rapide et qui assure une production rapidement. Au printemps, je prélève des rejets à la base des pieds existants. Je les repique (après les avoir « habillés » et « pralinés ») par groupes de 3 dans un trou rempli de compost et les arrose copieusement pour assurer la reprise. L'écartement entre les plants est de 80 cm sur le rang.
Les seuls entretiens demandés sont le nettoyage des feuilles mortes au cours de la saison et le buttage à l'automne pour le protéger du froid. Avec les hivers doux que nous avons eus ces dernières années, j'étais moins vigilant et j'ai failli perdre l'intégralité de mes pieds l'an passé. Les pieds d'artichaut se paillent et se buttent pour être à l'abri des rigueurs du gel. Je les butte avec du compost pour faire d'une pierre deux coups…
L'artichaut est sujet aux attaques de pucerons noirs sur les sommités et sur les feuilles. Un petit traitement au savon noir ou à la décoction de rhubarbe suffit pour régler le problème.

LA RÉCOLTE

Quatre à 6 mois après le semis. Elle se fait en fonction des besoins lorsque cinq têtes sont prêtes (juste avant que les bractées ne commencent à s'ouvrir). L'an passé, j'en ai eu plus de 70… Cette année, beaucoup moins (mais c'est de ma faute, les pieds mal protégés ont un peu souffert de l'hiver).

PRODUIRE SA GRAINE, MULTIPLIER SON PLANT

La récolte de graines se fait à la fin de l'été sur une ou deux belles têtes laissées en place jusqu'à ce qu'elles soient bien sèches. Le séchage est poursuivi à l'intérieur après égrainage.
La reproduction par œilleton se fait en mars : il suffit de prélever des jeunes pousses autour du pied « mère », avec un départ de racine. On ne garde que les deux ou trois jeunes feuilles du cœur, puis on les repique avec un plantoir.

Avec 2 € de graines (ou un plant et une pratique annuelle de la division), on assure ses récoltes pendant toute la vie de son jardin.

SURFACE	RÉCOLTE	ÉCONOMIE	RENTABILITÉ
10 m²	50 têtes	35 €	3,5 €/m²

Chou brocoli

Brassica oleracea, var. *italica*
famille des Brassicacées,
annuelle la plupart du temps…

Je cultive le 'Vert Calabrais' et le 'Romanesco'. Même si ce légume est magnifique et permet d'expliquer les fractales aux enfants… comme nous n'en consommons pas énormément, je n'en produis que de toutes petites quantités.

QUAND SEMER ET REPIQUER ?
Le 'Vert Calabrais' se sème d'avril à juillet, alors que le 'Romanesco' ne peut l'être qu'en mai-juin. Le repiquage se fait lorsque les jeunes plants ont 6 feuilles (environ 2 mois plus tard).

OÙ ?
Dans un sol léger et humide, avec une exposition ensoleillée. Je fais un apport de compost en automne sur la parcelle qui va l'accueillir au printemps suivant.

COMMENT ?
Je fais un semis en pépinière sur 1 m de longueur. Avec le râteau, je creuse un léger sillon, dans lequel j'essaie de disposer une graine tous les 3 cm. Lorsque les plants ont leurs premières paires de feuilles, je les repique, après les avoir pralinés, à 50 cm d'écartement en tous sens.

LA RÉCOLTE
Il faut être patient avant de consommer ses brocolis (souvent 6 mois d'attente). Lorsque la pomme est prête, il faut intervenir avant qu'elle n'éclate ou dépérisse.
La cueillette se fait au sécateur en fonction des besoins. Un second prélèvement peut être effectué 2 mois plus tard sur les rejets (plus petits mais appréciés pour ce qu'ils sont).
Il est possible sous mon climat d'avoir du chou brocoli toute l'année, sauf au cœur de l'hiver.

PRODUIRE SA GRAINE
La production de graines de choux est trop compliquée pour que je m'y risque (nécessité de n'avoir qu'une variété…), je préfère acheter de la semence sûre.
Je laisse tout de même les pieds en place durant l'hiver jusqu'à ce qu'ils montent à graines au début du printemps : les fleurs sont pour les abeilles (qui en ont besoin) et les graines pour les oiseaux.

Avec 1 g de graines (2 €), on peut faire une centaine de plants.

SURFACE	RÉCOLTE	ÉCONOMIE	RENTABILITÉ
3 m²	8 têtes	20 €	6,6 €/m²

Chou-fleur

Brassica oleracea, var. *botrytis*
famille des Brassicacées,
annuelle (parfois bisannuelle).

QUAND SEMER ?
En février pour une récolte au cours de l'été, en mai pour une récolte à l'automne.

OÙ ?
Le semis se fait dans un sol bien approvisionné en compost. L'emplacement choisi est plutôt ensoleillé.

COMMENT ?
Le semis se fait en ligne en pépinière d'1 à 2 m de longueur. Il faut avoir la main légère pour qu'il soit clair. Le repiquage est à entreprendre dès que les plants ont quatre à cinq feuilles. On ne garde que ceux qui ont un cœur bourgeonnant et on les repique à 80 cm en tous sens. Une fois les racines pralinées, on repique en deux coups de plantoir (comme les poireaux...). Il faut ensuite fortement arroser pour clore l'opération.
L'exposition au soleil abîme vite les pommes en formation. Il faut les protéger en rabattant une feuille sur la jeune « fleur ».

LA RÉCOLTE
Il faut 4 mois avant de pouvoir récolter. Elle s'effectue en fonction des besoins.

PRODUIRE SA GRAINE
Mes besoins sont si ridicules et la graine si difficile à obtenir que je n'essaye même pas. Il y a des gens qui font ça très bien. J'ai beaucoup de plaisir quand je découvre une belle pomme blanche, mais cette culture n'est pas vraiment mon truc. Nous en avons une consommation très réduite. J'ai un paquet de graines de 'Merveille des Quatre Saisons' depuis plusieurs années...

SURFACE	RÉCOLTE	ÉCONOMIE	RENTABILITÉ
4 m²	12 têtes	20 €	5 €/m²

LES LÉGUMES FRUITS

aubergine

courge et potiron

courgette

physalis

piment et poivron

tomate

Ils font polémiquer certains jardiniers ou diététiciens. Qui est légume ? Qui est fruit ?

Pour moi, les légumes fruits, ce sont des légumes qui ne viennent pas d'un arbre fruitier et que je mange le plus souvent avant le dessert.

Les légumes fruits sont très exigeants en apport de compost. Le sol est préparé normalement en automne, mais lors de la plantation, j'en ajoute encore plusieurs pelletées (suivant les cas).

Ces légumes n'ont pas oublié leurs origines géographiques et si les jardiniers du sud de la Loire n'ont pas trop de difficultés à les faire pousser, ce n'est pas le cas dans mon jardin. Ils sont les premiers servis pour la répartition des planches. À eux le soleil, l'abri du vent...

Par leurs origines et leurs goûts, ce sont les légumes que j'ai le plus de satisfaction à ramener (fièrement) à la cuisine.

Aubergine

Solanum melongena, famille des Solanacées, vivace cultivée en annuelle

L'aubergine fait partie des légumes qu'on a plaisir à réussir car elle a la réputation d'être difficile à cultiver, surtout dans les jardins du Nord de la Seine. Je cultive l'aubergine 'de Barbentane', la 'Longue Violette', la 'Blanche Ronde à Œuf' et la 'Pusa Purple Cluster'.

QUAND SEMER ET REPIQUER ?
Fin février ou début mars (en même temps que les tomates, les poivrons, les okras et les piments), en terrine, au chaud derrière les baies vitrées (la température doit être de 20 °C). En serre, les semis peuvent se faire directement au sol au début du printemps. Dans le Sud, ils peuvent se faire en avril en pleine terre, puis repiqués en godets et gardés au chaud. En avril, progressivement, ils sortent le bout du nez dehors pour une séance d'aguerrissement (protection sous tunnel ou sous châssis), qui dure jusque mi-mai ou début juin, quand on peut enfin les repiquer en pleine terre.

OÙ ?
Comme pour les tomates, poivrons, piments… je recherche les emplacements favorables du potager (exposition au soleil et protection du vent). Deux bonnes pelletées de compost sont apportées pour chaque pied, profondément enfoncé dans le sol et tuteuré (l'aubergine mesure en moyenne 75 cm de hauteur et peut être facilement couchée par le vent).

COMMENT ?
On marquera un espace de 50 cm en tous sens entre les plants en ligne. Le pied sera paillé. Normalement, il faut l'arroser copieusement si la température passe au-dessus de 30 °C… ici c'est une corvée rare !

LES ASSOCIATIONS FAVORABLES
Haricot vert, radis.

LA TAILLE
Pour favoriser la mise à fruit, il faut tailler la plante au-dessus de la première fleur pour permettre la formation de tiges latérales. On en garde 4 que l'on pince chacune au-dessus de la 3e fleur.
Ce n'est pas une pratique que je systématise.
Si vous avez beaucoup de fleurs mais que les fruits ne se forment pas, c'est qu'il y a un problème de fructification. On peut alors sacrifier une fleur pour polliniser les autres à la main.

LA RÉCOLTE
En août ou en septembre lorsque les fruits sont encore fermes. La récolte des graines se fait sur les fruits décolorés et fripés.

Coût d'une graine : ridicule
Récolte : au moins 5 fruits par pieds
Problème : occupe la salle à manger pendant 2 mois et demi !

SURFACE	RÉCOLTE	ÉCONOMIE	RENTABILITÉ
4 m²	5 kg	20 €	5 €/m²

Courge et potiron

Cucurbita sp., famille des Cucurbitacées, annuelle

Citrouille, courge, gourde, potiron... tout est mis la plupart du temps dans le même sac, celui des Cucurbitacées. Il y a pourtant une classification en quelques grandes variétés :
• le potiron et le giraumon (*Cucurbita maxima*)
• les courgettes (voir plus loin), les citrouilles et les pâtissons (*Cucurbita pepo*)
• les courges musquées (*Cucurbita moshata*).

Je ne cultive ni les courges de Siam (*Cucurbita ficifolia*), ni les courges mexicaines (*Cucurbita mixta*), ni les gourdes (qui ne font pas parties du genre *Cucurbita* mais *Lagenaria*).
Par contre, on trouvait cette année dans mon potager des courges (appelons courges tous ces fruits) 'Red Kuri', 'Georgia', 'Candy Rooster', 'Giraumon', 'Muscade', 'Pleine de Naples', 'Sucrine du Berry', 'Trompe d'Albenga', 'Boule d'Or', 'Lady Godiva', 'Spaghetti', 'Jack'O lantern', 'Pâtisson blanc', 'Bleu de Hongrie', 'Galeux d'Eysines', 'Rouge vif d'Étampes'...
Le plus souvent, c'est le 'Rouge vif d'Étampes' que l'on rencontre dans les jardins. C'est un beau potiron... mais pas terrible question saveur. Et puis la monoculture, c'est monotone... pour les yeux comme pour la bouche.
Les courges s'hybrident facilement au sein d'une même espèce ; il vaut donc mieux avoir des graines sûres...

QUAND SEMER ET REPIQUER ?

Il ne sert à rien de se précipiter pour faire ses semis ou ses repiquages... Les courges rattrapent vite le temps perdu.
Je fais parfois, mais de moins en moins, un semis en pot, au chaud dans la maison, au mois d'avril pour un repiquage en mai. Ça prend beaucoup de place dans la maison, surtout qu'une grande partie des tomates occupe encore les lieux. Je trouve en plus que les plants issus de semis internes sont moins vigoureux face aux assauts du climat... et des limaces.
Ma préférence va, en ce moment, aux semis extérieurs dès que les gelées ne sont plus à craindre.

OÙ ?

Je prépare au milieu de l'hiver des trous de 30 cm en tous sens que je remplis de compost. L'emplacement est choisi en fonction de la place qu'occupera le pied de courge lorsqu'il sera développé. Il faut une distance minimale de 2 m par rapport aux allées. La courge est coureuse ! Au début de leur croissance, on peut encore les diriger, mais très vite elles n'en feront qu'à leur tête...

COMMENT ?

Comme j'ai de la place, j'espace les trous de 2 m en tous sens. Il doit y avoir moyen de faire moins (1 m par exemple), mais la parcelle doit devenir complètement inaccessible jusqu'à la récolte... (on ne pénètre pas dans une parcelle de Cucurbitacées sans risquer d'en casser les tiges).
Quelques jours avant de commencer mes semis, je place un hublot sur chacun des emplacements pour réchauffer la terre. Je mets 3 graines par poquet que je recouvre de 2 à 3 cm de compost. Normalement il ne faut en laisser qu'une... Cet été, j'ai oublié de le faire et elles ne se sont pas plaintes... Le hublot est très pratique, mais il faut se méfier car la courge ne supporte pas le sauna. En les soulevant légèrement avec des pierres, on peut créer une ventilation tout en protégeant les jeunes plants des oiseaux.

Courge et potiron

J'utilise l'herbe tondue pour faire un paillage qui empêche les mauvaises herbes de trop pousser au début et pour maintenir l'humidité. Même avec un été sec comme le dernier, je n'ai pas besoin d'arroser mes pieds de Cucurbitacées.
Pour certaines variétés, il est préférable d'effectuer une taille après les premiers fruits pour qu'ils se développent pleinement (c'est souvent le cas des *Cucurbita maxima*...).

LA RÉCOLTE

La récolte est à faire lorsque le feuillage se fane et que le pédoncule des fruits commence à se dessécher. Il faut agir avec minutie (le pédoncule est fragile, le fruit est lourd et peut glisser facilement des mains...), car le moindre coup peut avoir des conséquences sur sa conservation. Je les sépare de la tige par une coupe franche (au sécateur) et les dépose délicatement dans une des granges de ma voisine. C'est un très bon endroit pour qu'ils se conservent jusqu'au printemps suivant (le local est sec et ne craint pas le gel).
Je cultive la 'Lady Godiva' pour les amandes qu'elle contient. Lorsque les fruits sont bien mûrs, je récupère les graines, que je lave puis fais sécher. C'est très sympa à croquer pour l'apéritif.

L'an dernier, nous n'avons pas mangé la chair (j'avais lu que seules les graines étaient comestibles). Pourtant, avec de la muscade, elle constitue des soupes tout à fait acceptables.

PRODUIRE SA GRAINE

Les Cucurbitacées ont des graines tentatrices pour le jardinier qui commence à faire sa semence... Elles sont nombreuses, volumineuses et faciles à récolter.
Attention c'est un leurre : elles ne produiront pas les fruits attendus. En revanche, elles peuvent être données aux oiseaux et sont excellentes à grignoter.
Bien les rincer, les faire sécher une nuit sur un linge puis les passer quelques minutes au four. Bon courage pour le décorticage, mais c'est comme pour les crevettes... C'est meilleur après ce petit effort.
Cependant, pour propager une variété précise avec fidélité, il faut ne cultiver qu'une variété de chaque espèce (*C. maxima*, *C. moshata*, *C. pepo*...), et être sûr que dans un rayon de 3 km (la portée du vol des abeilles), il n'y aura pas d'interférence avec les cultures d'un autre jardinier... Dans le cas contraire, les graines auront des caractéristiques aléatoires dues aux croisements entre les pieds d'une même espèce.
Pour garder les caractéristiques d'une courge par semis, on peut aussi contrôler la pollinisation, soit avec des filets anti-insectes, soit en la provoquant manuellement.
C'est très simple... Il faut repérer les fleurs femelles des fleurs mâles, intervenir à des heures précises de la journée, être armé de papier kraft et de scotch... ça doit être passionnant, mais pour le moment... j'achète mes graines !

Pour 6 € (40 graines) et 1 heure de travail, j'ai récolté près de 190 kg de cucurbitacées. Le plus souvent, lorsque je vois ce légume sur les étals, il est entre 1,5 € et plus de 3 € le kilo.

Potiron 'Lady Godiva'

SURFACE	RÉCOLTE	ÉCONOMIE	RENTABILITÉ
50 m²	196 kg	590 €	12 €/m²

FICHES

Courgette

Cucurbita pepo, famille des Cucurbitacées, annuelle

— *« Qu'est ce que c'est ? »*
— *« Ce sont des courgettes »*
— *« Comme elles sont étranges ! »*
— *« Tu trouves ? »*

C'est sympa de commander des graines de légumes qui sortent du lot, mais ça entraîne des conversations surréalistes… Eh bien oui, une courgette, c'est comme le poisson, dont il ne faudrait pas croire que c'est toujours jaune et rectangulaire…
Je cultive la 'Blanche de Virginie', la 'Gold Rush', la 'Verte de Milan', la 'Verte Non-Coureuse d'Italie' et celle 'de Nice à Fruits Ronds'.

QUAND SEMER ?
À la mi-avril, au chaud à l'intérieur de la maison. Je transplante mes jeunes plants dès que les gelées ne sont plus à craindre. Les semis extérieurs sont envisagés lorsque la terre se réchauffe en mai ou juin.

OÙ ?
Loin des arbres pour qu'elle profite bien du soleil.

COMMENT ?
Pour les semis extérieurs, je procède en trois étapes :
• je creuse un trou de 30 cm en tous sens que je remplis de compost
• je place un hublot de sèche-linge dessus pendant quelques jours pour que le sol se réchauffe
• je sème 2 à 3 graines et je retire le hublot lorsque les plants font quelques centimètres de hauteur.
Je me sers des premières tontes pour faire un paillage autour des jeunes plants.

LA RÉCOLTE
Au fur est à mesure des besoins (la courgette se conserve mal). Plus on récolte et plus le pied est productif. Nous les conservons déshydratées, congelées ou stérilisées (avec des tomates…).

PRODUIRE SA GRAINE
Quand je serai à la retraite, je me lancerai dans ce sport ; en attendant, j'achète ma collection de graines.

Pour 2 € de graines, je récolte plus de 60 kg de courgettes.

SURFACE	RÉCOLTE	ÉCONOMIE	RENTABILITÉ
3 m²	55 kg	55 €	18 €/m²

Physalis

Physalis peruviana, famille des Solanacées, vivace cultivée en annuelle

Aussi appelée « prune des Incas », « cerise de terre », « coqueret du Pérou », « groseille du Cap », « amour en cage », elle forme à maturité un joli petit « arbuste » de plus d'1 m de hauteur et de largeur.

QUAND SEMER ?
Fin mars ou début avril, un petit peu après les autres légumes fruits.

OÙ ?
Au chaud, derrière les baies vitrées. Si je fais un semis en caissette, je repique mes physalis dans des pots individuels dès que possible. L'aguerrissement a lieu en avril-mai et les jeunes plants sont mis en terre en mai.

COMMENT ?
Le semis est peu profond, légèrement recouvert par un peu de sable et de compost. L'arrosage doit être léger mais régulier, pour bien maintenir le semis humide.
La plantation définitive se fait dans un trou de 30 cm en tous sens rempli de compost.
Il faut prévoir tout de suite le tuteur. J'ai pris le parti de les installer sous mes jeunes pommiers en cordon, comme ça, je me sers du fil de fer tendu pour les accrocher.

LA RÉCOLTE
Les fruits doivent être parfaitement mûrs pour être récoltés, sinon la solanine qu'ils contiennent les rend toxiques (entraînant des gastro-entérites) ; ils contiennent des antioxydants, des vitamines et du phosphore.
Chez moi, la récolte a lieu à la fin de l'été. Les fruits sont picorés en fonction des besoins (nous apprécions leurs saveurs exotiques...).
Au début de l'automne, les derniers fruits sont récoltés et se conservent dans la maison jusqu'à la fin de l'année.

PRODUIRE SA GRAINE
Comme pour les tomates, les nombreuses graines de quelques beaux fruits sont extraites et mises dans un petit récipient. Je rajoute un peu d'eau et laisse macérer 2 jours. Lorsqu'une petite couche de moisissure se forme à la surface, je rince et mets les graines à sécher sur un tissu. Lorsque le séchage est parfait, je les stocke dans un sac en papier.

Pour être bon, le fruit du physalis doit être parfaitement mûr.

50 graines (donc 45 pieds, si on estime les pertes à 10 %) coûtent 2 €.

SURFACE	RÉCOLTE	ÉCONOMIE	RENTABILITÉ
2 m²	0,5 kg	*Je n'en ai jamais vu en magasin*	

Piment et poivron

Capsicum annum, famille des Solanacées, vivace cultivée en annuelle

C'est l'un des premiers légumes que j'ai cultivé. J'étais très fier d'en faire pousser à Bourseville. En fait, les piments les plus communs ne posent aucun problème sous nos climats…
Ceux que je cultive (piments « d'Espelette » et « de la Bresse ») sont dits « relevés » à « chauds ». Il existe une classification (échelle de Scoville) qui hiérarchise ce légume en fonction de sa teneur en capsaïne (qui brûle l'estomac) et qui leur apporte de jolis qualificatifs : neutre, doux, chaleureux, relevé, chaud, fort, ardent, brûlant, torride, volcanique et explosif (pour le piment 'Habanero'). Je trouve les miens tout à fait corrects et n'envisage pas de tenter la culture d'un « ardent » ou d'un « brûlant »…

Quant au poivron, c'est un piment doux qui contient si peu de capsaïne qu'il ne pique pas. Je cultive le 'Doux Jaune Oro' et le 'Rosso Duemila'.

QUAND SEMER ET REPIQUER ?

En février-mars, au chaud derrière les baies vitrées, en même temps que les tomates et les aubergines. Le repiquage se fait en mai après que piments et poivrons se sont progressivement endurcis.

OÙ ?

Il faut soigner l'implantation si on veut avoir une récolte. Un bon apport de compost au moment du repiquage sera bien vu par l'intéressé.

COMMENT ?

Je sème une graine par pot. Toutes lèveront. J'en fais une dizaine et les plants en trop trouveront bien preneurs.
Lors du repiquage, il ne faut pas que les adventices (mouron…) prennent le dessus.
Il faut un écartement de 50 cm en tous sens. On peut prévoir tout de suite un tuteur de 60 cm de hauteur pour accrocher les futures tiges (poids des fruits et surtout force du vent qui couche les pieds). Contrairement à ce que l'on pourrait penser, il n'est pas nécessaire de protéger la culture sous un tunnel (en tout cas ici). Un binage régulier est le bienvenu. Contrairement à la tomate, il n'est pas nécessaire de pincer ni de tailler la plante.

LA RÉCOLTE

Les fruits passent du vert au rouge très rapidement.
La récolte a lieu en septembre-octobre en fonction des besoins. Très vite, les pieds croulent sous leur poids. C'est alors le moment de tout récolter pour les faire sécher dans la maison.
Cinq pieds me fournissent une bonne centaine de piments. Les poivrons, eux, doivent être consommés rapidement.

PRODUIRE SA GRAINE

Comme j'en ai de tout petits besoins, j'achète cette graine à des producteurs.

SURFACE	RÉCOLTE	ÉCONOMIE	RENTABILITÉ
3 m²	107 piments	*Je n'en ai jamais vu en magasin*	
4 m²	95 poivrons	25 €	6 €/m²

Tomate

Solanum lycopersicum, famille des Solanacées, vivace cultivée en annuelle

'Kaki Coing'.

C'est ma culture préférée, celle pour laquelle j'ai le plus grand soin, celle qui m'apporte le plus de satisfactions... Tous les ans, j'ai peur de perdre mes plants à cause du mildiou. La tradition veut que dans le Nord de la France cette culture soit impossible en plein champ... La solution habituelle consiste à traiter à la bouillie bordelaise. C'est ce que je faisais au début, mais mes lectures actuelles m'indiquent que le cuivre détruit le champignon « mildiou », mais aussi tous ceux qui constituent la richesse de mon sol. Depuis cette année, j'ai choisi de ne plus traiter mes plants. Je leur fais confiance ainsi qu'à mon sol et à leur environnement.
L'évolution de mon approche de la culture de la tomate est symptomatique de ma prise d'autonomie potagère...

'Green Zebra'.

Je suis progressivement passé de :
• Année 1 = plants du commerce + traitement à la bouillie bordelaise surdosée (pour « assurer »)
• Année 2 = plants du commerce + plants maison avec graines du commerce + traitement à la bouillie bordelaise surdosée (toujours pour « assurer »)
• Année 3 = plants maison avec graines du commerce + plants maison avec graines maison + traitement à la bouillie bordelaise « raisonné »
• Année 4 = plants maison avec graines maison + traitement parcimonieux
• Année 5 = plants maison avec graines maison sans traitement.

J'ai constaté lors de la première prise d'autonomie que les plants du commerce (plus vigoureux au départ) étaient les plus fragiles face à l'adversité du climat et du mildiou. De même lorsqu'on produit ses graines et ses plants... les pieds semblent plus résistants. Cette année, j'ai donné de nombreux pieds à des amis dont ce fut la seule culture et tous sont étonnés par les résultats obtenus ! Avec le dernier degré d'autonomie, je constate que je n'ai jamais eu autant d'aussi belles tomates. Peut-être n'est-ce qu'un accident dû à des conditions météorologiques exceptionnelles ? Je n'y crois pas. Mon jardin subit toujours une vague de pluie et de chaleur qui devrait avoir comme conséquence le ravage de mes cultures.

Je cultive maintenant une petite soixantaine de variétés de tomates. Je sombre avec délices dans la collection... Mes tomates préférées sont : 'Ananas', 'Beef Taninges', 'Black Pear', 'Rose de Boondock', 'Caro Red', 'Cœur de Bœuf', 'de Vilvorde', 'des Andes', 'Dwarf Champion', 'Fuzzy Pêche Rose', 'Goldene Königin', 'Green Zebra', 'Kaki Coing', 'Merveille des Marchés', 'Noire de Crimée', 'Rose de Berne', 'San Marzano', 'Streaped German', 'Tangerine', 'Téton de Vénus', 'Tonton de Madeleine', 'Tellow Stuffer' et 'Zongshu'... Tous ces noms font rêver...

Tomate

Si je ne devais en garder que quelques-unes, je choisirais après de nombreuses hésitations :
- la 'Merveille des Marchés', car c'est une vieille variété de tomate rouge qui n'a de cesse de m'émerveiller
- la 'Kaki coing', une orange, délicieuse
- la 'Green Zebra', pareil mais de couleur verte...
- l''Ananas' à la chair si douce
- et la 'Noire de Crimée', elle aussi dépourvue d'acidité.

Quel bonheur d'avoir autant de goûts, de couleurs, de formes dans son jardin. Je « fais » 300 pieds de tomates par an. Ça peut paraître énorme, mais il n'y a pas beaucoup plus de travail que de n'en faire que 100 (et ça fait tellement plaisir aux copains).

QUAND SEMER ?

Je fais mes semis dès la fin du mois de février et jusqu'en mars. Si les conditions climatiques le permettent, je les sors de la maison en avril et les repique à partir du 1er mai. Souvent, la période de plantation dure 3 semaines.

OÙ ?

La première partie se déroule dans la maison, derrière les baies vitrées. Lorsque je commence à sortir les tréteaux pour mettre en place mon installation, je vois le visage de Virginie se durcir...
Elle ne dit rien, mais je sens bien que le côté envahissant de mes cultures la « dérange ».
Lors du repiquage, je choisis les planches qui offrent le meilleur ratio entre soleil, vent et abri de la pluie. Donc mes tomates sont le plus souvent au sud et à l'abri de la haie de mon voisin.
Je rêve d'avoir une serre pour pouvoir aguerrir mes pieds facilement. À l'occasion, j'y mettrai quelques pieds pour avoir une production précoce (Stéphane, qui utilise mon plant et qui a une petite serre, obtient ses premières tomates un bon mois avant moi...).

LE SEMIS

Suivant les contenants à ma disposition, je fais soit un semis d'une graine dans un pot unique, soit un semis en ligne dans une barquette (j'utilise des cagettes à poisson récupérées en polystyrène expansé). Dans ce second cas, lorsque les pieds ont leurs deux premières paires de feuille, je les transplante dans des pots individuels (trouvés chez les fleuristes). En avril, je les repique tous de nouveau dans des pots plus gros.
Pour l'arrosage, j'utilise des bouteilles en plastique au bouchon percé comme des poires de douche (je fais les trous avec une pointe chauffée à blanc). Cela permet de contrôler assez finement la quantité d'eau déversée. Il faut se constituer une petite réserve d'eau de pluie 24 heures à l'avance pour qu'elle ait le temps d'être à la température ambiante. Si, pour la germination, il ne faut qu'1 litre d'eau pour tout arroser... deux mois plus tard, il faudra compter cinq fois plus tous les 2 jours.

Je sème les graines à la maison, dès février.

En mars, je repique les jeunes plantes en godets individuels.

LA PLANTATION

Après l'aguerrissement vient le temps de la plantation. Il est temps ! Souvent mes pieds commencent à filer. C'est un inconvénient (risque de casse…) que je retourne à mon avantage. La tomate a tendance à faire des racines dès que ses tiges sont en contact avec de la terre ou de l'eau (lors des premiers « égourmandages »* on peut créer de nouveaux pieds), aussi je la plante le plus profondément possible afin qu'elle forme de nombreuses racines. Souvent je l'enroule sur elle-même… mais avant, il faut une parcelle libre et un trou.

Les parcelles sont travaillées au cours de l'hiver. Je fais de gros apports de compost (deux à trois brouettes pour 10 m^2). J'aime bien tester des protocoles de cultures différents. Cette année, après le travail du sol en hiver, j'ai choisi de laisser une parcelle en l'état, d'apporter du compost à la seconde et d'y enterrer des pots de terre retournés (pour pouvoir arroser sans mouiller ni la terre ni le feuillage… cela permet de ne favoriser ni le mildiou ni les mauvaises herbes tout en pratiquant un arrosage en profondeur) et, enfin, de faire une culture d'engrais vert (phacélie) post-plantation qui sert ensuite de paillis sur la troisième.

Je fais un trou profond. Quand j'y mets du compost, je suis généreux. Je plante un tuteur (fer à béton) et je jette deux poignées d'orties au fond du trou (c'est une habitude que je garde même si j'ai lu récemment que ça ne servait à rien…).

** Un gourmand est une tige latérale que l'on enlève.*

1 En mai, je coupe d'abord la phacélie (engrais vert semé plus tôt)
2 puis je la hâche sur place avec la bêche.
3 la terre, très meuble, peut être creusée à la main.
4 je place le plant de manière à enterrer la tige jusqu'à la première feuille
5 je serre bien la terre autour de la tige.

Tomate

Une tuile creuse permet d'abriter le plant des vents froids et de concentrer la chaleur du soleil. Elle fait gagner plusieurs degrés.

Le premier arrosage est copieux ; ensuite, je m'abstiens le plus possible. Cette année, je n'ai pas eu à arroser (mon installation n'a servi à rien).
Les plantations de début mai sont protégées du vent et du froid par des tuiles faîtières. Les résultats de mes essais ne montrant pas de différence probante entre les trois protocoles, je vais poursuivre mes cultures avec beaucoup de compost. Les mulots disparaissant, je vais certainement les pailler.

LA TAILLE

Il y a ceux qui sont contre... ceux qui sont pour... ceux qui mettent les tomates en cage (rouleau de grillage à ours)... J'ai testé tout ça et j'en conclus que pour mon jardin (risque d'humidité et de fraîcheur estivale, courte période de fructification), il valait mieux avoir des plantes bien taillées et bien palissées (les feuilles qui traînent à terre deviennent vite malades et les tomates se font grignoter). J'égourmande et je taille le feuillage. Cela ne veut pas dire que je mets à nu les pieds, mais que je favorise les conditions qui me donneront une belle récolte (concentration de l'énergie dans les fruits, luminosité dans le pied et passage d'air). Je taille à l'envi, en fonction des pieds. Parfois je laisse une tige principale ; d'autre fois, deux, voire trois. Ça dépend vraiment de la structure du pied.

En juin, et en juillet, je supprime régulièrement les gourmands.

LES ASSOCIATIONS FAVORABLES

Depuis des années, des générations spontanées de capucines, de soucis et de pourpier se développent sur mes planches à tomates. Avant que les pieds ne prennent trop de volume, je cultive en association le radis, le chou, la carotte. L'odeur du feuillage de la tomate repousse la mouche de la carotte et la piéride du chou.
J'éloigne par contre le plus possible les tomates des pommes de terre.

PRODUIRE SA GRAINE

Cette année, j'ai fait les choses sérieusement (ça ne demande pas plus de travail en fin de compte). J'ai renouvelé entièrement mon stock de graines. La méthode orthodoxe à suivre est la suivante :

- ramasser la plus belle tomate de chacune des variétés 1
- récupérer leur jus et les graines dans un verre 2
- laisser macérer 2 jours 3
- rincer les graines lorsqu'une fermentation apparaît
- mettre à sécher sur un linge ou un plat
- stocker dans une enveloppe.

LA RÉCOLTE

Les récoltes se font en fonction des besoins de la fin du mois de juillet jusqu'à celle du mois d'octobre (une année, j'ai récolté mes dernières tomates début novembre). Si le temps est incertain, je les récolte avant maturité complète et les pose derrière les baies vitrées (cela permet à la plante de concentrer son énergie dans les fruits en devenir). Il arrive toujours un moment où nous sommes dépassés par la production… Il faut alors, déshydrater, congeler, stériliser. Depuis quelques années, j'ai en moyenne 150 kg de tomates par an.

SURFACE	RÉCOLTE	ÉCONOMIE	RENTABILITÉ
30 m²	170 kg	680 €	22 €/m²

1

2

3

Tomate

LUTTER CONTRE LE MILDIOU

Le mildiou peut ravager une culture en quelques jours. Ce n'est pas une fatalité, il y a moyen de lutter, à différents niveaux, sans avoir recours aux traitements chimiques (en particulier ceux à base de cuivre, même s'ils sont autorisés pour le jardinage bio).

Connaître l'ennemi

Le mildiou est un champignon (les derniers travaux parlent d'« algue »), qui se développe dans le sol, et peut y rester sous forme latente, tant que des conditions favorables (entre 12 et 25 °C et plus de 85 % d'humidité) ne permettent pas son développement. On se méfiera donc particulièrement des jours humides qui, en période estivale, ne manquent pas de suivre les très belles journées où il n'y a rien à craindre.
Lorsqu'il est dans l'air, le champignon peut être transporté par le vent sur des centaines de mètres, mais il a une durée de vie qui n'excède alors pas une semaine. Donc, si on arrive à juguler une attaque et que le temps est chaud et sec ensuite pendant une semaine, on peut raisonnablement penser qu'on va être tranquille un bon moment.

Prévenir

Il ne faut surtout pas laisser en place les végétaux contaminés (la littérature dit qu'il ne faut pas le faire mais un bon compost actif règle les cas légers). Si les fruits 1 ou les tiges 2 sont « gluants », je les mets à la poubelle.
Si une planche est contaminée, il ne faut pas la réutiliser pendant quelques années avec une culture sensible.
Il faut éviter les arrosages sur les feuilles (d'où les pots pour arroser et l'effeuillage de la base de la plante). Un sol aéré et riche sera moins propice au développement du champignon (enfin, j'ai la faiblesse de croire que dans mon jardin ça fonctionne comme ça). Lors de la taille des gourmands, je nettoie régulièrement les lames du sécateur pour ne pas risquer de propager la maladie d'une plante à l'autre…
Les plants de pommes de terre sont chronologiquement les premiers attaqués par le mildiou. Ils sont un bon indicateur de la virulence de la maladie. S'il y a attaque, je détruis sans hésitation le feuillage des patates pour éviter que le vent ne transporte le problème sur les pieds de tomates.
Les plants sont taillés afin que l'humidité soit asséchée par la circulation de l'air.

Guérir

Juin et juillet sont des mois pour lesquels les pieds de tomates demandent une très grande attention. De manière presque quotidienne, je passe en revue les plants pour éliminer les feuilles présentant le plus petit symptôme visible.

Il y a un grand mythe autour de la culture de la tomate. En fait, ce n'est pas très compliqué. Avec un toit (pour la sécurité) et un peu de travail, elle apporte au jardinier les plus grands des bonheurs.

Récolte : au moins 2 kg par pied.
Coût d'une graine : ridicule.

LES LÉGUMES GRAINES

arachide

fève

haricot

maïs

petit pois

pois chiche

Ils sont en général peu gourmands et on peut les semer sur des parcelles qui n'ont pas reçu d'apport de compost au cours de l'année.

Les haricots et les petits pois peuvent être nains ou à rames. À manger en sec ou en frais. Ils font des fleurs et des gousses de toutes les couleurs. Lorsqu'ils prennent de la hauteur, ils structurent les espaces. Cette année, j'en ai semé aux pieds des arches métalliques qu'ils habillent avec grâce…

Les légumineuses sont excellentes pour la santé. Leurs qualités agissent contre les problèmes cardiaques, le cholestérol et les effets sur notre masse grasse dus à notre manque d'activité croissant. Je prends le parti de transformer les habitudes alimentaires de la famille en cultivant ces légumes que nous conservons ensuite en sec. J'ai commencé, tranquillement, avec un peu de semence que je multiplie tous les ans. Cette année, j'en ai enfin une grande quantité… je n'ai plus qu'à trouver des tuteurs pour faire les rames.

Logiquement, la cacahuète trouve sa place dans cette catégorie : c'est une plante dont on mange les grains.

Arachide

Arachis hypogaea, famille des Fabacées, annuelle

Patricia m'a rapporté de la Réunion des coques de cette légumineuse. Chacune contient 2 graines. Les fruits se forment à 3 cm sous la terre après la fécondation de la fleur. Le cycle végétatif s'étend de 90 à 150 jours. La floraison (jaune) arrive 1 mois après le semis. Si vous n'avez pas de Patricia dans votre entourage, on trouve des arachides non grillées dans l'alimentation pour oiseaux. La graine garde sa capacité de germination pendant 3 ans.

QUAND SEMER ?

Le plus tôt possible. J'ai fait les miens en février-mars, mais je vais en avancer la date l'an prochain.

OÙ ?

Au chaud, derrière les baies vitrées, puis dans un coin du jardin abrité du vent, exposé au soleil et ayant une terre légère. On peut rajouter un peu de sable.

COMMENT ?

La culture commence dans des petits pots et elle se termine en pleine terre. Il n'est pas nécessaire de mettre plusieurs cacahuètes par pot (j'ai eu 100 % de germination). Il n'est pas non plus nécessaire de faire 40 semis comme je l'ai fait : quelques pieds suffisent... surtout pour la première tentative.

La germination est très rapide (quelques jours) et le feuillage rappelant celui du trèfle s'ouvre le jour et se referme la nuit, ce qui amuse beaucoup les enfants.

Le pied est transplanté au fur et à mesure de sa croissance dans des pots légèrement plus grands. Le plant produit un vigoureux tissu racinaire.

J'ai attendu que le sol soit suffisamment réchauffé (comme pour les haricots, je fais le test du doigt dans le sol... si je ressens une sensation de chaud, c'est que le sol est prêt) pour les repiquer dans le jardin.

Les pieds sont légèrement buttés pour que les gynophores* puissent, en retombant sur le sol, facilement s'enfoncer à quelques centimètres pour former les gousses (la cacahuète se forme dans le sol comme la pomme de terre !).

LA RÉCOLTE

Six mois après le semis... J'ai arraché les pieds à la main, comme pour le haricot. Belle surprise de voir des grappes de cosses apparaître : je n'y croyais pas vraiment...

Autant la gousse est dure à craquer, autant la peau de la cacahuète s'enlève facilement comme celle d'une noisette fraîche...

C'est très sympa d'avoir des cacahuètes fraîches dans son jardin, mais je ne suis pas sûr d'en apprécier le goût.

Il faut que nous trouvions des recettes...

PRODUIRE SA GRAINE

Ce n'est pas une priorité !

* *Tige portant le fruit.*

SURFACE	RÉCOLTE	ÉCONOMIE	RENTABILITÉ
1 m²	*peu*	*Je n'en ai jamais vu en magasin*	

Fève

Vicia faba, famille des Fabacées, annuelle

C'est l'un de nos légumes préférés. La première récolte de l'année est toujours un grand moment dans la cuisine.
Le plus souvent, Virginie les passe 2 min à l'eau bouillante : la peau se décolle toute seule et nous les mangeons en salade avec des pommes de terre nouvelles, de la roquette, des fleurs de capucine…
C'est une belle plante d'1 m de hauteur, produisant de grosses gousses contenant les graines. On peut les manger en « frais » ou en « sec ». Je cultive la fève d'Aguadulce à très longues cosses, celle de Séville, celle de Téziérémé-raude et la précoce à graines noires.

QUAND SEMER ?
La fève résiste aux périodes de gel que connaît mon jardin. J'en sème une première tournée en novembre, puis en février-mars, parfois avril (en fonction des prévisions météo à 6 mois… si c'est un temps chaud, je n'en mets pas ; par contre, je tente si c'est un temps frais et humide).

OÙ ?
Je leur réserve plusieurs planches sur lesquelles j'apporte un peu de compost et beaucoup de cendre de cheminée. J'essaye de trouver un emplacement qui ne bouche pas les perspectives et où elles feront un abri contre le vent pour les autres plantes.

COMMENT ?
La graine est semée à 5 cm de profondeur. Jusqu'à cette année, je faisais des semis en ligne (10 cm entre les graines et 35 cm entre les rangs).
Je viens de tester en poquet de 4/5 graines (espacement de 35 cm en tous sens). Ainsi, la plante a moins tendance à verser. Mais dans les deux cas, il faut tuteurer un minimum. La fève attire les pucerons noirs. Ce n'est pas grave, puisqu'il faut étêter au-dessus de la 6e gousse bien formée (les têtes sont mises au compost sous un gazon fraîchement tondu… avec la fermentation, bye-bye les pucerons).

LA RÉCOLTE
À partir de juin en fonction de nos besoins pour les manger frais. Les dernières gousses sont récoltées sèches en juillet-août.

PRODUIRE SON PLANT
Les plus belles graines sont séchées pour faire les semis de l'année suivante. Je les mets 3 jours au congélateur pour détruire la bruche*.
Le reste des graines séchées est gardé pour consommer l'hiver.

** Petit coléoptère se développant dans les graines de légumineuses.*

SURFACE	RÉCOLTE	ÉCONOMIE	RENTABILITÉ
10 m²	22 kg	48 €	4,8 €/m²

Haricot

Phaseolus vulgaris, famille des Fabacées (légumineuses), annuel

Il y a plusieurs types de haricots, chacun se décomposant en de nombreuses variétés : les « nains mangetout », les « nains à filet », les « nains à écosser », les « à rames mangetout » et les « à rames à grains ».
C'est le nain, surtout sous sa forme « à filet », que l'on trouve dans la plupart des jardins. C'est une culture qui ne pose pas de problème : vraiment facile, peu d'amendement, peu de soins...
Je ne lui trouve pourtant pas que des qualités :
• les semis commencent au moment où on n'a pas de place dans le jardin
• comme c'est facile, on en fait beaucoup, sans penser qu'il faudra les ramasser, les équeuter, les stériliser...
• mon dos résiste à plein de choses, mais pas à la cueillette des haricots ! J'ai bien pensé me construire un petit tabouret monté sur deux skis pour passer entre les rangs, mais ce n'est qu'un projet.

Cette année, je n'en ai mis que pour la consommation en frais. Hors de question de passer des heures plié en deux ! Par contre, j'ai compensé en cultivant des haricots « à rames ». Ce type de variétés me séduit de plus en plus :
• peu de travail (le plus dur est d'aligner correctement les rames)
• bonne productivité
• facilité de récolte (on arrache tout et on s'installe à une table pour égrainer)
• conservation sans avoir à utiliser d'énergie (séchage puis stockage en sac).
Le seul inconvénient est de trouver des rames en conséquence...
Je n'ai, pour l'instant, que des variétés qui se consomment en grains.
Je cultive aussi le haricot rouge d'Espagne (*Phaseolus coccineus*). Non content de faire une belle fleur rouge décorative, le long des structures sur lesquelles je le fais grimper, il produit un grain violet que nous mangeons en sec. Il est souvent décrit comme étant farineux, mais je trouve ce jugement très exagéré.

QUAND SEMER ?

Quand la terre est bien réchauffée... sinon, dans le meilleur des cas, seule la moitié du rang va lever.
Le semis de haricots à rames se fait de mi-mai à mi-juin (pour ceux « à grains » ; on doit encore pouvoir faire des « mangetout » en juillet). Les haricots nains peuvent être semés jusque très tard. Mes derniers semis se font fin juillet-début août pour une consommation en octobre (un véritable « coup de poker » quant au temps qu'il fera au début de l'automne).

OÙ ?

Je place mes rames en fonction des volumes, des perspectives que je veux créer.
Le sol n'a pas besoin d'être trop riche pourvu qu'il soit léger.

COMMENT ?

Le semis se fait soit en ligne avec un grain tous les 5 cm, soit en poquet de 5 graines tous les 40 cm. Je creuse au râteau un sillon ou une dépression que j'arrose avant de semer. Au début, je semais toujours en ligne. Maintenant, je n'ai plus de règle, mais ma préférence va au poquet, que je trouve plus pratique pour le buttage (car la racine, peu ancrée dans le sol, peut facilement s'arracher) et l'arrosage. Pour les haricots

Haricot

nains, l'écartement entre les rangs est de 40 cm.
Pour les haricots à rames, je respecte le même écartement et je plante les rames dans la foulée.
Je me suis fait avoir la première année sur la position des haricots par rapport à la rame. En situation ventée, il convient de mettre ses graines contre le vent dominant (et non sous le vent) au risque de voir ses plants traîner lamentablement sur le sol… et des haricots à rames, c'est fait pour grimper, pas pour ramper.

LA RÉCOLTE

Je cultive 11 variétés de haricots nains et mes préférences vont au 'Jaune Beurre de Rocquencourt' et au 'Coco Rose d'Eyragues'. La récolte se fait en fonction des besoins. Il faut passer souvent pour les prélever jeunes et sans fil. Nous ne les équeutons que du côté du pédoncule.
Pour les haricots à rames, je commence par quelques récoltes « en frais », puis je ramasse tout d'un coup en vue du stockage. Je cultive le 'Coco Bicolore Prolifique', le 'Dolique', le 'Phénomène', le 'Soisson Blanc' et le 'Coco de Prague'. Je les fais sécher sur de grands plateaux puis les stocke dans des sacs en papier kraft.

PRODUIRE SA GRAINE

Quelques gousses sont laissées en place sur les nains comme sur les haricots à rames.
Je choisis toujours de beaux pieds et ne garde que les plus beaux grains. Après un premier séchage, je les mets quelques jours au congélateur pour éviter la bruche (comme les fèves, les pois), et ensuite dans des boîtes métalliques. J'ai prévu beaucoup de semences pour l'an prochain. C'est l'une des cultures pour laquelle il est très facile d'être complètement autonome.

Pour l'équivalent de 9 € de graines, j'ai récolté 25 kg de haricots.

SURFACE	RÉCOLTE	ÉCONOMIE	RENTABILITÉ
15 m²	15 kg de haricots nains	160 €	10,7 €/m²
10 m²	18 kg de haricots rames	132 €	13,2 €/m²

Maïs

Zea mays, famille des Poacées, annuel

Je cultive le maïs doux 'Golden Batam'.
Mes premières tentatives datent d'il y a quelques années... Un bel échec. L'an passé, miracle !, alors que mes graines étaient « officiellement » périmées, j'ai eu une très bonne récolte. Du coup, j'ai fait ma propre graine (et en ai distribué aux copains) et ai remis ça cette année. De nouveau, de beaux épis ! J'en fais juste de quoi manger en frais pendant quelques semaines. Cette année, je vais tenter d'en congeler pour voir.
Traditionnellement, il est associé aux haricots à rames qui s'en servent comme tuteurs et aux cucurbitacées. J'ai du mal avec les traditions...

QUAND SEMER ?
Au 1er mai en pleine terre : plus tôt, c'est peine perdue ; plus tard, faut voir. Cela pourrait peut-être permettre d'avoir une récolte sur 2 mois ?

OÙ ?
L'emplacement doit être choisi avec soin en tenant en compte à la fois de la gourmandise et de la hauteur de cette plante. Il faut se méfier des effets d'ombre qu'elle peut engendrer.
Mais d'un autre côté, c'est une plante structurante qui peut donner du relief, faire un pare-vent, briser la vue, constituer une barrière...

COMMENT ?
C'est principalement le vent qui permet la pollinisation du maïs ; aussi vaut-il mieux le semer en carré pour éviter les déboires. Cela dit, un ami les a semés en ligne et a également obtenu une superbe production.
Avec le râteau, je trace des sillons de 5 cm de profondeur espacés de 30 cm. J'y sème un grain tous les 10 cm. Si certains grains ne lèvent pas, je transplante quelques jeunes plants pour combler les trous. Deux désherbages suffisent au cours de la culture pour maintenir la parcelle propre.

LA RÉCOLTE
En octobre, avec l'arrivée des jours maussades, je ramasse les épis, en fonction de nos besoins. Je récolte rapidement les épis restants car les merles sont aux aguets.

FAIRE SA GRAINE
Le plus bel épi est réservé pour la graine de l'année suivante. J'ai besoin de 150 grains.
Ils sont ensachés une fois bien secs.

SURFACE	RÉCOLTE	ÉCONOMIE	RENTABILITÉ
4 m²	24 épis	20 €	5 €/m²

Petit pois

Pisum sativum, famille des Fabacées, annuel

Je ne fais que des pois à écosser. Je cultive des ridés et des ronds… des à rames et des nains (principalement le 'Roi des Conserves', l''Excellence' et le 'Douce Provence'). Sous mon climat on peut, comme dans le Sud, mettre à l'automne dans son jardin des ronds lisses. L'an prochain, je tente le mangetout (je crois que je n'en ai jamais mangé), il va falloir que j'achète de la semence. J'ai un peu de pois asperge (*Tetragonolobus purpureus*), mais ça n'a rien à voir. Comme pour les haricots, j'en viens de plus en plus à donner ma préférence aux variétés à rames… pour des raisons similaires.

QUAND SEMER ?
En octobre ou novembre pour les pois ronds, puis à partir de février à avril. De mars à juillet pour ceux à grains ridés.

OÙ ?
Les planches sont travaillées à l'automne avec un léger apport de compost. Une situation ensoleillée leur fera le plus grand bien. Comme ils peuvent se développer sur 2 m de hauteur, ils peuvent faire de très bons cache-misère.

COMMENT ?
Pour des pois nains comme pour des pois à rames, je fais le semis en ligne. Le sillon est peu profond (1 à 2 cm). L'écartement entre les rangs de pois nains est de 40 cm. Je plante du branchage d'arbre pour que les plants se tiennent bien droits. Pour les pois à rames, je préfère ne pas mettre deux rangs l'un à côté de l'autre pour garder un accès facile. Les rames sont installées lors du semis. Quelques bambous servent à maintenir les restes du grillage à mouton pour les faire grimper. C'est assez pratique : il passe l'hiver roulé dans un coin. Cette année, j'ai utilisé la structure de la serre que je dois rénover.
Je n'ai pas à me plaindre des oiseaux, mais leur coexistence avec les pois semble souvent difficile. Il faut dans ce cas les protéger avec des fils, des grillages… Je butte les pois lorsqu'ils atteignent 10 cm de hauteur. Comme pour les haricots, on les place contre le vent et il est parfois utile de tendre des fils pour les empêcher de s'avachir…

LA RÉCOLTE
En fonction des besoins. Nous en avons congelé une grande partie.

PRODUIRE SA GRAINE
Les plus beaux grains de chaque variété sont mis à sécher avant d'être ensachés (après passage par le congélateur).

SURFACE	RÉCOLTE	ÉCONOMIE	RENTABILITÉ
10 m²	20 kg	140 €	14 €/m²

Pois chiche

Cicer arietinum, famille des Fabacées, annuel

Il se distingue du petit pois par sa gousse poilue, son feuillage et par les cernes du pois… sinon c'est pareil. C'est la première fois que j'en fais et je recommence l'an prochain sur de plus grandes surfaces. Le pois chiche frais cuisiné en dal est extraordinaire. J'aime beaucoup le pois chiche sec que l'on fait gonfler 12 heures dans l'eau, mais déguster du pois chiche frais ne se raconte pas… ça se vit. Ça se mérite aussi. Il n'y a que deux ou trois pois dans chaque cosse et ça « colle » aux doigts.

QUAND SEMER ?
Au début du printemps, fin février-début mars.

OÙ ?
Dans un sol légèrement composté. Comme c'est une plante aux origines méditerranéennes marquées, je lui ai choisi un endroit exposé au soleil et à l'abri du vent.

COMMENT ?
J'ai fait le semis en ligne dans un sillon de quelques centimètres de profondeur. Je dépose une graine tous les trois doigts ou toutes les deux dents de râteau (suivant l'unité de mesure utilisée). On peut aussi le faire en poquet de 4 graines tous les 25 cm. C'est peut-être mieux, je ne sais pas. Les lignes sont espacées de 40 cm. Arrivés à un certain développement, les jeunes plants peuvent subir les assauts du mauvais vent. Il faut alors les butter. Comme pour les petits pois nains, j'utilise du branchage mort pour les tuteurer sur 50 cm. Ce n'est peut-être pas une bonne idée, mais je vais tenter cet automne le semis précoce comme pour les fèves et les petits pois lisses, ce qui doit permettre d'avoir une récolte dès la fin du printemps… Affaire à suivre.

LA RÉCOLTE
Elle est fastidieuse et limitée, mais c'est tellement bon en frais que… Si elle avait été plus conséquente, j'aurais gardé les pois au sec pour les consommer cet hiver. J'ai jugé que mes pois chiches étaient à récolter au début du mois d'août (il faut 5 à 6 mois). Certaines gousses commençaient à être sèches et je m'en suis servi pour faire la future semence. Il faut être très vigilant lors du séchage, car on croit qu'elle est prête alors qu'il n'en est rien (les moisissures s'installent sournoisement). Comme pour les fèves, il faut un petit passage par le congélateur pour éliminer les insectes.

100 g de graines coûtent 3 €, mais je me demande si du pois chiche de consommation ne conviendrait pas. Un demi-paquet m'a permis de faire trois repas et la semence de l'an prochain.

SURFACE	RÉCOLTE	ÉCONOMIE	RENTABILITÉ
2 m²	0,7 kg	*Je n'en ai jamais vu en magasin*	

UN AN DE RÉCOLTE

LE BILAN MOIS PAR MOIS, DE SEPTEMBRE À AOÛT

Les grosses récoltes sont comptabilisées au moment de la récolte et non pas au moment de la consommation (les prix sont souvent plus élevés, comme celui des pommes de terre, par exemple).

	TEMPS DE TRAVAIL	COÛT	RÉCOLTE		PLUIE, VENT...
SEPTEMBRE	**15 h 30** dont : 13 h 00 pour la tonte	**10,00 €**	plein de persil 6 saladiers x 2 € 15 poivrons x 0,26 € 9 grappes de raisin x 0,77 € 2 radis noirs x 1 € 1 chou rave x 2 € 13 choux cabus x 1,60 € 84 kg de tomates x 3,50 € 10,9 kg de pommes de terre x 3 € 36,25 kg de pommes x 2,50 € 1,55 kg d'aubergines x 2 € 5 kg de courgettes x 1 € 12,7 kg de pêches 2 € 2,7 kg de mûres x 3 € 3,7 kg de haricots verts x 5 € 2,1 kg de carottes x 2 € **TOTAL** (+ tout le reste)	- 12,00 € 3,90 € 7,00 € 2,00 € 2,00 € 20,80 € 294,00 € 32,70 € 90,62 € 3,10 € 5,00 € 25,40 € 8,10 € 18,50 € 4,20 € **529,32 €**	96 mm 13 jours de pluie 19 jours de soleil 1 jour de vent 0 jour de gel 0 jour de neige
OCTOBRE	**29 h 30** dont : - 11 h 30 pour la tonte - 2 h 30 pour le cidre	**0,00 €**	plein de persil 1 saladier de roquette x 2 € 67 poivrons verts x 0,26 € 1 radis noir x 1 € 2 choux-fleurs x 2 € 23,5 kg de tomates x 3,50 € 10,5 kg de pommes de terre x 3 € 79,1 kg de pommes x 2, 5 € 2,55 kg d'aubergines x 2 € 3,1 kg de courgettes x 1 € 6,8 kg de courges x 2 € 2,2 kg de betteraves x 2 € 9,2 kg de navets x 2 € 9,2 kg de haricots verts x 5 € 7,1 kg de haricots à rame x 6 € 2,1 kg de carottes x 2 € 24 épis de maïs 2,1 kg de panais x 3 € **TOTAL** (+ tout le reste)	- 2,00 € 17,50 € 1,00 € 4,00 € 82,25 € 31,50 € 197,75 € 5,10 € 3,10 € 13,60 € 4, 40 € 18, 40 € 46,00 € 42,60 € 4,20 € 20,00 € 6,30 € **499,70 €**	**106 mm** 15 jours de pluie 18 jours de soleil 5 jours de vent 0 jour de gel 0 jour de neige

	TEMPS DE TRAVAIL	COÛT	RÉCOLTE		PLUIE, VENT...
NOVEMBRE	**27 h 30** dont : - 3 h 30 pour la tonte - 6 h 00 pour le cidre	**2, 10 €**	*0, 5 kg de panais x 2 €* *2 bottes de poireaux x 1,50 €* *2 céleris x 1, 5 €* *2,9 kg de carottes x 2 €* *9 radis noirs x 1 €* *5 poivrons* *3 saladiers x 2 €* *20 kg de courges et autres potirons x 1,50 €* *1 chou x 1 €* *6,2 kg de navets x 1 €* *17 kg de betteraves x 2 €* **TOTAL** (+ tout le reste)	1,00 € 3,00 € 3,00 € 5,80 € 9,00 € 1,30 € 6,00 € 30,00 € 1,00 € 6,50 € 34,00 € **100,60 €**	59 mm *13 jours de pluie* *8 jours de soleil* *4 jours de vent* *1 jour de gel* *1 jour de neige*
DÉCEMBRE	**22 h 00**	**2,60 €**	*1 botte de poireaux x 1,50 €* *2 saladiers mâche/roquette x 2 €* *1 kg de carottes x 2 €* *15 radis noir x 1 €* *3 radis roses de Chine x 1 €* *21 radis violets x 1 €* *1, 2 kg de panais x 3 €* *1 chou x 1 €* **TOTAL** (+ tout le reste)	1,50 € 4,00 € 2,00 € 1,00 € 3,00 € 21,00 € 3,60 € 1,00 € **51,10 €**	53 mm *7 jours de pluie* *14 jours de soleil* *3 jours de vent* *7 jours de gel* *0 jour de neige*
JANVIER	**21 h 30** dont : 5 h 00 pour le jardin ouvrier	**55, 50 €**	*5 bottes de poireaux x 1,50 €* *0,65 kg de carottes x 2 €* *9 céleris x 2 €* **TOTAL** (+ tout le reste)	7,50 € 1, 30 € 18,00 € **26,80 €**	60 mm *9 jours de pluie* *16 jours de soleil* *9 jours de vent* *15 jours de gel* *2 jours de neige*
FÉVRIER	**45 h 00** dont : - 4 h 30 pour la mare - 1 h 30 pour le jardin ouvrier - 1 h 00 pour le cidre	**60, 40 €**	*1 kg de scorsonères x 2 €* *3 bottes de poireaux x 1,50 €* *1 saladier de mâche x 2 €* **TOTAL** (+ tout le reste)	2,00 € 4,50 € 2,00 € **8,5 €**	45 mm *8 gelées*
MARS	**33 h 30** dont : - 3 h 00 pour la mare - 2 h 30 pour le jardin ouvrier	**172,20 €**	*3 bottes de poireaux x 1,50 €* *3 saladiers d'oseille x 2 €* *2 saladiers en mélange x 2 €* *2 kg de scorsonères x 1,50 €* **TOTAL** (+ tout le reste)	4,50 € 6,00 € 4,00 € 3,00 € **17,50 €**	40 mm *9 gelées*
AVRIL	**61 h 30** dont : - 10 h30 pour la mare - 2 h30 pour le cidre - 5 h 30 pour construire le poulailler - 7 h 30 pour le jardin ouvrier	**281 €**	*7 saladiers x 2 €* *5 bottes de poireaux x 1,50 €* *147 bouteilles de cidre x 2 €* *2 bottes de radis x 1,50 €* *2,3 kg de rhubarbe x 2 €* *0,6 kg d'asperges x 5 €* *1 saladier d'oseille x 2 €* **TOTAL** (+ tout le reste)	14,00 € 10,50 € 294,00 € 3,00 € 4,60 € 3,00 € 2,00 € **331,1 €**	34 mm

LE BILAN MOIS PAR MOIS, DE SEPTEMBRE À AOÛT (suite)

	TEMPS DE TRAVAIL	COÛT	RÉCOLTE		PLUIE, VENT…
MAI	**44 h 40** dont : - 9 h 10 pour la tonte - 4 h 30 pour la mare - 1 h 00 pour le poulailler - 1 h 30 pour le jardin ouvrier	0,00 €	5 saladiers x 2 € 3 bottes de poireaux x 1,50 € 10 bottes de radis x 1,50 € 4, 6 kg de rhubarbe x 2 € 1,4 kg d'asperges x 5 € 2 saladiers d'oseille x 2 € **TOTAL** + tout le reste	10,00 € 4,50 € 15,00 € 8,20 € 7,00 € 4,00 € **48,70 €**	34 mm
JUIN	**29 h 30** dont : - 6 h 45 pour la tonte - 6 h 30 pour le jardin ouvrier	12,00 €	7 bottes de radis x 1, 5 € 11 saladiers x 2 € 20,9 kg de fraises x 7 € 3,4 kg de rhubarbe x 2 € 1,7 kg d'asperges x 5 € 3,85 kg de groseilles x 5 € 3,9 kg de pommes de terre x 2,50 € 1 saladier d'oseille x 2 € 1,6 kg de framboises x 7 € 7,05 kg de fèves x 4,20 € 3,1 kg de petits pois x 5,30 € 0,5 kg d'oignons x 3 € 0, 5 kg de fruits rouges x 7 € 2 saladiers d'arroche x 2 € 5 têtes d'ail 2,1 kg de caseilles x 7 € 5,6 kg de cassis x 9 € **TOTAL** (+ tout le reste)	10,50 € 22,00 € 146,30 € 6,80 € 8,50 € 19,25 € 9,75 € 2,00 € 11,20 € 29,61 € 16,43 € 1,50 € 3,50 € 4,00 € 1,90 € 14,70 € 50,40 € **358,44 €**	84 mm
JUILLET	**40 h 15** dont : - 11 h 15 pour la tonte - 8 h 30 pour le jardin ouvrier	0,00 €	4 bottes de radis x 1,50 € 1 saladier x 2 € 6 kg de rhubarbe x 2 € 0,9 kg de groseilles x 5 € 74,3 kg de pommes de terre x 2, 5 10 kg de framboises x 7 € 18,1 kg de fèves x 4,20 € 16,8 kg de petits pois x 5,30 € 22,8 kg d'oignons x 3 € 9,3 kg d'échalotes x 2,50 € 92 têtes d'ail 4,4 kg de caseilles x 7 € 8,3 kg de cassis x 9 € 23,80 kg de courgettes x 2 € 14 navets x 1 € 4 artichauts x 1 € 1 chou brocoli x 1, 5 € 1,8 kg de groseilles à maquereau x 9 € 1,7 kg de haricots x 5 € **TOTAL** (+ tout le reste)	6,00 € 2,00 € 12,00 € 4,50 € 209,85 € 70,00 € 76,02 € 89,04 € 68,40 € 23,25 € 20,00 € 30,80 € 74,70 € 47,60 € 14,00 € 4,00 € 1,50 € 16,20 € 8,50 € **793,86 €**	62 mm

	TEMPS DE TRAVAIL	COÛT	RÉCOLTE		PLUIE, VENT...
AOÛT	**16 h 00** dont : - 5 h 30 pour la tonte - 5 h 30 pour le jardin ouvrier	**0,00 €**	*23,2 kg de courgette x 2 €*	*26,40 €*	637 mm
			7 artichauts x 1 €	*7,00 €*	
			1,7 kg de petits pois x 5,3 €	*9,01 €*	
			4,75 kg de tomates cerise x 4 €	*19,00 €*	
			4 saladiers x 2 €	*8,00 €*	
			5,5 kg de carottes x 1,5 €	*8,25 €*	
			1 chou fleur x 2,5 €	*2,50 €*	
			3,9 kg de haricots verts x 4 €	*15,60 €*	
			12,3 kg de Pommes de terre x 2 €	*24,60 €*	
			42,5 kg de tomates x 4 €	*170,00 €*	
			7,2 kg de oignons x 3 €	*21,60 €*	
			1,5 kg d'échalions x 3 €	*4,50 €*	
			0,7 kg de pois chiches x €	*0,00 €*	
			3 têtes d'ail x €	*0,00 €*	
			1,5 kg de fèves x 4,2 €	*6,30 €*	
			6 navets x €	*0,00€*	
			85 kg de pommes x 2 €	*170,00 €*	
			2,3 kg de betteraves x 2,5 €	*5,75 €*	
			6 bottes de radis x 1,5 €	*9,00 €*	
			24 figues		
			1,1 kg de bardane		
			1,1 kg de haricots à rames x 4 €	*4,10 €*	
			1,4 kg de prunes x 2 €	*2,80 €*	
			2 panais	*1,00 €*	
			15 piments		
			8 poivrons	*3,20 €*	
			4,7 kg de pêches x 3 €	*14,10 €*	
			1,8 kg de rhubarbe x 2 €	*3,60 €*	
			TOTAL *(+ tout le reste)*	**543,91 €**	

Pour certains légumes et fruits, aucun cours n'a été relevé à cette période.

LE BILAN ANNUEL

Ce bilan concerne la période qui s'étend du 1er septembre 2008 au 31 août 2009. Il ne comptabilise pas les productions importantes que j'ai eu à la fin de l'été et en automne (pommes de terre, pommes de ciel, tomates, courges et potirons...) Quelques remarques s'imposent :

- Les productions sont importantes et variées alors que je ne suis pas un stakhanoviste du jardinage.
- Je peux encore réduire considérablement le temps de travail.
- Les dépenses propres au potager s'amenuisent.
- enfin... le « plus tout le reste » est non quantifiable comme tous les petits bonheurs, mais il prend une importance de plus en plus grande dans notre vie.

	TEMPS DE TRAVAIL	COÛT	RÉCOLTE		PLUIE, VENT...
TOTAL ANNUEL	**386h25** *dont :* *- 60 h40 pour la tonte* *- 11 h30 pour le cidre* *- 38 h30 pour le jardin ouvrier* *- 22 h30 pour la mare* *- 6 h30 pour la construction du poulailler*	**665 €** *dont :* *- essence 29 €* *- matériel 65 €* *- poulailler 90 €* *- mare 239 €* *- graines et plants 175, 95 €*	*plein de persil* *44 saladiers en mélange* *7 saladiers d'oseille* *2 saladiers d'arroche* *95 poivrons verts* *9 grappes de raisin* *29 bottes de radis* *27 radis noirs* *3 radis rose de Chine* *21 radis violets* *1 chou brocoli* *3 choux raves* *13 choux cabus* *3 choux fleurs* *4 choux brocolis* *150 kg de tomates* *4,75 kg de tomates cerise* *4,1 kg d'aubergines* *11 artichauts* *111,9 kg de pommes de terre* *198,7 kg de pommes* *17,4 kg de pêches* *1,4 de prunes* *35 figues* *2,7 kg de mûres* *20,9 kg de fraises* *4,75 kg de groseilles* *12,1 kg de framboises*	*6,5 kg de caseilles* *13,9 kg de cassis* *1,8 kg de groseilles à maquereau* *18,1 kg de rhubarbe* *22,5 kg de haricots verts* *8,2 kg de haricots à rame* *21,65 kg de fèves* *20,1 kg de petits pois* *24 épis de maïs* *55,1 kg de courgettes* *26,8 kg de courges et autres potirons* *14,25 kg de carottes* *4,2 kg de panais* *21,5 kg de betteraves* *3 kg de scorsonères* *1,1 kg de bardanes* *19,5 kg de navets* *22 bottes de poireaux* *3,7 kg d'asperges* *11 céleris* *100 têtes d'ail* *30,5 kg d'oignons* *9,3 kg d'échalotes* *1,5 kg d'échalions* *15 piments* *0,7 kg de pois chiches* *147 bouteilles de cidre*	*650 mm* *110 jours de pluie* *227 jours de soleil* *55 jours de vent* *41 jours de gel* *5 jours de neige*
	Soit 247 h pour la totalité du jardin (potager + agrément) soit 30 jours de travail...		**TOTAL = 3447,38 €** *3097,38 + 350 (production de graines)+ tout le reste*		

La plupart des prix ont été relevés dans une enseigne « bio », mais certains produits l'ont été en grande distribution, faute de références suffisantes en circuit « bio » au moment de la récolte (ce qui explique un total sensiblement inférieur à celui estimé page 37).

L'année prochaine

Renforcer notre autonomie alimentaire

PARTIE V

Améliorer les pratiques

Mon jardin se porte bien. Cette année, j'ai franchi un grand cap : de jardin potager il est passé à jardin potager « écologique » .

Il était déjà sur de bonnes bases (la terre est bonne et n'a jamais été traitée...), mais les travaux du dernier hiver (mare, etc.) et la maturité qu'il acquiert peu à peu font qu'il a désormais acquis cette autre dimension. J'ai le sentiment (conforté par mes notes) que j'y passe de moins en moins de temps et qu'il est de plus en plus productif.

Je devrais certainement me satisfaire de cette situation... mais il n'en est rien. Les lectures de cet hiver, mes observations du potager, des questions qui me chagrinent, font que je ne serai plus l'an prochain le jardinier que j'étais cette année.

LE TRAVAIL DU SOL

C'est le point qui me tracasse le plus. En théorie, je ne devrais pas m'en faire puisque mes légumes ne présentent pas de carence, les récoltes sont généreuses...

Pourtant, je suis face à l'une de mes incohérences : je fais tout pour avoir un jardin écologique et je n'utilise pourtant pas les outils dits « écologiques » et ne respecte donc pas complètement mon sol qui en est le fondement.

Mon usage de la bêche n'est pas « classique ». Je ne sais pas ce qu'est le double bêchage et je me sers de cet outil plus pour marquer les planches que pour travailler le sol (travail réalisé le plus souvent à la fourche bêche ou au croc).

Pourtant, je pense que je dois évoluer. J'ai fait faire cet été une analyse de sol. D'une manière générale, j'ai appris peu de chose, si ce n'est que les tontes de gazon qui ont constitué le gros de la masse compostée n'ont pas déséquilibré sa composition au profit de l'azote (j'en avais peur). La part d'humus qu'il contient le classe dans les bons sols de jardins. Sa composition est équilibrée.

Vais-je encore biner mes framboisiers ou les couvrir de mulch ?

Tout va bien, sauf que, son activité biologique est « réduite » : il y a de la vie, mais pas tant que ça.
Jusqu'à présent, j'étais embêté par les pullulations de mulots et j'avais opté pour un travail et une couverture du sol adapté à cette donnée. Mes tentatives de paillage et de « BRF » s'étaient soldées par des échecs. Il semble que les mulots aient presque disparu du jardin. Je vais donc pouvoir tenter à nouveau ces pratiques qui devraient corriger ce problème par la structure, la température, la protection qu'elles vont donner au sol.

GAGNER DU TEMPS

À priori, passer d'un sol partiellement nu à un sol couvert doit déjà me faire gagner du temps. Quoique, je vais vérifier en maintenant les comptes car le temps de la mise en œuvre ne me paraît pas négligeable par rapport au temps consacré au désherbage. Cette année, j'ai déjà gagné beaucoup d'heures en cessant d'être un arracheur systématique de « mauvaises herbes »...

Il ne faut pas espérer avoir un beau jardin nourricier sans y passer un minimum de temps. Quand j'ai commencé le jardin, j'ai été fasciné par l'idée développée dans le livre de Patricia Beucher (*Le Beau Jardin du paresseux*) : il est possible de s'occuper d'un jardin potager de 3 000 m² comprenant un potager de 400 m² avec 15 jours de travail par an. Après un an de pratique, cela me semblait impossible et m'a fait rire pendant longtemps...
C'est l'ignorance qui guidait ma raillerie. En fin de compte, je cumulais tous les handicaps : méconnaissance du jardinage, jeunesse du jardin (tout était à faire), mauvaises pratiques... Je sais maintenant que je peux relire ce livre en ayant un autre regard, que ces résultats sont très faciles à obtenir.
Les deux activités les plus « chronophages » du jardin sont le potager et la tonte. Maintenant que la structure du potager est faite, que les fruitiers sont plantés, je n'ai plus qu'à... jardiner... Le temps de tonte a été considérablement réduit. Je pense encore baisser d'un tiers le nombre d'heures passées à cette activité en créant des nouveaux massifs qui me demanderont moins de travail que la pelouse et qui seront plus sympathiques. Je voudrais que le tour de la maison (surtout au nord) devienne un jardin de senteur. Pour le moment, les parfums manquent cruellement... Finalement, il ne restera bientôt plus que des allées étroites à tondre...

Favoriser les semis spontanés (ici, la bourrache) permet aussi de gagner du temps.

RENFORCER L'AUTORÉGULATION DU JARDIN

Le jardin n'a que quelques années. Son action positive sur le potager est celle d'un jeune jardin. En devenant plus adulte, je pense que celle-ci va se renforcer. Les zones refuges seront de plus en plus accueillantes et la biodiversité domestique va s'accroître.

Je suis très optimiste. Mon îlot va devenir de plus en plus riche à mesure que je renforcerai ses protections en densifiant les haies. J'ai commencé à faire une multitude de boutures d'arbustes qui seront vigoureuses dans deux ans.

Le lâcher de poules réalisé en automne ouvre des perspectives réjouissantes. Je ne sais pas comment je vais les gérer l'an prochain, mais j'ai visiblement intérêt à ce que les gallinacées gambadent le plus souvent possible dans le potager et sous les fruitiers. Elles ont effectué le grand nettoyage à ma place sans faire de dégâts (les rares carpocapses — les « vers » des pommes — qui traînaient encore par là ont dû passer un mauvais quart d'heure !). Elles n'ont même pas touché aux laitues. Je réfléchis sérieusement au recours à des poules de plus petite taille qui grattent moins le sol pour pouvoir les laisser en liberté, même pendant la période des semis. De toute façon, il y aura toujours une astuce adaptée à la circonstance pour protéger les récoltes. Reste à faire le bon choix entre la capacité à nettoyer sans abîmer et celle de pondre...

PRODUIRE PLUS RAPIDEMENT LE COMPOST

Jusqu'à présent, il me faut plus d'un an pour produire mon compost. Il me demande peu de travail mais beaucoup de patience. Je forme les tas au fur et à mesure et je les retourne une fois de temps en temps. J'obtiens de grandes quantités de compost, mais il n'est pas intégralement prêt au moment où j'en ai besoin (en automne et en hiver). J'envisage d'implanter une véritable aire de compostage pour qu'il soit plus pratique de l'aérer et de le protéger du froid.

En hiver, nous allons parfois à reculons vider les déchets de la cuisine sur le tas de compost... surtout s'il y a du vent, de la pluie... Avec les enfants, nous allons construire une « lombricompostière » à partir de caisses à poisson. Elle nous permettra de ne pas avoir à sortir et nous fournira du compost et du « thé de vers » (jus produit par le lessivage des déchets) pour les cultures en pot.

Je consomme de plus en plus de compost : il va falloir en produire davantage !

Les productions futures de fruits et de légumes

Il faut savoir rester humble vis-à-vis des généreuses productions fournies par le potager. Les aléas et les risques peuvent les mettre à mal si rapidement. Je suis déjà très satisfait de mes récoltes, surtout si je me souviens qu'envisager de cultiver un potager pour nourrir ma famille est une idée toute récente dans mon existence. Manger de belles tomates sans traitement et sans serre est une grande source de satisfaction. Mais j'aimerais bien diversifier davantage mes productions... et les suivre un peu plus sérieusement encore.

PRODUIRE PLUS DE LÉGUMES EN ÉTANT PLUS RÉGULIER

Il nous arrive encore trop souvent de ne pas avoir de légumes pour la simple raison que j'ai oublié ou que je n'ai pas pris le temps d'en semer. C'est ma grande spécialité. Il y en a à chaque repas ou presque, mais parfois l'absence de certains se fait cruellement sentir. Il y a encore trop de périodes creuses en radis, en salades... Quand ça arrive pour les radis, il faut attendre 3 semaines... c'est désagréable parce que bien sûr, c'est quand il n'y en a pas dans le jardin que nous avons le plus envie d'en manger. Donc : plus de régularité dans les semis.

Dans le même ordre d'idée, j'ai beau avoir fait un fichier très complet des différentes semences rangées dans mes boîtes à graines, j'ai encore oublié cette année de faire certaines cultures. Quand je m'en rends compte, il est trop tard. Cette année les carottes 'Blanches de Kuttingen' et le persil tubéreux sont passés à la trappe... Dommage ! La construction d'une petite serre pourrait me permettre d'étaler les productions en faisant des récoltes plus précoces et plus tardives...

AUGMENTER LES QUANTITÉS

Je suis souvent large dans l'écartement entre les rangs et entre les plants. Il serait facile d'optimiser l'utilisation des planches pour augmenter les quantités produites.

Devant de telles récoltes, la collectionite (de tomates !) me guette.

Cela ne me demandera pas plus de travail, pour une production 25 % plus importante.
Les tests effectués sur les pommes de terre, s'ils se confirment l'an prochain, laissent entrevoir une récolte totale en hausse de 50 %, et donc une réduction importante de la surface occupée. Si tel est le cas, je pourrai réduire les surfaces de cette culture pour avoir davantage de place pour le reste (les haricots, les tomates, les pois...). Depuis déjà deux ans, ma préférence va aux haricots à grains plutôt qu'à ceux à filets. Je compte étendre cette culture, dont le mérite est de produire des légumes qui peuvent se conserver pour l'hiver simplement en étant séchés sur des plateaux. Pas besoin d'utiliser de l'énergie pour faire de la stérilisation ou pour produire du froid.

Des pêches « de semis » : l'audace donne parfois de bons résultats !

TRANSFORMER LES ÉCHECS EN RÉUSSITES

Je connais quelques échecs cuisants depuis que je jardine. J'arrive à faire des cacahuètes, mais pas moyen d'avoir un concombre. J'ai de superbes tomates, mais je n'arrive pas à faire germer une graine de melon...
Si je n'y arrive pas, c'est que je ne sais pas encore le faire. Je vais poursuivre les tentatives après relecture de la littérature qui les concerne pour trouver à quel niveau je pèche.

VARIER LES PLAISIRS

Je suis en train de me laisser tenter par deux nouveaux (pour moi) types de cultures :
• **Les succédanés**. Je commence à en avoir quelques-unes. Il y a une multitude de plantes qui peuvent pousser sous nos climats et remplacer ce qui vient du bout du monde. Il y a moyen de faire ses « thés », son sucre (avec la stévia)...
• **Les agrumes.** On vient de m'offrir un oranger et un citronnier portant de beaux fruits. Les premières lectures sur le sujet laissent entendre que je peux espérer avoir des agrumes dans mon jardin. Mes hivers sont suffisamment doux pour que certaines variétés y résistent.

Succédanés et agrumes vont m'obliger dans certains cas à pratiquer la culture en pot. Virginie sourit, mais pour être honnête, elle est soulagée que ça ne se passe pas dans la salle à manger...

Continuer avec les abeilles

Je dois plutôt dire « recommencer », car pas une des abeilles de mon essaim n'a survécu à la malveillance qu'elles ont subie. Je ne pensais pas que cela arriverait. Bien sûr, je n'étais pas rassuré de voir que le champ à côté du jardin était cultivé cette année en maïs... mais le meurtre n'est pas venu de là.

Les orties et les chardons des marges de la pâture d'à côté ont été traités comme les pires des vermines. Un bon coup de faux aurait été tout aussi efficace contre ces indésirables et n'aurait pas pris plus de temps que de pulvériser le terrible poison. On sait bien pourtant que nous boirons et mangerons tout ce que nous mettons dans la terre ! Il est sidérant de pulvériser des produits de mort sur une pâture dont la fonction est, au final, de produire du lait. Cela fait partie des choses que je ne peux pas comprendre !

Les marques sur le sol montrent que le vent ce jour-là a poussé les assassines particules directement dans la ruche. Mon essaim n'avait aucune chance de s'en sortir. Bien sûr, si j'avais mis une palissade pour les isoler, ce ne serait pas arrivé... mais ce produit n'a rien à faire chez moi. J'ai ramassé les abeilles défuntes à pleine poignée. J'en aurais pleuré de rage. Le responsable est identifié. Je considère qu'il doit à la collectivité la perte de 60 000 abeilles et de tout le travail de pollinisation qu'elles effectuent (cela me semble encore plus grave que les 170 € qu'il m'a fait

Toutes mes abeilles sont mortes, après une pulvérisation d'herbicide dans la prairie voisine. Quel effet cela a-t-il sur nous ?

perdre en quelques secondes — coût de l'essaim plus celui de la récolte que je n'ai pas pu faire).
C'est un coup dur, mais il m'encourage à poursuivre. Il ne peut rien m'arriver de pire l'an prochain.
Je vais donc dans un premier temps démonter la ruche pour la nettoyer complètement avant d'y réinstaller un nouvel essaim. Je vais la déplacer pour la mettre en sécurité. Si j'habitais en ville, ça ne serait jamais arrivé. Les ruches qui sont installées sur les toits et les terrasses urbaines sont en meilleure santé que celles de nos campagnes. C'est symptomatique de l'apparent « bon air des campagnes ».
Je poursuis mon apprentissage. Nous construisons des ruches de type Warré. Avec le bois qu'il reste du poulailler, j'ai de quoi en faire deux ou trois. Si j'ai un peu de chance, je pourrai récupérer un essaim en mai-juin. Raymond, l'ami apiculteur, me réserve une grappe d'abeilles pour que je puisse acheter une reine à y intégrer. J'espère avoir l'an prochain trois ruches actives. J'en laisserai toujours chez moi car elle sera un bon indicateur de la santé de l'environnement. Pour le moment, on est au fond du panier des tristesses. J'espère que mes futurs essaims vont pouvoir prospérer, montrant du coup que des efforts ont été réalisés.

Je construis d'autres ruches...

... pour accueillir de nouveaux essaims !

Finir les aménagements

Un jardin a besoin d'un minimum d'infrastructures. Je n'ai même pas de cabanon pour ranger mes outils. Certaines négligences finissent par avoir un coût. La tondeuse passe une grande partie de l'année dehors et la brouette dort à la belle étoile, qu'il pleuve ou qu'il neige.

Pour qu'il devienne pratique, le jardin à besoin de recevoir quelques constructions : serre, cabane à outils et fruitier. Pour tous ces projets, je dois déposer une demande de travaux car ils ont une emprise au sol supérieure à 2 m².

J'ai déjà les matériaux. J'hésite entre faire rapidement des structures pratiques et des bâtiments qui sortent du lot. Faire des murs courbes, des toits végétalisés ou utiliser du bois flotté ne coûte pas cher… il faut juste avoir le temps de mettre en œuvre les travaux.

POUR LA OU LES SERRE(S)

C'est un besoin urgent. J'ai beau user de tous les arguments possibles (les arrosages permettent d'humidifier l'air sec de la maison…), l'envahissement saisonnier de la salle à manger pose problème. Plusieurs stratégies peuvent se combiner :

- La structure métallique, que j'ai récupérée il y a quelques années, doit me faire une très belle serre pour « pas cher » : quelques sacs de ciment… mais beaucoup de temps. Pour l'instant, elle me sert de support à pois à rames et de décoration dans le jardin. Je peux transformer ce tas de ferraille en une très belle orangerie. Ce sera l'occasion d'apprendre à souder. Je la vois déjà, pas très loin de la maison, accueillant les citronniers, nous fournissant de belles tomates en début et en fin de saison.
- Je peux aussi faire une ossature avec du bois de récupération. J'en ai un stock qui attend d'être utilisé. J'ai trouvé sur la toile un grand nombre de rapports d'expérience sur la construction de serres peu chères. C'est moins joli parce que c'est recouvert de plastique (moins durable aussi car le plastique sera à changer tous les 5 à 10 ans), mais une serre de 30 à 45 m² peut se construire en moins de 2 jours et moins de 200 €. Avec une telle surface couverte, je peux nourrir la famille en intersaison. À nous les primeurs et les récoltes tardives ! Il doit même être envisageable de tenter des cultures plus frileuses…

Depuis un an, j'ai des vitres qui dorment dans un coin du jardin en attendant d'être utilisées.

Un début de cabane, attendue depuis longtemps !

Je comptais en faire une serre mais je vais plutôt m'en servir pour faire des châssis nantais (cadres en bois recouverts de plaques de verre ou de polycarbonate.). C'est très simple à mettre en œuvre. Bien exposés, je pourrai y commencer la plupart de mes plants et y faire une multitude de carottes, radis...

Avoir des installations en « dur » va changer mes pratiques et mes productions. J'espère que ces espoirs seront remplis, car je vois parfois dans les jardins des installations de ce type (serres et châssis) à l'abandon... Peut-être cela ne me conviendra-t-il pas ? Par exemple, vais-je m'astreindre à l'arrosage, qui aujourd'hui ne fait pas partie de mes habitudes ?

POUR LE STOCKAGE ET LE RANGEMENT

Je fais mon jardin et je programme mes récoltes en fonction de ma capacité à les stocker. Le problème, c'est que je n'ai pas de lieu de stockage à moi. Dans l'idée, c'est très bien que nous partagions ceux de ma voisine Annie, mais cela nous contraint à des allers-retours incessants. Nous n'avons aucun de nos fruits ni de nos légumes sous la main.

Creuser une cave peut attendre encore un peu, mais pour le fruitier et la cabane de jardin... ce n'est plus possible. Je sais pourquoi je ne les ai pas encore entrepris. Je veux que ce soit de belles constructions faites pour durer. Je rêve de mur en torchis dans lesquels des culots verts de bouteilles ou des hublots de sèche-linge laisseraient passer la lumière. J'imagine des murs et des toits courbes, des portes en vieux bois... Je ne veux pas construire des « boîtes ». Mes envies sont peut-être trop audacieuses par rapport à mes compétences. J'ai juste besoin d'un peu de temps...

POUR LES ENFANTS

Depuis le temps que nous en parlons, le chantier a été lancé cet été : nous avons construit une cabane dans les arbres.

Nous avons fait une structure autoportante respectant la forme du tronc. Pas un clou n'a été planté dans l'arbre et les enfants, avec leurs cousins et cousines, peuvent monter dessus sans que ça bouge... Nous étions très fiers de nous.

Il ne reste plus qu'à installer un volume protecteur au-dessus. Il faut que je me dépêche, car bientôt ils seront trop grands. Ca pousse vite ces petites choses, quand c'est élevé au grand air !

Cette vieille structure ferait une belle serre, mais combien de temps lui consacrer ?

S'adapter au style adulte du jardin

Parti de rien, mon potager s'est étendu, petit à petit, sur un espace à conquérir. Lui et moi nous évoluons avec le temps. Les arbres que j'ai plantés commencent à prendre du volume. Les espaces sont cohérents... Je fais moins de bêtises. Les productions sont plus sûres.

Nous sommes devenus de grands enfants, qui pensent que tout est possible mais le jardin est encore en devenir. Pour le moment, c'est une aventure extraordinaire : les années se suivent, mais ne se ressemblent pas. Nous allons de surprise en surprise, de nouveauté en nouveauté...

Y a-t-il un stade où nous allons nous scléroser ? Que serons-nous quand nous deviendrons adultes ?

L'EMPRISE DES ARBRES

Le problème de l'emprise des arbres va se poser. Traditionnellement, il faut faire un choix entre potager et verger. À la rigueur, peuvent être tolérés quelques arbres en cordon sur les bords du potager. Je fais le pari que fruits et légumes peuvent cohabiter sur un même espace. Le problème, c'est la quantité de lumière et d'eau qui va être disponible au niveau du sol pour les légumes. Je pense que ça peut être contrôlé par une taille d'éclaircissage adaptée des fruitiers. Si je parviens à tailler mes fruitiers pour qu'ils deviennent « transparents », ils ne devraient faire ni parasol ni parapluie, suivant les cas. Dans cette optique, mes arbres n'en seront que plus beaux et le vent aura moins de prise sur eux.

LA STRUCTURE EN PLANCHE DU POTAGER

Je trouve pour le moment beaucoup d'avantages à cette structure du potager. Cette organisation le rend pratique (je ne marche jamais sur le sol cultivé, j'organise mes successions de culture en fonction des planches), plaisant pour les yeux... mais il y a beaucoup de travail pour gérer les bordures. Il est probable qu'un jour, ce compromis ne me satisfera plus : j'opterai alors pour un autre système (encore à découvrir...).

Planche après planche (désormais triangulaires !), le jardin s'étend et se mêle aux arbres du verger.

En guise de conclusion

Depuis que je jardine, ce potager est une source de bonheur pour le jardinier que je suis comme pour ma famille. Il remplit pleinement ses fonctions qui sont de nous nourrir, de nous offrir un cadre de vie agréable, de participer à l'éducation de nos enfants. Il n'y a pas de raison que la fonction nourricière du potager s'amoindrisse avec les années. L'environnement du potager (la zone tampon) va jouer un rôle de plus en plus grand, le sol va s'améliorer, mes techniques et mes connaissances vont se parfaire. En toute logique, les productions de légumes et de fruits vont augmenter en termes de quantité et leur influence sur notre porte-monnaie se fera donc de plus en plus sentir. L'inestimable richesse que nous procure la possession de ce lopin de terre est vécue pleinement au jour le jour. Le potager nous permet d'accéder à des légumes que peu de monde peut s'offrir, alors que ce devrait être une ressource élémentaire.

EN FINIR AVEC LES COMPTES

Ma famille n'est pas dans le besoin. Pourtant, d'un point de vue économique, nous ressentons pleinement l'aide financière que nous procure le potager. Si j'étais smicard, elle représenterait 28 % de mon salaire net annuel !
Les comptes du jardin tenus ces cinq dernières années ont le mérite de m'avoir mis les idées au clair sur le temps que je passais dans le potager, sur les dépenses et sur les productions réellement du jardin. Je me méfie terriblement de la mémoire. Elle se construit avec l'affectif. On pense qu'une récolte n'est pas aussi bonne que ce qu'on attend, alors on la minimise dans notre souvenir. Lorsqu'on pèse ces récoltes et qu'on le note, on sait exactement ce qu'il en est. Aujourd'hui, la preuve est faite que « faire son potager » est économiquement « rentable ». De plus, mon épouse considère que réduire le jardin à une histoire d'argent nous fait passer à côté de l'essentiel.

LES ESSENTIELS

Les essentiels du jardin sont non quantifiables... Ils se vivent au quotidien. Ce sont des petits et des grands bonheurs :

- voir sortir de la terre les premières fèves alors qu'il fait un temps de cochon
- le plaisir de jardiner
- regarder les enfants qui se cachent derrière les choux de Saint Saëns
- se nourrir avec des légumes nutritionnellement et gustativement riches
- ramasser des fruits et des légumes pour préparer le repas
- picorer dans le jardin
- faire soi-même
- s'entendre dire que son potager est beau.

Faire notre potager nous a fait changer de mode de vie de manière beaucoup plus profonde que nous ne le pensions. Il a relevé notre conscience écologique à un niveau beaucoup plus élevé que nous ne l'avions. En fabriquant de la biodiversité domestique, nous sommes devenus acteurs de notre environnement. En revivant et en nous nourrissant au rythme des saisons, nous nous recentrons sur des fondamentaux. Nous savons qu'attendre 8 mois que les tomates soient là est l'assurance de ne pas se priver du plaisir des retrouvailles.

L'essentiel dans le jardin potager est ce que deviennent les légumes. Virginie les prépare de mieux en mieux. Elle sait faire. Sans elle, mes légumes ne seraient que des légumes. Avec elle, ils deviennent des repas. Nos enfants les apprécient à leur juste valeur et mettent la main à la pâte dans le jardin comme dans la cuisine.
Je suis un jardinier heureux.

BIBLIOGRAPHIE

MES PREMIERS LIVRES DE JARDIN

Le hasard a fait que ce sont les premiers livres de jardin que j'ai eu entre les mains. Il fait souvent bien les choses. Les deux m'ont fasciné mais aucun n'a pris le dessus sur l'autre. Ils ont une responsabilité importante dans l'aspect de mon potager.

- Patricia Beucher, *Le beau jardin du paresseux*, Ulmer.
- Éric Prédine, Jean-Paul Collaert, *L'art du jardin en carrés*, Edisud.

À LIRE ET À RELIRE

Deux petites merveilles aussi truculentes l'une que l'autre dans des genres différents :

Pour rêver...

- Annick Bertrand-Gillen, *Les affranchis jardiniers, un rêve d'autarcie*, Ulmer.

Pour réfléchir

- Karel Capek, *L'année du jardinier*, (1929), 10/18.
- Eugène Noël, *Au jardin du père Labêche*, tome I, Les plantes, tome II, Les Bêtes, Extraits de l'édition de 1896 « les loisirs du père Labêche », La Vague Verte.
- Masanobu Fukuoka, *La Révolution d'un seul brin de paille : Une introduction à l'agriculture sauvage*, Guy Trédaniel.

J'AI LU ET J'Y AI BEAUCOUP APPRIS...

Pour jardiner

- Bruno Defay, *Trésors de courges et de potirons, jardinage et cuisine*, Terre Vivante.
- Yves Gagnon, *Le jardin écologique*, Éditions colloïdales.
- Krafft von Heynitz, *Le compost au jardin*, Terre Vivante.
- Michel Lis et Claude Bureaux, *Le potager. Le savoir-faire de deux maîtres-jardiniers*, Ulmer.
- Victor Renaud, *Tous les Légumes*, Ulmer.
- Dominique Soltner, *Guide du nouveau jardinage sans travail du sol, sur couvertures et composts végétaux*, Collection "Sciences et techniques agricoles".
- Jean-Paul Thorez, *Le Guide du jardinage biologique*, Terre Vivante.
- Hans Wagner, *Le poireau préfère les fraises, les meilleures associations de plantes*, Terre Vivante.

Pour mieux comprendre mon jardin

- Jean-Michel Groult, *Jardiner durablement, les solutions bio qui marchent vraiment*, Ulmer.
- Denis Pépin et Georges Chauvin, *Coccinelles, primevères, mésanges... la nature au service du jardin*, Terre Vivante.
- Jean-Paul Thorez, *Pucerons, mildiou, limaces... Prévenir, identifier, soigner bio*, Terre Vivante.

Pour les fruitiers

- Louis Giordano, *Taille et greffe*, Hachette.
- Alain Pontoppidan, *Fruitiers au jardin bio, arbres et arbustes*, Terre Vivante.

Pour conserver mes récoltes

- Collectif, *Les conserves naturelles des quatre saisons*, Terre Vivante.

Pour faire la mare

- Hartmut Wilke, *Une mare naturelle dans votre jardin*, Terre Vivante.

Pour me lancer dans l'apiculture

- Rémy Bacher, *L'ABC du rucher Bio*, Terre Vivante.
- Alison Benjamin et Brian McCallum, *Elever des abeilles et faire du miel*, Terres éditions.
- Jean Riondet, *Un rucher dans mon jardin*, Nathan.

Pour les poules

(Le premier a freiné mes ardeurs pendant des années, le second est terrible !)

- Jérôme Chaïb, *Votre basse-cour familiale et écologique*, Terre Vivante.
- B. Tiers, B. Mulliez, B. Vandenberghe, *Poules d'ornement pour le jardin ou la basse-cour*, Ulmer.

Pour faire mon cidre

- J.-A Chandon, *Faites votre cidre*, l'encyclopédie d'Utovie.

DES REVUES

J'attends impatiemment leur arrivée :

- *Les 4 saisons du jardin bio*. Revue bimestrielle de Terre Vivante. Sa lecture a fait ma culture potagère.
- *S ! lence*. Mensuel d'information sur l'écologie, les alternatives et la non-violence. Le n° 366 de mars 2009, *Alimentation et empreinte écologique*, donne de bonnes pistes de réflexion.

SUR LA TOILE

- **http://reptilyfamily.free.fr Les comptes du jardin sont consultables sur le blog de la Reptily Family.**
- http://fr.ekopedia.org une encyclopédie libre et coopérative portant sur l'écologie et sa pratique au quotidien.
- www.terre-net.fr/outils/cours_marches/fruits_legumes.asp?typ=BIO pour connaître le cours de Rungis pour les fruits et légumes biologiques.
- www.mdrgf.org le site du Mouvement pour le Droit et le Respect des générations futures.
- www.aspro-pnpp.org Association pour la promotion des produits naturels peu préoccupants.
- www.apiculture-warre.fr/ pour découvrir la ruche Warré.
- http:://versdeterre.fr/ Les Vers de Terre.

ADRESSES UTILES

Les graines, arbustes et arbres

- Graines del Païs, www.grainedelpais.com
- Biau germe, www.biaugerme.com
- Kokopelli, www.kokopelli.
- Ferme de Sainte Marthe, www.fermedesaintemarthe.com
- Semaille, www.semaille.com
- Aromatiques, www.aromatiques.com

Arbustes et arbres

- Daniel Duret, www.petitsfruits.com, pour les fruit rouges.
- Vincent Malgras, http://passionpomme.free.fr, m'a aidé à choisir mes pommiers, poiriers, pruniers... Il est pépiniériste (130 variétés de pommiers) et arboriculteur. Il vaut mieux le contacter par téléphone ou passer le voir au 3, rue de Courtieux, 80130 Frettemeule.
- Pépin'hier, www.pepin-hier.fr, pour mes autres fruitiers (kaki, cognassier, abricotier...)

Pour le matériel de jardinage et de transformation des productions potagères

- Tompress, www.tompress.com
- Magellan, www.magellan-bio.net/

REMERCIEMENTS

Que toutes celles et ceux qui, par un coup de main, un conseil.... m'ont apporté une aide dans le potager, que Virginie, Léo, Lola et Loup qui ont supportés ces six mois de travail (pour ce livre), soient ici remerciés.

Franck, tes photographies sont superbes.
Tu as saisi dans ton appareil grand nombre d'événements (le « premier » œuf de poule, la brume de mer, la mise en place de la mare...). Nous avons parlé de jardin, de jardinage et de plein d'autres choses. Tu m'as appris à porter un autre regard sur mon potager... Merci à toi, pour la merveilleuse année de jardin que nous venons de passer ensemble.

CRÉDITS PHOTOGRAPHIQUES

Toutes les photos sont de Franck Boucourt, sauf :
- Claude Dubois : p. 27
- Victor Renaud : p. 199

8, rue Blanche
75009 Paris
Tél. : 01 48 05 03 03
Fax : 01 48 05 02 04
Internet : www.editions-ulmer.fr

Conception graphique
et réalisation : Guillaume Duprat et Bénédicte Dumont
Responsable éditorial : Didier Willery
Suivi éditorial : Raphaèle Dorniol
Impression : Zanardi editoriale
Printed in Italy
ISBN : 978-2-84138-425-9
N° d'édition : 425-01

Dépôt légal : mars 2010